WIR
PROPAGANDISTEN

GABRIEL WOLKENFELD

WIR PROPAGAN- DISTEN

ROMAN

Wir Propagandisten erschien erstmals
2015 im Männerschwarm Verlag.

1. Auflage
© 2023 Albino Verlag, Berlin
Salzgeber Buchverlage GmbH
Prinzessinnenstraße 29, 10969 Berlin
info@albino-verlag.de

Umschlaggestaltung: Robert Schulze
unter Verwendung eines Fotos von stock.adobe.com/olly
Satz: Robert Schulze
Printed in the Czech Republic

ISBN 978-3-86300-362-3

Mehr über unsere Bücher und Autor*innen:
www.albino-verlag.de

Dann kommst du von einem Land in ein anderes und wunderst dich, wie kurz sich der Weg in deinem Rückspiegel ausnimmt, wie unendlich lang hingegen die Fluchten und Schluchten, die den gewöhnlichsten Hinterhof in einen Highway verwandeln. Du fragst dich, kaum dass dir der Riemen entglitten, die Reisetasche mit gewaltigem Rums auf dem Fußboden aufgeschlagen ist: Warum schleppe ich all dieses Zeug bloß mit mir herum? Warum habe ich mich nicht auf Kreditkarte und Zahnbürste verlassen können, Studium, den festen Schritt, eine Stimme, die sich auch in der fremden Sprache auskennt…

Es ist der zwölfte September, dort, wo du stehst, es ist drei Uhr nachts und die Gelegenheit scheint günstig, mit dem Bestehenden zu brechen und das Wagnis eines Neuanfangs einzugehen, sich endlich einzulassen auf das tausendmal vor sich Hergeschobene. Und ich? Betrete mein neues Zimmer und denke erst einmal nichts als: Kein Staubkorn hat sich hier niedergelassen. Ich streiche, der Maserung folgend, über das Sideboard, öffne die Schubladen und – keine Anzeichen für ein fremdes Leben – schließe sie wieder. An der Wand hängt kein Bild. Und das Bett ist noch unbezogen, die Regale leer. Die Heiligen auf dem Nachttischchen werden sich schnell vermehren, doch heute wiegt Maria nur ein einziges Kind in den

Schlaf. Ich lasse mich fallen, um gleich wieder aufzustehen. Vom Flur her ruft Friedrich: Bettwäsche wirst du dir kaufen müssen. Was da war, habe ich mir erst mal genommen. Aber Bier steht im Kühlschrank. Und schon stehe ich in der Küche und halte ein Shiguli in der Hand. Mein Lieblingsgeräusch, scherzt Friedrich, als ich die Flasche ploppen lasse. Und breitet gönnerhaft die Arme aus: Unser neues Zuhause.

Zuhause? Wenigstens bietet mir mein österreichischer Kollege nicht gleich eine Heimat an. Du suchst einen Ort, wo du deinen Koffer abstellen kannst, und man drängt dir ein neues Zuhause auf. Weil du befürchten musst, dass du da nie wieder rauskommst, wagst du es kaum, den Hausflur zu betreten, einen Hausflur, der einer Fledermaushöhle gleicht. Und drinnen glänzen die Scheiben, dass du regelrecht gezwungen bist, die Augen zusammenzukneifen. Vornehm schweigen die Türen und die Gardinen, blütenweiß und mit Eiskristallen besetzt, atmen Lavendel. Ein Zustand, das wissen wir beide, der wird sich nicht lange aufrechterhalten lassen. Nicht, wenn wir nebenbei noch unterrichten wollen. Nicht, wenn wir um die Häuser ziehen und morgens nach einer rauschenden Feier verkatert in einer Zimmerecke aufwachen, im entlegensten Außenbezirk, bei Leuten, denen wir im Vorübergehen Feuer gegeben haben; nicht, wenn wir uns zu Fachkundigen landestypischer Gepflogenheiten entwickeln wollen, referieren wollen, dozieren, wenn wir Reisen ins Umland unternehmen wollen, nach Kazan oder Novosibirsk oder an einen Ort, dessen Existenz noch im Verborgenen liegt.

Die Flaschen, wie von alleine, fliegen aufeinander zu und erzeugen, als sie sich treffen, einen schrillen, feierlichen Ton. Es sitzen sich gegenüber, auf der einen Seite: Ein Zauberer in seinen Zwanzigern, zaudernd noch, beladen mit Zweifeln, silbrig die Schläfen, auf der anderen Seite, je nach Lichteinfall: Pirat oder Indianer, das Grinsen des Wagemutigen, Rasierschaum auf dem Bademantelkragen. Oder trinkst du, fragt Friedrich, lieber aus dem Glas? Ist alles da. Friedrich demonstriert mir unseren Reichtum an Gläsern, Tassen und Schalen; erklärt mir, dass er noch niemanden kennengelernt, aber bereits herausgefunden habe, welche Tram in die Innenstadt tuckert, welche zur Uni, welche zum Kosmos, zur Wajnera, aus der Stadt hinaus. Friedrich ist schon vor drei Tagen angereist, um, wie er sagt, durch die Straßen zu laufen; und weiß nun, wo sich zu wieviel Rubel Bettzeug beschaffen lässt und welche lokalen Biersorten genießbar sind, welcher Park dazu einlädt, russischen Schönheiten in abgetragenen Jogginghosen dabei zuzusehen, wie sie ihre winzigen Kinder in bunten Wägelchen hin- und herschieben, während sie in ihre Mobiltelefone piepsen, lachen und klagen, jammern und fordern in zum Himmel aufsteigenden Tönen. Das Internet hat er eingerichtet und festgestellt, dass Müll, den man in der Wohnung gewissenhaft in bunte Plastikeimer aufteilt, in den Containern mühelos wieder zusammenfindet.

Der Weg, sagt Friedrich, vorbei an dem Buddelkasten mit der gehörnten Eidechse, zwischen den Blöcken hindurch, führt direkt zur Haltestelle, linker Hand haben wir eine Apotheke, auf der Ecke ein Spirituosengeschäft, sieben Freitage, dann einen Laden, wo du Schuhcreme und Zahnpasta kaufen kannst, nichts über zweihundert Rubel, ein Zimmer, wo du Passbilder machen kannst, kopieren und drucken. Entlang der Haltestelle sind Kioske und Verkaufsstände aufgestellt, Marktfrauen mit wettergegerbten Gesichtern bieten Obst und

Gemüse an. Einen Fleischer gibt es, und einen Schuster. Und im Häuschen am Ende der Zeile stapelt ein Weib – oval auch sie, und kahl wie ihre Ware – Eier zu gigantischen Bergen. Verrat doch nicht alles, unterbreche ich ihn. Und schiebe, bedacht darauf, dass keine Eiskristalle herausfallen, die Gardine beiseite. In einer Hütte, ganz Pappe und Wellblech, sitzt ein Männchen und leuchtet mit seiner Taschenlampe in die Nacht. Und bewacht, einem Schäfer gleich, seine Autos, zählt inoffiziell Ratten. Oder blättert in seinen Magazinen. Oder verliert seinen Blick in den Quadraten einer vorbeieilenden Netzstrumpfhose. Kannst du erkennen, frage ich, was der Hund dort in seinem Maul fortträgt?

Friedrich reibt sich die Augen, wischt weg, was er nicht sehen will, was er – vielleicht, weil es nicht da ist – gar nicht sehen kann. Ich bin dran vorbeigelaufen, aus dem winzigen Lada gehüpft und dran vorbeigelaufen und nun, von hier oben, ordnen sich die Eindrücke neu, überlappen, verschwimmen, gehen unbekannte Verbindungen ein. Friedrich tippt auf sein Handgelenk, als könnte diese Berührung, von rotblonden Härchen abgefedert, das Klacken eines Glases imitieren. Du gehst gleich in die Vollen. Jetzt setz dich, fordert er mich auf. Und: Erzähl.

Meinen Koffer nachziehend, trippele ich Richtung Ausgang. Mit weichen Knien und Gepäck, das mit jedem Schritt an Gewicht zunimmt, verlasse ich den Sicherheitsbereich des Flughafens. Da stürzt, woher eigentlich, ein Mann auf mich zu, nicht etwa meine Bekanntschaft aus dem Schwulenchat, sondern ein Waldschrat, ein Ungeheuer mit Rauschebart und Dohlenaugen. Der bietet mir, onkelhaft die Hand auf meine

Schulter legend, zuvorkommend an, in sein Taxi zu steigen. Dieses sei nicht nur preiswerter als jene an der Registratur, sondern auch komfortabler, Corvette oder Chrysler, und würde keine fünf Meter von hier auf mich warten. Ich könne rauchen. Und wenn ich es eilig hätte – der Fuß findet das Gaspedal … Von seinen wulstigen, sich unangenehm aufdrängenden Lippen vermag ich mit einiger Anstrengung meinen Blick zu lösen, dem stechenden Weiß seiner Iris entkomme ich nicht. Ich stammele zusammen, was mein Russisch ob solch eines Überfalls hergibt, bitte um Verständnis, auch – warum eigentlich? – Nachsicht und danke, danke, da tippt mir ein junger Mann auf die Schulter: Mit einem Lächeln, das zu den Mundwinkeln hin ausfranst, begrüßt mich der Ministerpräsident und weicht, statt mir die Hand zu geben, einen Schritt zurück, um dann doch vorzutreten, ruckartig einem Einfall folgend, und mir ein verhaltenes Hallo! ins Ohr zu flüstern. Ein Hallo, das mit einem Laut anklingt, der aus meiner Sprache adoptiert ist, aber behaucht, als sei er darauf angelegt, sich sanft dem Angesprochenen in die Ohrmuschel zu legen …

Hinter Medwedew tritt ein Hüne hervor, mit dem Gesicht eines Mannes, der Ungutes im Schilde führt, mit Zügen, die beschlossen sind, ein für allemal festgelegt, unwiderruflich, mit Bewegungen, die zu schnell sind und zu heftig. Als sein Handschlag mir fast die Gelenke zerschmettert und der Schmerz mir, für einen Augenblick, das Gesicht verzerrt, präsentiert mir Goscha – Goscha, und du? – die Kraterlandschaft seiner Zähne. Munter redet er drauflos, laut und unbeherrscht, er lacht und redet – auf mich ein oder, zu seinen Freunden, über mich hinweg, in einer Sprache, die man an keiner Universität lernt, weder in der Mensa noch auf dem Campus, eher in den dunklen Hinterhöfen verschlafener Vorstadtsiedlungen als auf dem Pausenhof eines Gymnasiums. Ich nicke ihm zu und begleite seine Äußerungen mit danke! und ähm-äh-hem und einem Lächeln, das sich bei mir in solchen Situationen ganz von alleine einstellt.

Schließlich schlüpft ein bleicher Jüngling, der mir als Schurik vorgestellt wird, aus dem Schatten seines Freundes. Ob ich einen angenehmen Flug gehabt hätte, erkundigt er sich höflich, macht sich dann aber, ohne eine Antwort abzuwarten, mit meinem Gepäck davon. Goscha plaudert, während ich irritiert dem sich entfernenden Schurik nachschaue, in einem fort und schlägt mir bisweilen auf die Schulter. Der war gut, oder? Der war sehr gut. Im Gehen flüstert mir der Ministerpräsident mit einer Stimme, so sehr zurückgenommen, dass sie sich fast als Einbildung abtun lässt, hinter vorgehaltener Hand zu: Goscha fährt.

Endlich stehen wir uns gegenüber: Mitja, dem ich vorab Blumen geschickt habe, kleinpixelige Anemonen, Nelken zum Staatsfeiertag, Bilder meiner Stadt, drei Gigabyte Rosenstolz und Marteria. In natura gleicht er dem Ministerpräsidenten noch mehr. Im realen Leben, das sich, weil die Einstellung noch nicht sitzt, wie ein Traum anfühlt. Schön, dass du da bist, probiere ich es. Und Mitja errötet, schaut verlegen zur Seite, erklärt: Der Flughafen liegt außerhalb. Zu den Banditen, die sich als Chauffeure anbieten, steigt nur ins Auto, wem an seinen Wertsachen nicht viel gelegen ist. Denen könne man nicht trauen, wirft Goscha dazwischen. Die Augen eines Wahnsinnigen, lacht er, und dreht sich, schon weniger vorlaut, nach dem Waldschrat um, der einer jungen Mutter eine behutsame Fahrt verspricht. Dass mir dieses Schicksal erspart geblieben ist, ausgeraubt am Waldesrand aufzuwachen! Ich lache, viel zu angestrengt. Und meinem Lachen folgt kein Echo. Den Misserfolg meines Witzes muss ich anerkennen, doch sehe ich mich vor dem inneren Auge, halb verfaultes Laub im Haar, Erde, ein Bluterguss von der Größe einer Fünf-Rubel-Münze. Dann, ernüchtert, weil dieses Bild nicht einmal den Scheinwerfern eines herannahenden Autos standhält, protestiere ich: Vielleicht singt dieser Mann, während er seinen Wagen sanft über die Straße führt, Wiegenlieder?

Die Nacht schlägt uns ihren kalten Atem ins Gesicht. Ein feiner Regen benetzt meine Brillengläser und leckt das Puder von meinen Wangen. Ins Flugzeug bin ich gestiegen, da hatten wir zwanzig Grad. Nächste Woche, weiß Goscha, soll es Bodenfrost geben, und er verkündet – ein spöttisches Lächeln gräbt sich in sein Gesicht – das Ende meines Sommers. Als wir am Auto ankommen, hievt Schurik gerade mein Gepäck in den winzigen Lada. Steine, fragt er. Und ich antworte: Federn. Ja, ja, aufgeschlagen bewegen sich die Gedanken fast schwerelos, winzige Partikel, die kaum Treibstoff benötigen. Zugeschlagen verdreifacht sich das Gewicht eines Buches. Man weiß nicht, wohin mit den Armen und Beinen, ruft Goscha in einer Lautstärke, als säße ich nicht direkt hinter ihm, sondern stünde noch draußen auf der Straße. Ich behaupte, froh zu sein, nicht laufen zu müssen. Und: Im Allgemeinen. Die Ellenbogen platziere ich auf meinen Knien, die Beine halte ich schräg angewinkelt.

Aus dem Fenster, über die Schulter hinweg, wage ich einen Blick auf den Flughafen: Jekaterinburg. Die Stadt Katharinas.

Gläserner Rumpf, links und rechts davon Zylinder, kalkfarbene Honigwaben, Hotels in Kaufhofoptik. Zarinnenhochburg. Die Erste oder die Zweite, frage ich. Die Zweite, ruft Goscha. Die Erste, meint Schurik bestimmt. Und fügt trocken hinzu: Jekaterina Alekseewna. Und du, frage ich Mitja. Nach links, antwortet er diplomatisch. Wir zeigen dir die Stadt. Wo du arbeiten wirst. Und wo du abhängen wirst, wenn du nicht arbeiten wirst.

Wir könnten doch, schlägt Goscha vor. Jetzt noch, wendet Schurik ein. Lasst uns, meint Mitja. Drei Jungs gackern, lachen. Reden über dich hinweg, als wärst du noch gar nicht angekommen, überreden mich, über den Umweg des Ministerpräsidenten, zu einer nächtlichen Spritztour. Schnall dich an, ruft Goscha. Es kann holperig werden. Und schon poltern wir los.

Zuallererst klären sie mich über den schlechten Zustand der Straßen auf. Es gingen, behauptet Goscha, hierzulande Legenden um von den Straßen in Deutschland, großzügig asphaltiert, von Fahrradstreifen und unbeschränkten Geschwindigkeiten; in Russland würden nicht die Gesetze, sondern die Straßenschäden die Geschwindigkeit regulieren. Erbärmlich sei auch die Trunksucht der Männer, die Gefalllust der Frauen. Goscha und Mitja – einander ins Wort fallend, sich übertönend, um zu betonen, worin sich beide einig sind – versuchen mich von der Undurchsichtigkeit ihrer Bürokratie zu überzeugen, von Korruption und der Schlechtigkeit ihrer Landsleute, der allgemeinen Unlust, einander etwas zu gönnen, nicht einmal den zuckrigen Guss auf einem Pfannkuchen, von dem barbarischen Vergnügen, ein Verbrechen an seinem

Nächsten zu begehen. Meine Einwände, die Namen allzu bekannter Schriftsteller und Komponisten, Medaillenträger und Popstars, quittieren die beiden mit einem müden Lächeln, einem Lächeln, das für beide reicht, das sich getrost auf ihre blassen, slawischen Gesichter aufteilen lässt: Welchen der fünf Elefanten Dostojewskis hast du denn gelesen? Auch Rachmaninow und Strawinski konnten nicht verhindern, dass wir in Ossetien einmarschieren.

Während Goscha und Mitja mit den Namen verschiedenster Automarken jonglieren und von perfekt asphaltierten Straßen träumen, ziehen die Sehenswürdigkeiten der Stadt an mir vorüber: Der Funkturm mit seinem roten Geflimmer verschwimmt mit der Kathedrale auf dem Blut; ihre Kuppeln, vergoldete Eicheln, wippen beim Anfahren; in der Kurve begrüßt mich Kirow, erhaben, in Stein gegossen; die Universität als Panorama, vormals Gorki, umbenannt nach Jelzin, der stattliche Bau am Kopf der Leninallee, weiter unten – hier wirst du arbeiten! – eine bescheidenere Ausgabe, mausgrau und direkt an der Straße gelegen, immerhin die Trikolore gehisst; irgendein Gewässer, Fluss oder Kanal, auf dessen Oberfläche die nächtlichen Lichter schaukeln wie Glühwürmchen in einem lauen Lüftchen.

Wo sind wir, frage ich, als Goscha unnötig scharf bremst und den Lada, als würde er von einem Magneten angezogen, in eine winzige Lücke am Seitenrand lenkt. Wir sind da, verkündet Mitja. Wo? In der Innenstadt. Eine Straße russischen Maßstabs, gut zehn Meter breit, und so weit das Auge reicht: Haltestellenhäuschen aus Wellblech, Restaurants, Kinos, Theater, goldene Kuppeln, bestimmt findet sich irgendwo auch noch eine Leninstatue. Um den Regen abzuwehren, ziehe ich die Kapuze ins Gesicht, wehre die Eindrücke ab, die, fetten Tropfen gleich, auf meinen Kopf trommeln. Seitwärts zittert Neon. Eine Werbetafel fängt an zu sprechen. Ich schlüpfe, jemand hält mir eine Tür auf, in einen Raum, der grell beleuchtet ist, der Geruch abgestandenen Fetts schlägt mir entgegen. Am Ende des Ganges steht Mitja und winkt mich heran. Geh nicht verloren, lächelt er. Und weist mir den Platz in der Ecke zu, mit Blick in den Raum; der Sitz, zu weich gepolstert, gibt meinem Gewicht nach. Ich sinke ein, schrumpfe zusammen, wieder ein Kind, die Hände reichen kaum über die Kante.

Goscha und Schurik stellen Burger, Pommes, Cola auf den Tisch, Cappuccino, Zuckerpröbchen: Zeit, sich kennenzulernen. Machen wir einander bekannt. Ein Lehrbuchsatz, der Generationen von Russischschülern, wenn sie alles andere auch längst vergessen haben, noch ewig im Ohr liegt. Daran denke ich. Ich habe diesen Satz für eine Erfindung gehalten, für nicht anwendbar, den Regeln eines natürlichen Gespräches nicht gemäß. Und nun, bei Pommes und Cappuccino, bittet mich Goscha – worum eigentlich? Ich habe kein Talent für diese Art von Konversation. Entweder rutscht dir, wenn du den Mund öffnest, dein halbes Leben heraus, oder du verschluckst dich an den alltäglichsten Gegebenheiten, fragst dich, kaum dass dir Berlin über die Lippen kommt, ob du nicht doch aus Hamburg stammst. Deine Mutter, auf einmal, verkauft Eiscreme im Stadtpark und das Diplom, das du zerknittert aus deinem Jutebeutel fischst, hat sich in einen abgelaufenen Fahrschein verwandelt. Mitja, sage ich, hat euch doch bestimmt schon alles über mich erzählt?

Als hätte ich bereits alles gesagt, was zu sagen ist, in unseren gelegentlichen Gesprächen, die Gesichter eingefasst in das Quadrat eines Webcam-Fensters, Stunden und Kilometer voneinander entfernt, die Stimmen metallisch, ein Rauschen, als gälte es, vier Regenwälder zu überwinden. Der junge Mann, der mir auf dem Flughafen als Kopie des Ministerpräsidenten entgegengetreten ist, rückt unsicher auf seinem Platz hin und her. Hast du mich denn gleich erkannt, fragt er. Ich habe dich für Dmitri Anatoljewitsch gehalten, sage ich. Und Goscha kreischt auf. Schurik verschluckt sich. Ich habe einen einfachen Jungen erwartet und wurde vom Ministerpräsidenten empfangen. Mitja schüttelt den Kopf. Findet ihr auch, dass ich Medwedew ähnlich sehe? Als würdest du das zum ersten Mal hören, grölt Goscha.

Warum ich denn nicht nach Amerika gegangen bin? Er wäre ja, sagt Goscha, nach Amerika gegangen, nach New York oder Los Angeles. Oder London. Bist du vielleicht falsch abgebogen? Ich dippe phlegmatisch ein Kartoffelstäbchen in die Mayonnaise. Und wie fühlt es sich an, hier zu sein, fragt Schurik. Gut, sage ich. Gut, weil die Situation keine alternative Antwort zulässt: Drei hoffnungsvolle, zugewandte Gesichter sind wie Scheinwerfer auf mich gerichtet. Bist du schon einmal in einem anderen Land gewesen, frage ich. In Sibirien, sagt Schurik. Verstehst du? Und Mitja gibt mir zu verstehen, dass ich einen Bart aus Milchschaum trage. Wie fühlt es sich an, anzukommen? Wie viel hat Ankommen mit Weggehen zu tun? Und: Wie kann von Ankommen die Rede sein, wenn man überhaupt keine Ahnung davon hat, wo man sich befindet? Und: Ob ich schon mal in Russland gewesen bin? In Petersburg. Petersburg? Das sei Russland im Weichspülgang. Da würden die Hunde nicht in Rudeln …

Meine neuen Freunde glauben, dass es in Deutschland eine allgemeine Nacktbadepflicht gäbe. Dass man sommers nackt im Stadtpark liegt und zwischendurch die Gebüsche aufsucht, glauben sie nicht. Wo bist du gewesen, frage ich Mitja. Der sagt: Männer liefen dort auf den Straßen, Hand in Hand, einer hatte gar seine Hand in der Gesäßtasche des anderen, die junge Frau, die ihnen entgegenlief, hat sich nicht umgedreht, und in den Schaufenstern hingen Satinshorts und Gasmasken. Widerlich. Dort willst du hin? Goscha will wissen, welches Auto ich fahre. Welches Auto? Ich muss mich räuspern. Oder: Ich werde geräuspert. Schurik tippt mahnend auf das gesprungene Glas seiner Armbanduhr: Die Zeiger haben sich anscheinend verlaufen. Wann musst du morgen in der Uni sein? Ich weiß nicht. Das steht irgendwo in meinen Unterlagen.

Schon zerrt mich Mitja zu einem Kiosk unter der Straßenunterführung. Damit ich dich anrufen kann, sagt er. Und Goscha, weil er ihn dabei hat, hält der Dame am Schalter seinen Ausweis hin und leistet zwei Unterschriften. Goscha leiht mir seine Identität. Würde ich ihn – morgen vielleicht noch, aber übermorgen oder in drei, vier Tagen? – auf der Straße wiedererkennen, im Berufsverkehr, einen jungen, hochgewachsenen Mann, flachsblondes Haar, Jeans, eine ausrangierte Jacke, das Gesicht eines Passanten, vielleicht ein wenig gröber, brutaler. Schurik fummelt die SIM-Karte in mein Handy, schon erreicht mich der erste Anruf: Mitja, mit verstellter Stimme, fragt mich, ob ich heute noch etwas vorhabe.

Und dieser Goscha, fragt Friedrich, also ich wüsste nicht, ob ich mich zu so einem ins Auto setzen würde. Warum nicht? Ich bin froh, dass mich keine geschniegelten Bankierssöhne am Flughafen abgepasst haben, darauf bedacht, mir einen unvergesslichen Empfang zu bereiten, sondern reale Personen, aufgeregt und unbeholfen, mit Frisuren, die mehr Haar als Frisur sind, und Schuhen zum Laufen, nicht zum Gehen bestimmt. Von denen kannst du was lernen, lacht Friedrich. Und noch einmal treffen sich unsere Bierflaschen. Auf uns, Jekaterinburg, ein Jahr.

In unseren Sätzen nistet die Hoffnung auf eine ruhige Zeit, nach all den Stürmen der Studienjahre, dem Gedrängel in überfüllten Vorlesungssälen, bohrendem Zweifel auf unwirtlichen Korridoren, sengenden Stimmen, die deine Antworten zu Fußnoten zusammenstauchen: Wir gönnen uns eine Verschnaufpause und geben ein bisschen Deutsch an einer Hochschule, die von uns nicht viel mehr erwartet als unsere Muttersprache. Wir versprechen einander, uns nicht allzu sehr unter Druck zu setzen. Weshalb sollen wir das Unterrichten neu erfinden? Friedrich isst Tintenfisch, schrumpelig vom Salz, und den Geruch angegangener Hammelhoden verströmend. Und ich bin auf dem Boden meiner Flasche angelangt, bin müde, erschöpft, wahnsinnig ob des Taumels, in den mich meine dreifache Begegnung versetzt hat.

Am frühen Morgen, noch verheddert in einen unruhigen Schlaf, liege ich in einem Bett, das nun mein Bett ist, weil es meinen Geruch angenommen hat und weil mir die Heilige Mutter Gottes, das propere Jesuskind auf dem Arm, vom Nachttischchen aufmunternd zuzwinkert. Den Laptop auf dem Schoß, schaue ich mir eine Dokumentation über den Ural an, spule vor und zurück, vor, weil es mich allenfalls marginal interessiert, was sich ein Graureiher und ein Aland,

Nachbarn im Nebel des Pelym, zu sagen haben, und zurück, weil ich doch eine Information benötige, die erzählenswert ist, Aufhänger oder Anknüpfpunkt, ein Rettungsanker in einem kleinen Gespräch mit der Lehrstuhlleiterin. Ich fühle mich wie vor einer Prüfung, überzeugt davon, nichts zu wissen, das von Relevanz wäre. Niemand hier, versuche ich mir einzureden, würde ausgerechnet dich konsultieren, wenn er etwas über den Ural erfahren wollte.

Aufgedonnert, als sei ich zu einem Empfang geladen, haste ich in den Vorflur, einen winzigen Raum, vollgestellt mit Schuhen und dem Krempel unserer Nachbarn, der den Hausflur von unseren Wohnungen trennt, und erliege beinah im Kampf mit dem Schloss, links- oder rechtsrum, was hat Friedrich gesagt, der große oder der kleine, gezackt oder abgerundet? Da springt – der Schweiß beißt mir in die Augen, mir verschwimmt das Gesicht, bestimmt ist eine Braue auf die Wange gerutscht – endlich die Tür auf. Ein Mann, leicht untersetzt, in Dunkelheit gehüllt, steht vor mir: Mitja, diesmal sogar in Stoffhose, grinst mich schelmisch an. Warum gehst du nicht an dein Handy? Beeil dich. Wir sind spät dran. Wir? Ich schaue, der Fahrstuhl rattert, auf das Display meines Handys: fünf unbeantwortete Anrufe. Was hast du gedacht, wie du rechtzeitig zur Uni gelangst? Zu Fuß, sage ich. Zu Fuß, lacht Mitja. Auf der Karte sieht das ganz nah aus, protestiere ich und steige ins Taxi. Den Zahn werde ich ihm ziehen, denke ich. Der braucht sich nicht einzubilden, mir auf Schritt und Tritt folgen zu müssen. Gleichzeitig breitet sich diese wohlige Wärme in mir aus, eine zugeschneite Dankbarkeit, die offenzulegen ich keinen Mut besitze. Ohne diesen schlitzohrigen Bengel würde ich die Universität niemals rechtzeitig erreichen.

Ich schlüpfe, Mitja im Schlepptau, durch die schwere Eingangstür, links schälen sich aufgehübschte Mädchen aus ihren Mänteln, scheiteln das Haar, ziehen den Pony nach, eine dickliche Garderobenfrau verteilt Marken, rechts gammeln, auf einfachen Holzstühlen sitzend, Grüppchen von Studenten vor sich hin, plaudern, warten, holen Geld an einem Automaten. Geradeaus führt eine breite marmorne Treppe in die oberen Stockwerke, davon lässt sich nicht viel erahnen. Irgendwo hier sollte Warwara Filipowna auf mich warten. Ich mustere die Gesichter der umstehenden Mädchen, doch fühlt sich keines eingeladen, mich nach meinem Namen zu fragen. Ohne Warwara Filipownas Ausweis mit dem Kreuzchen aber komme ich unmöglich an dem bulligen Türsteher vorbei. Der schmeißt sich, wenn er es für nötig befindet, mit seinem ganzen Gewicht auf dich. Der schießt, warnt Mitja. Der guckt dich an wie einer, der nicht erst fragt, bevor er schießt.

Wie sieht sie denn aus? Ich zucke mit den Schultern: Sie weiß, wie ich aussehe. Sprich die da an, schlägt Mitja vor. Die sieht aus, als warte sie nur darauf, angesprochen zu werden. Ich mache zwei Schritte in die Richtung einer asiatischen Schönheit, da setzt ein ohrenbetäubender Alarm ein. Durch die Korridore strömen uns alsbald Scharen aufgehübschter Mädchen entgegen. Ich versuche, der Strömung auszuweichen, da raunt mir ein älterer Herr zu, man ließe nun niemanden rein, ausgeschlossen, es zu versuchen. Aber ich habe einen Termin! Mitja zieht mich am Ärmel und wir stehen umringt von Hunderten von Studenten auf dem kleinen Vorplatz. Und Warwara Filipowna? Hast du ihre Nummer, fragt Mitja. Nein. Keine Nummer und keine Ahnung, wie ich sie sonst erreichen könnte. Der perfekte Vorwand, lacht Mitja, ein kleines Frühstück zu nehmen.

Schon sitzen wir in einem nahe gelegenen Café. Blinis dampfen, in Kondensmilch schwimmend, vor sich hin. Der Geruch fauler Sonntage steigt mir in die Nase. Ein Kaffee füllt sich nach. Niemand wird behaupten können, ich sei nicht rechtzeitig vor Ort gewesen. Und bestimmt wird mir auch irgendwas zum Ural einfallen. Hat nicht die Zarenfamilie den Großteil ihrer Köpfe hier verloren?

Als wir zurückkommen, ist die Menschenmenge verschwunden. Vereinzelt ziehen junge Frauen übriggebliebene Brauen nach, vor dem Guckloch der Garderobe hängt ein Schildchen: Pause. Und nun, frage ich Mitja. Einen Nachtisch? Kopf hoch, sagt Mitja. Was sollen wir machen? Komm mit, aber halt dich zurück. Was, frage ich. Was? Und Mitja: Überlass das Reden mir. Wir gehen zum Wachmann, der, noch bevor Mitja den Mund öffnet, sich knurrend nach unseren Ausweisen erkundigt. Mitja, mit einer Stimme halb Honig, halb Eisen, erklärt in allen Farben des Regenbogens meine missliche Lage. Dabei macht er aus mir einen Würdenträger, den lang erwarteten Abgesandten der wiedervereinigten Bundesrepublik Deutschland: Dieser Herr, stellen Sie sich das einmal vor, assistiert der Sprache, dem unerschütterlichen Fundament der hohen Wissenschaften. Der bullige Wachmann, vielleicht amüsiert ob der willkommenen Ablenkung, betrachtet mich eine kurze Weile, dann tritt er, einen Diener machend, zur Seite. Als hätte Mitja die richtige Zahlenkombination eingegeben, verziehen sich seine Mundwinkel zu einem verhaltenen Lächeln.

Die Quittung für meinen Ungehorsam bekomme ich dann am Institut für Politik- und Sozialwissenschaften serviert: Vom lokalen Alphaweibchen werde ich mit einem aufrichtig gehässigen Schön-dass-Sie-auch-schon-da-sind empfangen. Der Alarm, setze ich an, und Warwara Filipowna – da wendet mir die Lehrstuhlleiterin ihren katzbuckligen Rücken zu. Setzen Sie sich, befiehlt sie. Und ich setze mich, noch immer im Mantel, die Tasche auf dem Schoß. Mit ausladenden Bewegungen, Händen, die den Sturzflug eines Adlers nachzeichnen, wird mir erklärt, dass meine Aufnahme, obgleich nun in meiner Abwesenheit, beschlossen wurde, ich also die Ehre haben werde, an diesem in seiner Bedeutung alles überragenden Lehrstuhl, die zukünftige Elite der westsibirischen Tiefebene auszubilden. Dass ich ihr, Marfa Jakowlena, zu Dank verpflichtet sei, verstehe sich von selbst, zumal sie auf der Mitarbeiterkonferenz höchstpersönlich und gnädigerweise – und wohlbemerkt vollkommen überzeugend – meine Person vertreten habe. Wie ich eigentlich dazu komme, ein Flugticket zu buchen, bevor ich die Einladung, korrekt datiert, gestempelt und mit allen notwendigen Unterschriften versehen, in den Händen gehalten habe? Nein, erstatten, natürlich, können wir gar nichts. Im Übrigen sind wir auch für das Behördliche nicht zuständig. Was man uns, von etwas so Sekundärem wie Sprache abgesehen, denn im Slawistikstudium beigebracht habe? Shanna Nikolajewna, so viel vorweg, sei kein geeigneter Ansprechpartner. In allen Fragen, die in ihrer Wichtigkeit über die Auswahl eines White-Board-Markers hinausgehen, sei einzig und allein sie, Marfa Jakowlena, zu konsultieren. In Fällen äußerster Dringlichkeit könne ich mich bei Warwara Filipowna, ihrer äußerst geschätzten Assistentin, quasi von

Assistent zu Assistent, ha ha ha ha, danach erkundigen, wie sie, Marfa Jakowlena, sich in entsprechenden Situationen zu verhalten pflege. Meine Vorgängerin habe zweimal hier im Büro gesessen, heulend, weil ihr ein Stempel fehlte oder eine Unterschrift. Sie wollen doch nicht weinen? Halten Sie sich an meine Worte.

Ich nicke, rückwärts aus dem Zimmer trippelnd, artig mit dem Kopf und lächle mein Kleine-Jungs-Lächeln. Dabei denke ich nur: Fotze, Fotze, Fotze …

Du siehst aus, als wäre ein Orkan über dich hinweggefegt. Was ist passiert, fragt Mitja. Ich greife nach der Zigarette, die ihm zwischen den Lippen steckt. Und raune ihm zu: Was schon? Dich umweht der Duft von frischem Kaffee, lacht Mitja. Das hat sie rasend gemacht. Die Studenten werden aus dem Haus gejagt und die Oberen, an ihre weich gepolsterten Stühle festgetackert, befinden über das Geschick ihres jungen Kollegen, der kein Kollege, sondern ein Assistent ist. Weißt du, wie man bei uns Assistent abkürzt?

Auf uns zu eilt eine asiatische Schönheit, kostümiert als Sekretärin, Wespentaille, eine schwarzgerandete Brille auf den filigranen Nasenflügeln, hinter den Gläsern ein Blick, der Medusen verjagt, samtene Wimpern, dazu eine Fülle kupferbraunen Haars. Einen Fingerbreit vor mir bleibt Warwara Filipowna stehen: Wo sind Sie gewesen? Sie sehen nicht wie auf dem Foto aus, das Sie mir zugeschickt haben. Wie hätte ich Sie da erkennen sollen? Sie waren nicht allein. Und ich habe vermutet, Sie würden eine andere Sprache sprechen. Warwara Filipowna, nicht ohne Genugtuung, springt munter zwischen den Sprachen hin und her. Deutsch bereitet ihr, von den Umlauten abgesehen, keinerlei Schwierigkeiten. Kommen Sie mit. Wir lassen Ihnen einen Ausweis machen. Oder – die rechte Braue wandert gen Norden – wollen Sie, dass ich jeden Morgen am Fuße der Treppe auf Sie warte? Ihren Freund können Sie mitnehmen, ruft sie mir zu, als Mitja und ich uns gerade verabschieden wollen. Ihren Freund? Ihren Freund, wiederholt Mitja, nicht allzu laut, dabei irgendwie anerkennend, als gälte es, dieses Wort auszuprobieren.

Student oder Hochschullehrer, fragt die junge Frau, bekittelt wie eine Ärztin, der ich den Stapel mit meinen Unterlagen ausgehändigt habe. Hochschullehrer, sage ich. Im Vorraum sitzen Mitja und Warwara Filipowna. Bestimmt fragt sie ihn jetzt, woher wir uns kennen. Bestimmt errötet Mitja leicht bei der Frage. Hoffentlich fällt ihm etwas Besseres als die Wahrheit ein. Mit oder ohne Weichheitszeichen? Dass ich ihn in einem Schwulenchat gefunden habe, soll nicht bedeuten, dass ich nach ihm gesucht hätte. Lehrstuhl für Fremdsprachen, richtig? Können Sie auch lächeln? Sie sehen, ermahnt mich die Schwester, wie Raskolnikow aus, bevor er der Alten eins übergebraten hat.

Hier könne ich kopieren, erklärt mir Warwara Filipowna. Eine Tür öffnet sich und fliegt wieder zu. Hier erhalte ich den Schlüssel. Kaum habe ich einen Blick in den Raum geworfen, fliegt auch diese Tür wieder zu. Hier, zwei, drei Korridore weiter, könne ich mir Beamer und Laptop leihen, alles, versteht sich, gegen eine Unterschrift und nach Voranmeldung. Und hier – Warwara Filipowna saust den Korridor entlang – könne ich die Zugangsdaten für das Konto beantragen, auf welches die Universität mein Gehalt überweisen wird, allerdings erst bei Vorlage einer Bescheinigung, die ich wohl kaum vor Monatsende werde erhalten können. Die Mensa befindet sich, folgen Sie einfach dem Geruch, in beiden Gebäudeteilen ganz unten, die auf der Turgenewa ist etwas geräumiger, dafür gibt es auf der Lenina frische Piroggen. Sie sei sehr beschäftigt, erklärt Warwara Filipowna, fast schon entschuldigend, die Stimme, nicht aber das gepuderte Gesichtchen senkend. Am Lehrstuhl für Fremdsprachen verlässt sie mich: Angenehmen Einstand!

Also gut, denke ich. Schlimmer kann es kaum werden. Ich beschließe, mein Glück noch einmal zu versuchen, Raum 256, ich klopfe, kaum hörbar eigentlich, und es öffnet sich die Tür in ein paralleles Universum. Am Lehrstuhl für Fremdsprachen beweist mir die viel besungene russische Gastfreundlichkeit, und zwar aufs Herrlichste, ihre Existenz. Neugierig tritt eine aufgeweckte Hühnerschar an mich heran: wohlgesonnene Großmütter, die den ausländischen Gast bestaunen, hätscheln, mit Komplimenten und gut gemeinten Ratschlägen versorgen. Ein junger Mann, mit feinen Zügen, bebrillt, mit – ja, ja, keine Widerrede, das sieht man sofort – exquisiten Manieren, das wird Walentina Stepanowna freuen. Literaturwissenschaft? Sie müssen mir unbedingt erzählen, was die Jugend in Deutschland heute so liest. Fast schon überschwänglich lobt man mein Russisch. Man setzt für mich die Regeln der russischen Grammatik außer Kraft, diskutiert meinen Akzent weg. Bübisch nennt man mich. Wie alt sind Sie? Aber noch keine fünfundzwanzig? Von der Statur her – Anshelika Efimowna wiegt nachdenklich ihr blasses Haupt – eher Student als Dozent. Dagegen müsse etwas unternommen werden. Man sorgt sich, ganz offensichtlich, um meine Autorität und beschließt, dass ich mehr essen muss. Anshelika Efimowna hat bereits alles stehen und liegen gelassen und fliegt, engkurvig den Treppenbogen nehmend, Richtung Mensa. Zwei Minuten später dampft auf dem Schreibtisch vor mir eine doppelte Lage Blinis, in Kondensmilch ertränkt, vor sich hin. In meinen Tee plumpsen drei Würfel Zucker.

Ein wahnsinniges Glück ist es, guten Menschen zu begegnen. Ist es das, fragt Mitja mürrisch. Wo bist du, um Himmels willen, so lange gewesen? Sag nicht, dass du mich vermisst hast, ziehe ich ihn auf. Und trete, versucht, ihn in die Backen zu kneifen, auf ihn zu, wie er da im Korridor auf einem Holzstuhl sitzt, zweifelnd, ob es sich, da er nun ohnehin eine Ewigkeit gewartet habe, noch lohne, sich zu erheben. Ich habe meinen Einstand gefeiert, flüstere ich. Sieben Frauen, darunter drei Großmütter, haben mir ihre Lebensgeschichten erzählen müssen.

Draußen fegt ein kalter Schauer über die Straßen. Fahren oder laufen? Eine Tram, die regenlaunigen Passagiere zusammengepfercht wie Vieh, rattert an uns vorüber. Wir sind doch nicht aus Zucker, wehre ich ab. Und Mitja, immer beglückt, mich korrigieren zu können: Wir sind nicht zuckern. In meiner Sprache heißt es anders. Wir sind, zieht Mitja mich auf, aber nicht in deiner Sprache. Nach zwei Schritten jedenfalls tragen wir Leopardenmuster. Nach fünf Schritten suppt kalter Schlamm in meinen hübschen Stiefeletten.

Wir folgen der großen, breiten, leicht abschüssigen Straße Richtung… Wo gehen wir hin? Mitjas Worte, zu einem Shhhh! zermahlen, erreichen mich nicht: An uns vorbei, vierspurig, rasen Autos und Busse, auf dem Mittelstreifen, in verwitterten Farben, Straßenbahnen, der Wind, knisternd und knirschend, legt sich uns in die Ohren und aus den Lautsprechern, die an den Außenfassaden oberhalb der vielen kleinen Geschäfte befestigt sind, tönt es: Kauf! Kauf! Kauf! Ja, ich brauche Papier, fällt mir ein, Papier, Stifte, einen Stadtplan, Schere, Kleber. Eine Treppe, Ruhm dem Herrn, führt sogleich hinunter in ein Schreibwarengeschäft. Während Mitja die für meine Arbeit nötigen Utensilien zusammenträgt, laufe ich die Regale mit der schöngeistigen Literatur entlang, prüfe die Auswahl, fahre mit dem leicht erregten Zeigefinger über die Buchrücken meiner Lieblinge. Dieses hier benötige ich auch noch, und dieses hier, ohne dieses vertrocknet mein Hirn, Walnuss oder Trockenfrucht, such es dir aus, ich weiß nicht, ob mein Leben noch weiter Sinn macht. Und was liest du, frage ich. Und Mitja zuckt die Schultern: Zeitung? Schon laufen wir, jeder ein Tütchen schwenkend, weiter die mächtige Leninallee hinunter.

Die hohen Fassaden versperren den Blick auf alles andere. Sowjetische Prachtbauten mit abgelaufener Halbwertszeit wechseln sich mit Boutiquen und Restaurants ab. Institutionen mit langen Namen, die sich kein Mensch merken kann, mieten Büroräume an. Alle dreißig, vierzig Meter ist die Allee unterbrochen, Straßen mit kleineren Geschäften zweigen ab, ohne Lautsprecher und Neonreklame, keine Bildschirme, auf denen verpixelte Schönheiten tanzen. All diese Straßen, erzählt Mitja, führen hierher. Hier, im absoluten Zentrum, treffen sie sich. Und das – Mitja bleibt unvermittelt stehen –, das ist die Post. Ein riesiges, hellblau gestrichenes Quadrat, das, obzwar von der Zeit angeknabbert, recht ehrwürdig wirkt. Gehen wir rein? Nein. Denn zu sehen gibt es dort nichts.

Oder möchtest du einen Brief verschicken? Gegenüber: Eine winzige Kapelle mit einem goldenen Zwiebeltürmchen. Gehen wir rein? Nein, lieber nicht. Ich möchte keinem Geistlichen auf die Füße treten. Und: Was willst du da?

Hier, erzählt Mitja, als es noch keine Bars gab, haben sich Männer bei Sonnenuntergang zugelächelt. Blumenrabatten mit welken Rosen, verblühenden Veilchen, im Frühjahr bestimmt ein herrliches Plätzchen. Auf den Bänken haben Herren in Sonntagskleidung gesessen. Von Zeit zu Zeit ist ein Junge vorbeigekommen und hat sehr lange die Blumen betrachtet, hat sich vor ein Beet hingehockt und den süßlichen Duft eingesogen und sich dann, geschwächt infolge des Rausches, zu jemandem auf die Bank gesetzt. Sagt man, sagt Mitja, um klarzumachen, dass er selbst sowas nur vom Hörensagen wissen könne. Das war vor deiner Zeit. Jetzt sucht man sich, scherze ich, seine Zuckerväter im Internet.

An diesen kleinen Platz, auf dem sich ein Denkmal Katharina der Ersten hervorragend ausnehmen würde, schließt sich – da kann man nicht reingehen! – die Stadtverwaltung an, ein Gebäude, das in jeder größeren russischen Stadt stehen könnte: Das Werk eines Zuckerbäckers. Drehst du dich um, zerfällt es vor deinem inneren Auge, aber aus den Versatzstücken von Gebäuden, die du in Berlin, Tallinn, Moskau gesehen hast, lässt sich kinderleicht ein identisches zusammensetzen. Nimm Geraden, die jedes Hindernis überwinden, ein winziges Fenster, verhundertfacht, setz links und rechts der Pforte ein paar Säulen hin, obendrauf Kapitelle, grob geschwungen, ein Türmchen, Figuren, irgendwas zwischen griechischen Gottheiten und Bolschewiken. Streu Kränze ein, ein Weizenfeld. Der fünfzackige Stern muss fast schon am Himmel hängen, dann Hammer und Sichel, die Ähre, aus der das sättigende Korn beinahe herausfällt. Und Farben? Rot und das letzte Grün im November, und Gold, die Farbe der Diktatoren.

Ich mag diese Ästhetik, gebe ich zu. Und Mitja, warum eigentlich, fühlt sich geschmeichelt: Soll ich ein Foto machen? Wovon, frage ich. Du wohnst hier. Und ich brauche keine Fotos. Ich will meinen Weg nicht mit Erinnerung pflastern. Wer hat das gesagt? Ich kann mir nicht helfen, sage ich. Es kommt mir vor, als bewegten wir uns nicht durch eine lebendige Stadt, sondern spazierten durch einen Themenpark. Ein Museum für Gäste aus dem Westen, Nachwendekinder. Und doch gefallen mir diese entseelten Giganten. Komisch, nicht wahr? Und gegenüber – also doch! –, auf der anderen Straßenseite, ragt Onkelchen Lenin empor und überwacht, wie Mitja erklärt, den Platz des Jahres 1905: Lenin, sein Verzicht predigendes Gesicht, unverrückbar, die Geste der Selbstgerechten, wer wollte dieses gusseiserne Monstrum verrücken? Wer käme, zwanzig Jahre nach Zerfall des Sowjetreiches, auf diese tollkühne Idee? Was steht dort unten, frage ich. Und Mitja: Nichts. Irgend so ein Spruch. Gehen wir zum Stadtteich.

Hier, sagt Mitja, wurden die ersten Häuser errichtet. Von der Tafel liest er die Zahl 1723 ab und fügt, ermutigt durch das Gelesene, hinzu: Von denen da. Ich lese zwei Namen, die ich gleich wieder vergesse, zwei Männer, stattlich gekleidet, die sich ein Gesicht teilen, der eine trägt Mozarts Perücke, der andere einen schlichten Dreispitz. Hier hat die industrielle Revolution des russischen Reiches ihre Geburt erlebt. Mit der Errichtung einer Eisenhütte, auf sumpfigem Grund, im Quadrat angeordneten Wohnungen, entlang der gezähmten

Isset. Die Steine, erklärt Mitja und deutet dabei auf eine kleine Kollektion von Steinen, die auf der Wiese längs des Flusses liegen, stammen alle aus der Region. Steine, die von innen leuchten. Und funkeln wie das Gefieder eines die Wasseroberfläche durchbrechenden Vogels.

Sommers schaulaufen die jungen Mädchen hier. Paare gehen spazieren, junge Menschen, zu kleinen Grüppchen zusammengerottet, verbringen hier Tage und Nächte. Die Cafés an beiden Ufern bewirten mit Schaschlik und Bier. Schade, sagt Mitja, dass du ausgerechnet zur ersten Schlammperiode auftauchst. Schade, sagt er, und kann sich ein Grinsen nicht verkneifen. An die erste, fällt es mir ein, schließt sich dann wohl die zweite Schlammperiode an? Sogleich bereue ich, mich nicht beherrscht zu haben. Nein, sagt Mitja. Erst kommt der Winter.

Und auf der Ecke dort – Mitja deutet auf eine Villa, die auf den ersten Blick an die Hermitage erinnert – residiert Putin, wenn er gerade in der Stadt ist. Was er, fügt Mitja hinzu, nicht allzu oft ist. Ruhm dem Herrn, an den wir nicht glauben. Wir laufen, den ratternden, trötenden, hupenden Verkehr umgehend, durch eine Unterführung, deren Wände über und über mit Graffitis besprüht sind. Viktor Zoi, die schwarze Mähne toupiert, eine Zigarette im Mund, mustert uns eindringlich. Meine Mutter, erzählt Mitja, hat den rauf und runter gehört. Kennt man den bei euch? Ich weiß nicht, sage ich. Weil ich nicht für andere sprechen kann oder möchte oder weil meine Generation mit Britney Spears und den Backstreet Boys aufgewachsen ist. Hört deine Generation seine Lieder, setze ich an und merke, wie ich mich – räumlich, zeitlich? – von ihm entferne, spüre, obgleich nur für den einen Moment, dass eine Kluft zwischen uns liegt, ein Raum, den keine Lieder füllen.

Mit jedem Schritt wächst die stattliche Villa vor uns in die Höhe. Eine Rotunde steht auf der Ecke, die Fassade folgt auf der einen Seite der Straße, auf der anderen dem Issetufer. Gotische Fensterbögen in Türkis und Terrakotta, weiß getünchte Säulen, Giebel, aufgemalte Ornamente, Drei- und Vierpass. Na, fragt Mitja, als hätte er die Residenz des Zaren selbst errichtet. Was sagst du? Ich vermisse, beschwere ich mich, Hammer und Sichel. Schau dir diese Farben an, ermahnt mich mein Stadtführer. Die suchst du außerhalb der Innenstadt vergebens. Dann: Stell dich in den Pavillon. Ich mache ein Bild von dir. Meinetwegen, rufe ich. Aber schick es mir nicht. Vor mir liegt der Stadtteich, eine Decke aus flüssigem Metall, frisch erkaltet, müde, allein der Regen zieht Fäden. Ich gebe mir, während Mitja erklärt, es handle sich bei dem Teich um einen winzigen Teil eines gewaltigen Stroms, Mühe, möglichst verträumt zu gucken, die Brille halte ich in der Hand, die Lippen habe ich maßvoll gespitzt, dass sie üppig aussehen, nicht aber geschwollen. Mitja gefällt das. Sehr gut, ruft er. Noch eins. Noch eins.

Die Ufer entlang haben sie Hotelanlagen und Bürogebäude hochgezogen, mit spiegelglatten Fassaden und gläsernen Gardinen. Darauf ziehen, ganz gemächlich, dunkle Wolken vorbei. Nirgends kann man sich festhalten. Der Blick wird abgelenkt oder zurückgeworfen. Neben dem Sportpalast – treibst du eigentlich Sport? – befindet sich ein Haus, das wie das Skelett eines Fisches aussieht. Gebaut wird, solange der Geldhahn sprudelt. Springen Sponsoren ab, bleiben vom Traum eines Hauses nur die Grundmauern stehen. Diese

Stadt, sagt Mitja, ist voller Narben. Häuser älteren Datums rührt man nicht an. Die stehen, zwischen den schicken Anlagen, unberührt. Marodes Gewebe, das schneidet man erst heraus, wenn man den Platz für was Neues braucht.

Ob sie ihm dennoch gefalle? Er würde, sagt Mitja, eher heute als morgen weit weg gehen, nach Moskau oder Petersburg, besser noch weiter, am liebsten nach Deutschland, nach Berlin, aber Hauptsache weg von hier. Und dir? Wie gefällt dir die Stadt? Ich kann mir noch kein Urteil bilden. Und generell ziehe ich den Zustand einer lauen Unbestimmtheit einem unerschütterlichen Entschiedensein deutlich vor. Ich möchte laufen, ohne zu wissen, wohin. Was meinst du, fragt Mitja. Bis jetzt sind wir eine einzige Straße entlanggelaufen. Es ist windig und laut. Die Sonne ist eine blasse Erinnerung. Halten wir ein Eis in den Händen? Nein, wir halten einen Regenschirm. Real war bis jetzt nur der Regen. Verstehst du?

Was ist das für eine Uhr? Sotschi, sagt Mitja. Sotschi? Die Spiele. Ob ich nichts davon gehört habe: Man redet seit Wochen über nichts anderes. Nicht? Zwei invalide Dreiecke, räumlich versetzt, die ablaufende Zeit in Rot, Countdown oder Zeitbombe. Wie stehst du dazu? Ich interessiere mich nicht besonders für Sport. Den Fußballern schaue ich allenfalls auf die Waden, an den Eiskunstläufern fasziniert mich der Schritt.

Dann stehen wir plötzlich vor der Kathedrale. Die Kathedrale wurde elf Jahre, nachdem man den Zaren wieder lieben und ehren durfte, dort errichtet, wo sich in der Nacht auf den 17. Juli 1918 eine bleierne Kugel in sein Herz gebohrt und blaues Blut das leinene Hemd des Häftlings genässt hat. Die weiße Kirche mit den goldenen Kuppeln nimmt sich – das ist nicht zu leugnen – prächtig gegen jeden Himmel aus. Ein geeignetes Postkartenmotiv, Kulisse für Brautpaare und Pilgerstätte für Anhänger eines verschleppten, erschossenen, verscharrten Monarchen. Erinnerst du dich, fragt Mitja. Als hätte ich, aus dem Auto heraus, gestern mehr als einen Blick auf die Zwiebeltürme werfen können. Ja, sage ich, ohne zu wissen, warum ich lüge. Diese Kathedrale kenne ich aus meinen Träumen. Mitja lächelt befriedet.

Als der Regen heftiger wird, retten wir uns in ein Café. Mitja malt mir ein Kreuz dorthin, wo wir gerade sitzen, markiert die Schreibwarenhandlung und zeichnet den Verlauf der Straßen nach, die wir gegangen sind. Die Stadt liegt, ein ausgebreitetes Tischtuch, vor uns, das Spinnennetz der Innenstadt, das Industriegebiet im Norden, die Schlafsiedlungen drum herum, wo Mitja wohnt. Ihr habt einen See? Einen? Hunderte, empört sich Mitja. Aber glaube nicht, dass man darin schwimmen kann. Und das hier, frage ich, und tippe auf die riesige Grünfläche am südlichen Stadtrand. Majakowski, sagt Mitja. Der Dichter? Ein Park. Dahin gehen wir, wenn die zweite Schlammperiode überstanden ist. Und wo geht man einkaufen? Gibt es einen Zoo? Ein Kunstmuseum? Wo befindet sich die Stadtbibliothek? Theater, Konzertsaal, Synagoge? Wo treten Mumi Troll und Zemfira auf? Und wo geht man hin, wenn man einmal nicht gesehen werden will? Mitja versteht nicht sofort. Na, wo geht man hin, wenn man mal, länger als nötig, einen Mann anschauen möchte, ohne zu riskieren, dass er einem ein Veilchen verpasst? Thematische Clubs meinst du. Das sagt er, als könne man sich daran die Zunge verbrennen. Thematisch heißt das bei euch? Bei uns, sage ich, bedeutet thematisch, dass die Gäste entweder nur schwarz und weiß tragen oder im Pyjama aufkreuzen. Mitja, die Stadt eilig zusammenraffend, bekommt einen aus bunten Quadraten zusammengewürfelten Salat, der sich Vinegret nennt und aussieht wie ein rosafarbenes Törtchen. Auf meinem Teller liegen drei goldbraune Draniki, herzhafte, mit Dillspitzen garnierte Kartoffelpuffer, von denen das Fett noch tropft, auf dem Tellerrand, etwas verloren, steht ein winziges, schmandgefülltes Fässchen; da tunke ich meinen ersten Bissen rein. Hast du schon einmal vor einer Klasse gestanden, fragt Mitja. Ja, aber wenn ich nicht gerade vor einer Klasse stehe, kann ich mir kaum vorstellen, jemals vor einer Klasse gestanden zu haben. Heute habe ich erfahren, dass ich morgen drei Doppelstunden geben muss, und die Materialien, die ich mir in Deutschland zusammengesucht habe, erst im zweiten Semester werde gebrauchen können, und die Kurse, die man mir per E-Mail genannt hatte, gestrichen und durch Kurse, die normalerweise nicht für den Sprachassistenten vorgesehen sind, ersetzt wurden. Und von den Kursen, die ich von morgen abgesehen werde geben müssen, konnte man mir nicht einmal die Uhrzeiten, geschweige denn die Niveaustufen nennen. Mitja lässt unbeeindruckt seinen Löffel in der Tasse kreisen. Meine Aufregung will nicht auf ihn überspringen: Dann machst du halt etwas anderes. Morgen erzählst du ihnen von Berlin. Zeig ihnen Fotos. Frag sie, warum sie Deutsch lernen, woher sie kommen. Gib ihnen ein paar Substantive und Verben und lass dir zeigen, was sie draufhaben.

Wie sind denn die russischen Studenten so? Mitja lacht.

Ein beunruhigendes Lachen. Ich drohe damit, ihn vom Stuhl zu schupsen. Werden sie mich Päderast nennen? Nennen sie dich Päderast, streichst du sie aus der Anwesenheitsliste. Zerbrich dir nicht heute schon den Kopf darüber, was du morgen nicht ändern kannst. Nur sei nicht zu freundlich zu ihnen. Bist du zu freundlich, tanzen sie dir auf der Nase herum. Was russische Studenten brauchen, ist Drill. Wir sind doch nicht beim Militär, seufze ich. Komisch, lacht Mitja. Ich hatte Ordnung und Disziplin für deutsche Tugenden gehalten. Tugenden? Ich möchte mit meinen Studenten eine gemeinsame Sprache finden. Sie sollen nicht zu mir aufsehen wie zu einem General. Wieder lacht Mitja. Unsere Lehrer sind Lehrer geworden, weil sie es lieben, zu herrschen. Und unsere Schüler sind geübt darin, sich zu fügen. Sie fühlen sich wohl, wenn man ihnen sagt, was richtig, was falsch ist, was sie zu tun und was sie zu unterlassen haben. Ach ja? Ist das so? Und was weißt du noch über die Deutschen, frage ich? Mitja, ohne zu überlegen, erzählt: Die Deutschen sind ordentlich, pünktlich, fleißig. Würden Hunde eine menschliche Sprache sprechen, zweifelsohne sprächen sie Deutsch. Eure Sprachen, behauptet Mitja, sind verwandt. Als Beweis fügt Mitja in bellendem Ton an, was er in der sowjetischen Unterhaltungskultur an Phrasen aufgeschnappt hat: Hände hoch! Und: Hitler kaputt. Wenn sie etwas toll finden, dann sagen die Deutschen: Das-ist-fantastisch. Ich hätte, sagt Mitja, gern einen Lehrer wie dich gehabt. Ich hätte dreimal hintereinander meine Hausaufgaben vergessen und im Unterricht Kaugummi gekaut. Ich hätte sehr viel über mein Wochenende geredet, wäre unaufmerksam gewesen, und du hättest mich ständig nachsitzen lassen.

An der Plotinka wäre ich vorbeigelaufen, in Erwartung eines Stadtzentrums, dem man seine Geschichte ansieht. Ein Blick über den Stadtteich, und weiter. Ruhrpottromantik, die Poesie stillgelegter Zechen, das habe ich erwartet, Stahlwerke mit Zwiebeltürmen. Der Regen verwandelt die Stadt in den Sumpf, auf dem sie errichtet ist. Und dann fragt mich Mitja, ob ich meinen Entschluss, herzukommen, bereits bereuen würde.

Kaum wieder zu Hause, gebe ich Mitjas Frage an Friedrich weiter. Der sagt: Eigentlich habe ich es mir schlimmer vorgestellt. Die Tüte reißt und die Teigtaschen plumpsen in das kochende Wasser. Zwei Lorbeerblätter springen umher wie Faltboote bei Seegang. Als die Pelmeni nach oben steigen, schöpft Friedrich sie mit einer Kelle heraus. Möchtest du auch etwas? Ich schaue aus dem Fenster. Im Pförtnerhäuschen flackert ein Licht. Ein Rudel Hunde, mit schlammverschmierten Beinen, streift über den Hof. Hast du morgen auch Unterricht?

Ich trete vor die Klasse. Die Worte, die ich mir zurechtgelegt hatte, sind verschüttet. Ich kann sie nicht heben. In der Hektik, die ich verbreite, finde ich sie nicht wieder. Der Beamer, so sehr ich ihn auch anflehe, antwortet stur: Kein Signal. Auf meinem Monitor stehen die Bilder vom Brandenburger Tor und der Siegessäule auf dem Kopf, die Farben ausgewischt, die Konturen verschwommen. Ein kratziger Bass schrammt knapp an meinen Nerven entlang. Bläser fauchen. Soll das die Nationalhymne sein? Als ich das falsche Quadrat erwische, erhängt sich das eitle Programm. Ich schaue in die Gesichter meiner Studenten, die sich, mich nicht aus den Augen lassend, angeregt unterhalten. Warum, denke ich, habe ich nicht einfach einen Schaumstoffball eingesteckt, ein paar Postkarten, Fotos aus dem Familienalbum? Widerwillig wähle ich die Nummer von Warwara Filipowna, die kurz darauf ins Klassenzimmer stürmt, eilig zwei Knöpfe drückt und, spöttisch an mir vorbei blickend, ihr Köpfchen schüttelt. Man erwarte mich, teilt sie mir mit, in der Pause am Lehrstuhl.

Vierzig Augenpaare sind auf mich gerichtet: vierzig Sonnen, die zugleich Wärme und Kälte absondern. Der Kragen scheuert, mein Hemd klebt am Rücken fest. Gelingt es mir nicht, sie abzulenken, schmelze ich unter diesen Blicken auf die Größe eines Eiswürfels zusammen, schmelze und – wenn ich fast schon nicht mehr von einem Wassertropfen zu unterscheiden bin – gefriere. Ich spreche, weil ich sprechen muss, erst leise und verworren, dann, ganz allmählich, finde ich eine Stimme, von der ich mir nicht erklären kann, aus welchen Tiefen sie aufsteigt. Das muntere Geplapper ebbt ab. Inne hält das Weltgeschehen, die Dramen des vergangenen Wochenendes sind überwunden: Dort vorne, hinter dem Pult, steht einer, der uns erklärt, was wir von dem Semester zu erwarten haben. Der weiß, was für eine Fünf verlangt wird.

Ich lausche, gespannt, wie sich das Gedachte mit dem Gesagten verträgt. Davon, welche Bilder sich, synchron zum Muskelspiel aus Kiefer und Lippen, in den Köpfen meiner Studenten abspielen, habe ich nur eine vage Vorstellung. Haben Sie verstanden, schließe ich einen Satz. Und die Blicke meiner Studenten zeichnen die Tischkante nach oder folgen dem Flug einer Amsel im Hof. Dann, aus der ersten Reihe, schon inmitten des nächsten Gedanken: Erzählen Sie. Ich, angesprochen, also gehört und für existent befunden, erzähle von mir. Eine Familie erscheint im Klassenzimmer, ausstaffiert mit Details, die mir im Erzählen zufliegen: Meine Schwester weiß sich allein tanzend fortzubewegen, den Boden berührt sie kaum, vielleicht wenn die Einkäufe sie runterziehen, was, wenn es hochkommt, alle paar Wochen der Fall ist, denn eigentlich ernährt sie sich ausschließlich von Früchten, die vom Nachbargrundstück in unseren Garten hinüberragen, Pflaumen und Birnen, na gut, gelegentlich nimmt sie eine Walnuss zu sich… Mein Bruder knackt die mit seinen Zähnen; die Lippen zu einem kleinen O geformt, pfeift er – wie viele Jahre lebt er davon? – die Marseillaise. Mädchen in bunten Kleidern gehen vorüber und lassen Tomaten in seinen Filzhut fallen. Und vor der Haustür sitzt ein Kater, groß und fett, der knurrt und stellt den Postboten nach. Wenn er einen zu fassen kriegt, verbeißt er sich in ein Hosenbein…

Am Lehrstuhl hatte man mich darauf hingewiesen, dass meine Sätze vielleicht zu kompliziert für die Studenten seien. Die würden sich noch in den Zeitformen verheddern, ein Passiv vergnüglich in eine Aufforderung übersetzen und jede Frage, egal ob sie es zulässt, mit einem schlichten Ja oder Nein beantworten. Was haben Sie verstanden, frage ich. Ja, piepst ein Mädchen aus der vorletzten Reihe. Sie kommen aus Berlin, haben Literatur studiert und Ihre Katze ist ein Hund. Großartig, rufe ich. Alles richtig. Ich bin versucht, in die Hände zu klatschen, beschränke mich dann aber auf ein dezentes Kopfnicken. Alles richtig. Begegnen Sie hier einer Katze auf der Straße, müssen Sie sie mit kis-kis ansprechen. Sonst versteht sie nicht, erklärt mir das Mädchen mit dem Totenkopfhaarband.

Auf den leerstehenden Tischen in der ersten Reihe lege ich

Postkarten aus, Ankündigungen von Ausstellungen, Konzerten, Gemälde übergeschnappter Künstler, die in keinen Museen hängen, Flyer, skurrile Sprüche, Grafiken, die einem ins Auge springen, wenn man in einer Friedrichshainer Szenebar aus der Toilette in einen dunklen, feuchten Korridor tritt. Suchen Sie sich eine Postkarte aus. Erzählen Sie uns, warum Sie die Postkarte gewählt haben und warum Sie sich mit dem Abgebildeten identifizieren können. Stellen Sie sich vor.

Arkadi wählt ein sowjetisches Plakat im Kleinformat: Ein strahlender Pionier sitzt auf dem Schoß eines Sportlers und betastet anerkennend dessen geschwollenen Bizeps. Dem Jungen klemmt das bis in die hinterste Republik verbindliche Trainingsbuch der Fiskulturellen unter dem Arm: Fit für Arbeit und Verteidigung der Sowjetunion. Das Gesicht des Sportsmannes, arisch vom Feinsten, erinnert an 1936. Der minderjährige Pionier wird auf den Geschmack gebracht. Propaganda als Lustprinzip. Ich denke: Arkadi wird sagen, dass ein Mann in Form zu sein hat. Weil er stark sein muss, um Frau und Kind zu beschützen. Um die Familie durch ein Leben zu führen, in dem traditionelle Werte durch das Einschalten des Fernsehers gefährdet sind. Arkadi, elegant den Stolpersteinen der deutschen Grammatik ausweichend, spricht: Ich habe dieses Bild gewählt, weil ich denke, dass der Mann dem Jungen ein Vorbild sein sollte. Der Mann sollte den Jungen durch sein Handeln und Tun dazu anleiten, ein achtbares Mitglied der Gesellschaft zu werden. Dazu gehört es, sich fit zu halten. Gesunder Körper, gesunder Geist.

Anjuta wählt ein Eichhörnchen, das seine Freunde – Fuchs, Eule und Rehkitz – zu Kaffee und Kuchen einlädt. Ich trinke keinen Kaffee, aber letzte Woche habe ich Geburtstag gefeiert.

Ob es dabei genauso gesittet vonstattengegangen sei wie auf der Postkarte, hake ich nach. Und Anjuta schüttelt sich vor Lachen: Nach der Feier habe die Wohnung ausgesehen, als hätte das Eichhörnchen seinen Gästen eins mit dem lieblich geblümten Service übergezogen. Der blonde Lockenschopf vibriert und der weit aufgerissene Mund gibt ein rubinrotes Dreieck preis.

Und Sie? Mein Favorit ist die herrlich korpulente Kaufmannsgattin von Kustodiev, ein Fleischberg aus weißem Marmor, an dessen Säule von Oberarm sich eine fette, glückliche Katze anschmiegt. Auf dem Tisch aufgetürmt: ein Brotkorb mit süßem Gebäck, Samowar, Früchte. Grazil hält die Dame ein winziges Schälchen in der fleischigen Hand. Daraus würde sie Tee trinken, hätte der Maler sie nicht zuvor eingefroren. Ein Croissant und ein Schälchen Konfitüre, so stelle ich mir das Paradies vor.

Die Verwandlung von einem kleinen Jungen zu einem Mann ist vollzogen, von einem Jungen, den prüfende Blicke verunsichern oder ein unbestimmtes, niemandem geltendes Lachen, zu einem Mann mit in die Hüfte gestemmten Armen, mit einer in Gebirgshöhen gereiften Stimme, die Ansichten nicht vertritt, sondern verkündet.

Ansichten? Shanna Nikolajewna schenkt ihrem jungen Kollegen ein spöttisches Grinsen. Der Held, in den ich mich unverhofft verwandelt habe, lässt sich davon nicht einschüchtern. Du sprichst. Und man hört dir zu. Du sprichst, und man hört dir zu, als ob du wirklich etwas zu sagen hättest. Ein Luxus-Déjà-vu, erkläre ich. Shanna Nikolajewna guckt mich mit großen, wässrigen Augen an. Niemand in diesem Raum wird den leisesten Zweifel daran gehegt haben, dass Sie der Lehrer sind. Warum auch? Sie sind Ihren Studenten die Muttersprache voraus, fünf, sechs, sieben Jahre Lebenserfahrung. Sie haben Canetti, Bachmann und Kafka gelesen. Und: die alles entscheidende Lektion im Lehrbuch haben Sie mit einer Präsentation über Ihre Heimatstadt aufgepeppt. Lehrbuch, frage ich, davon weiß ich noch nichts.

Im Korridor entscheide ich mich für den Mittelweg. Ströme junger Menschen gleiten, ohne mich mit dem Ellenbogen oder dem zartseidenen Stoff einer Bluse zu berühren, an mir vorüber. Es steigt, wie ein Luftballon, dieses wohlige Gefühl in mir auf. Geschafft, denke ich. Feuerprobe bestanden. Niemandem scheint aufgefallen zu sein, wie übertrieben ich beim Sprechen gestikuliere.

Als ich, die Hand bereits auf den messingschweren Knauf gelegt, aus der Universität treten will, ruft mich eine Stimme, schrill und schneidend, zurück.

Warum sind Sie nicht zu mir gekommen? Und warum gehen Sie nicht an Ihr Telefon? Zurück am Lehrstuhl drückt Warwara Filipowna mir einen Stapel Papiere in die Hand. Man möchte wissen, zu welchen Themen ich geforscht habe, ob und in welchen Formaten ich publiziert habe, welche Lehrveranstaltungen ich wo besucht habe, in welchem Ausland ich mich längere Zeit aufgehalten habe, wer meine letzten drei Arbeitgeber waren und in welchen Berufen meine Eltern und Geschwister tätig sind. Ohne diese Auskünfte kann mein Arbeitsvertrag nicht bearbeitet werden. Warum nicht, frage ich. Bürokratie, sagt sie und schürzt die Lippen, nichts als Bürokratie, fragen Sie mich nicht.

Bürokratie? Für mich sind es Jahre meines Lebens, beschnitten von den Diagonalen eines Kästchens, Beispiele einer Existenz, die sich mit einem Kleckser Tipp-Ex, einem geschickt platzierten Mausklick problemlos auslöschen lassen. Ich versuche mich daran zu erinnern, welche Berufe ich meinen Geschwistern übergeholfen habe. Und gebe meinen Eltern Namen, die ich vielleicht einmal meinen Kindern geben würde. Ich erfinde Titel für Publikationen, zu deren Inhalt mir keine zwei Sätze einfallen würden. Und vertausche fröhlich Jahre: Ob jemandem auffällt, dass meine kleine Schwester die große Schwester meiner Mutter sein könnte?

Dort gammeln die Nazis rum, sagt Mitja. Nazis? Wo führst du mich hin? Du wolltest doch zum Eiffelturm, wehrt sich Mitja. Die Nazis dort, keine Angst, sind keine Nazis, wie du sie dir vorstellst, Glatze und Springerstiefel. Unsere Nazis setzen sich für soziale Gerechtigkeit ein. Und für die Familie. Vor dieser Sorte, behaupte ich, habe ich am meisten Angst. Weil du ihnen nicht ansiehst, was sie im Schilde führen. Unsinn, widerspricht Mitja. Die mögen keine Kaukasier, Zigeuner und Juden. Dir tun die nichts. Kriegen die mit, dass du Deutscher bist, klopfen die dir aufmunternd auf die Schulter. Und, mal ehrlich, dass die keine Kaukasier, Zigeuner oder Juden mögen, also das kann man ihnen doch kaum übelnehmen. Und wenn mein Blick sich an das Gesäß eines Nazis heftet? Komm schon, bittet Mitja. Holen wir uns ein Eis und laufen zum Eiffelturm. Für morgen ist wieder Regen angekündigt. Gut, sage ich. Holen wir uns ein Eis und setzen uns zu den netten Nazis von nebenan.

Gegenüber der Universität befindet sich das Opernhaus.

Stand das gestern schon da? Ein mausgrauer Korpus, weiß abgesetzte Balkone, weiße Giebel und Balustraden, die Fassaden ähneln Tortenstücken im Querschnitt. Drei Frauen in faltenwerfenden Gewändern, die Attika schmückend, räkeln sich über dem Eingangsportal. Das müssen die Musen sein. Die linke zupft lieblich die Harfe. Hörst du? Nee. Bin nie drin gewesen, gibt Mitja unverhohlen zu. Doch, einmal, mit der Klasse. Am Ende hat sich die fette, schreiende Frau vom Felsen gestürzt, der Liebe wegen. Aber der Saal war schön. Golden und mit Lichtern, die aussehen wie aufspringende Knospen. Soll ich dir ein paar Fotos zeigen?

Die Nazis, die vielleicht gar keine Nazis sind, stehen, ohne auf etwas Bestimmtes zu warten, um den Eiffelturm herum. Drei Männer, im Mund eine Zigarette, unterhalten sich. Ich verstehe nichts. Du? Mitja schüttelt den Kopf. Worüber sollen die sich unterhalten? Eine Mutter schiebt einen Kinderwagen hin und her und summt dazu eine Melodie. Ein Wiegenlied? Kenne ich nicht. Dass man in die Köpfe der Menschen nicht hineinsehen kann! Glaubst du, dir würde gefallen, worauf du dort stoßen würdest? Vielleicht ist mir das längst vertraut, gebe ich zurück. Vielleicht denke ich genau dieselben Gedanken dreimal am Tag.

Der Eiffelturm wurde aus Uraler Gestein gefertigt. Um die Sehnsucht der Leute zu befriedigen, denen Paris ein unerreichbarer Ort gilt, hat man ihnen eine bescheidene Kopie vor die Haustür gesetzt. Kinder erklimmen den Turm, manchmal, sagt Mitja, auch angetrunkene Jugendliche. Wir setzen uns auf eine Bank. Und versuchen, keinen Naziarsch zu fixieren. Ich fahre mir mit dem Zeigefinger dort über die Lippe, wo bei Mitja ein Schokoladensplitter gestrandet ist. Mitja füttert,

Krümel aus seiner Waffel brechend, einen invaliden Spatzen. Dann sagt er: Siehst du, friedliche Menschen.

Am Abend, ein Engel hat mir Lehr- und Arbeitsbuch ins Postfach geworfen, sitze ich am Küchentisch und blättere mich durch die Lektionen. Mitja sitzt mir gegenüber, zieht einer Orange die Haut ab und ist sonst mit nichts anderem beschäftigt, als mich anzugucken. Er findet mich schön. Und lässt es sich nicht ausreden … Eine aufgeregte Frau am Telefon hat mir erklärt, welche Kurse ich zusätzlich vorzubereiten hätte. Also blättere ich mich durch die Lektionen. Urdeutsche Traditionen, bayerisches Brauchtum, ich bin nicht ins Ausland gegangen, um jemandem vorzugaukeln, wie toll ich das alles finde. Die Stadtbibliothek, mein Finger zieht auf der Karte Kreise, muss sich hier doch ganz in der Nähe befinden. Hinter dem Antej, sagt Mitja. Der Saft der Orange rinnt ihm am Kinn hinunter. Dann erscheint Friedrich in der Küche und die Flaschen ploppen. Mitja – Friedrich, Friedrich – Mitja, sage ich. Und: Aufs Kennenlernen. Die beiden verstehen sich auf Anhieb, sind auf keinerlei Hilfestellungen angewiesen: Friedrich ist nirgends geboren, kennengelernt haben wir uns noch nicht, Mitja, der sitzt hier bloß, weil einer die Orangen schälen muss. Wenn noch etwas ist, ich bereite mich auf den Unterricht vor. Oder rauche im Hausflur. Ihr scheint ja ganz gut ohne mich klarzukommen.

Später, von zwei Seiten überzeugt, dass ich keinen Semesterplan austeilen werde, nichts erzählen werde, was ich nicht heute schon im anderen Kurs erzählt habe, liegen Mitja und ich auf meinem Bett. Auf meinem Bett, weil ich ihm keinen Sessel anbieten kann. Macht nichts, hat Mitja gesagt. Schon saß er auf dem Bett und rückte sich ein Kissen zurecht. Mitja wechselt zwischen Madonna und Lady Gaga hin und her und geht dann zur Pugatschowa über, die er liebt, weil sie seine Kindheit ist, und hasst, weil sie – das wisse er aus sicheren Quellen – leidenschaftlich homophob sei. Das erzählt er mir mit dem verletzten Stolz eines zurückgewiesenen Kindes. Dabei rückt er näher an mich heran, legt, als gälte es, von mir einzufordern, was ihm andernorts verwehrt wurde, seinen Kopf auf meine Brust.

Die Zunge in meinem Mund ist angeschwollen: ein mit Spucke vollgesogener Schwamm. Ich erkläre dem Lehrer, der mit seiner Klasse im Türrahmen steht, dass dieser Raum für meine Klasse reserviert ist, aber aus meinem Mund schlüpfen die Wörter wie Larven, ungelenk und mit Speichel verschmiert. Der Lehrer wendet sich schnell von mir ab. Du bist im Zimmer nebenan, aber auf die Idee, dich um Hilfe zu bitten, komme ich nicht. Den fremden Schülern schreibe ich auf einen Zettel, sie sollen mir einen Krankenwagen rufen. Meine Schrift, daran erinnere ich mich genau, ist dahingezittert. Und doch, als ich endlich erwachte, flimmerte das Blaulicht vor meinen Augen. Nach dem Aufstehen hatte ich einen Geschmack im Mund, als hätte ich frisch erbrochen.

Woher diese Angst, fragt Friedrich. Wir stampfen über den Hof, den aufgeweichten Weg entlang, der zur Tramhaltestelle führt. Soweit das Auge reicht: Kapuzen, an denen der Regen hinunterschleicht. Die 23? Keine Ahnung, wo die hinfährt. Die 25? Die fährt zur UPI. Die 7? Zum Bahnhof. Ich dachte, du würdest wissen, welche Tram wir nehmen müssen? Ich ziehe den Plan aus der Tasche, streiche, zum Unterschlupf tretend, die Stadt glatt. Die 22, 23, 25. Die 8, die 14. Wir lassen uns vom Strom mitreißen, quetschen uns, die Kapuzen nach vorn drängend, in die Tram, werden gequetscht. Ein fettes Muttchen schiebt sich an den zusammengepferchten Passagieren entlang durch die Straßenbahn, hält jedem die Hand hin, kassiert wortlos ihre achtzehn Rubel und verteilt im Tausch Papierfetzen, die sie von einer dicken Rolle abreißt.

Zwei mal fünf Mädchen sitzen vor mir, nicht die aufgehübschten Dinger, die sich in der Eingangshalle Augen und Brauen nachziehen, sondern Mädchen in Jeans und Strickpulli, mit Pferdeschwanz und Frisuren, die kaum mehr sind als zaghafte Andeutungen. Ich rede von Berlin oder lasse von Berlin reden, werfe Bilder an die Wand, Statistiken, deren Auswertung mindestens fünf Minuten beansprucht, der schmale Grat zwischen Wort und Zahl, meine Mädchen balancieren darauf, ohne abzustürzen. Den Tretminen der deutschen Grammatik weichen sie gekonnt aus. Die Sprache ist keine Raubkatze, die es zu zähmen gilt, sondern ein Hündchen, das sich artig an der Leine führen lässt und dabei munter mit dem Schwänzchen wedelt.

Bevor ich die Stunde beende, schlage ich vor, dass wir dieses und jenes in Angriff nehmen. Kennen Sie Marlene Dietrich? Die Ärzte? Haben Sie Lust, einen Filmclub mitzugestalten? Spielen Sie Theater? Die Mädchen, irritiert, dass man sie geradeheraus nach ihrer Meinung befragt, stimmen allem zu, was ich vorschlage. Lesen Sie gerne? Interessieren Sie sich für Politik? Kommende Woche stimmen wir ab. Worüber, fragt Alisa. Darüber, was Sie von all dem, was Sie gerne machen, am liebsten machen. Die Mädchen, anstatt ihre

Sachen zusammenzuraffen, gucken mich erwartungsvoll an. Ich fahre den Computer runter und werfe den leeren Pappbecher in den Müll. Ich packe meine Notizen ein, Kugelschreiber und Kreide. Als ich mich nach dem Schwamm umdrehe, stoße ich mit Lina zusammen, die damit begonnen hat, die Tafel zu wischen.

Die Studentinnen sind noch jung, meint Shanna Nikolajewna. Wera Eduardowna verschluckt sich an einem Keks. Was haben Sie vor, wollen Sie die Studentinnen zum Widerspruch anstiften? Die Studentinnen sind derart mit dem Lernen beschäftigt, dass sie sich nicht noch den Kopf darüber zerbrechen sollten, was sie denn überhaupt lernen wollen. Dafür ist der Lehrer da. Nicht Ihr Ernst? Nein, lacht Shanna Nikolajewna. Oder: Doch. Ein junger Mensch braucht Orientierung. Er hat keine Zeit, zwei Jahre das Falsche zu lernen, um dann festzustellen, dass er ohne den Konjunktiv im Leben doch nicht auskommt.

Da fliegt die Tür zum Lehrerzimmer auf. Anshelika Efimowna flattert herein. Und auf dem Platz vor mir landet, in Kondensmilch ertränkt, eine doppelte Lage Blinis. Shanna Nikolajewna und Wera Eduardowna tauschen einen Blick. Wohlmeinend? Spöttisch? Aber nicht doch, Anshelika Efimowna... Ja, doch, natürlich. Äußerst schmackhaft sogar... Aber nur, wenn Sie auch einen Bissen nehmen und mir ein wenig Gesellschaft leisten! Anshelika Efimowna, mein bleichgesichtiger Engel, stellt zwei Tassen Tee auf den Tisch, verschwindet einen Augenblick hinter ihrem Monstrum von Schreibtisch und zaubert ein perlmuttfarbenes Zuckerdöschen hervor. Wie viele Würfel nehmen Sie? Keinen, flehe ich. Zu spät, zwinkert Anshelika Efimowna mir zu. Zwei Würfel plumpsen in meinen Tee.

Ein Brief, von einem Mädchen. Von einem Mädchen? Das ist ausgeschlossen. Abgesehen von meinen Studentinnen kenne ich keine Mädchen. Ich verkehre nicht mit Mädchen, sage ich. Ein Kalauer. Egal, wir lachen trotzdem. Der hat, erklärt Friedrich, an der Wohnungstür geklemmt. Auf dem Herd brutzelt ein Tier vor sich hin, ich schiebe die Gardine beiseite, suche die Hunde im Hinterhof, dann setze ich mich an den Tisch und lese. Ich habe keine Lust, den Brief zu beantworten, sage ich. Sie ist die Freundin meines Vorgängers. Sie hatte viel Spaß mit Thilo und Lukas. Und bietet mir ihre Hilfe an. Sollte ich irgendeine Frage haben …

Warum denn nicht, fragt Friedrich verständnislos. Das geht nie gut. Freunde kann man nicht weitergeben, behaupte ich. Und Friedrich: Vielleicht sieht sie gut aus? Dann antworte – ich schiebe ihm den Brief zu – du ihr. Das geht nicht, widerspricht Friedrich, der Brief ist an dich gerichtet. An mich gerichtet? Stimmt, aber unterschrieben ist er nicht. Und mit Phantomen korrespondiere ich nicht. Weißt du, ich genieße es gerade ausgesprochen, inkognito unterwegs zu sein. Du kannst durch die Straßen gehen, ohne dir Gedanken über dein Befinden machen zu müssen, weil sich niemand darum schert, wie es dir gerade geht. Oder ob es dir überhaupt irgendwie geht. Einfach herrlich.

Da vibriert mein Smartphone. Ich zähle von drei rückwärts, dann nehme ich an. Was gibt es, frage ich. Und Mitja, ungelogen, fragt, wie mein Tag gewesen ist. Also quasi nach meinem Befinden. Und ob wir uns morgen sehen werden.

Morgen? Unmöglich, lüge ich. Wenn es mir nicht gelingt, ihn auf Distanz zu halten, werde ich ihn womöglich nie wieder los. Ich werde mich an ein Gesicht gewöhnen, das in meinem Schoß ruht, an einen Mann, der glucksende Laute von sich gibt, wenn meine Hand durch sein Hobbit-Haar fährt. Der Empfang, versteh doch, ich würde ja gern ... Also auf einen Tee, unterbricht er mich. Dann bis morgen.

Eine der reizenden Germanistik-Omis hatte mich, im Eingangsbereich der Universität, beiseite genommen und mir ihr Bedauern ausgedrückt. Sie habe vom Konsulat, anders als erwartet, leider keine Einladung für den Sprachassistenten erhalten. Ich hatte daraufhin ein möglichst betretenes Gesicht versucht und mich freudig darauf eingestellt, den Abend vor dem Computer zu verbringen, viele kleine Schlucke zu nehmen und dusselige Videoclips zu schauen.

Dann – ich habe den Fuß schon auf die unterste Treppenstufe gesetzt – holt mich Warwara Filipownas schrilles, mühelos ungesundeste Tonlagen erklimmendes Stimmchen ein: Wollen Sie Ihre Einladung gar nicht mitnehmen?

Ein Wesen – halb Mensch, halb Pinguin – steht vor dem Spiegel, gelt sich das Haar, zupft, in sich hinein jammernd, an seiner goldbestickten Weste herum, streicht den Frack glatt, richtet die Fliege. Ich kann nicht verstehen, warum man mich zu diesem Abend eingeladen hat – einladen musste –, schließlich habe ich weder der Konferenz beigewohnt noch zum Thema der Veranstaltung irgendetwas Geistvolles beizutragen.

Vor der Vorstellung, mit fremden Menschen um ein winziges Tischchen herumzutänzeln, von winzigen Häppchen noch winzigere Häppchen abzubeißen, dabei Konversation zu betreiben und den fadesten Allgemeinplätzen nachzugeben, weil es nichts gibt, nichts, das an solchen Abenden sinnvollerweise zu sagen wäre, davor graut es mir. Zu den Vornamen fehlen die Vatersnamen, und wie schnell verwechselt man Titel und Grade? Treibsandgespräche sind das. Du verlierst dich in Nebensätzen, verschwindest. Möchtest du denn niemanden kennenlernen? Nein, sage ich. Nicht dort, wo man beim Lachen die Hand vor den Mund halten muss, und in dieser albernen Verkleidung. Überleg doch einmal, was alles passieren kann: Jemand rempelt dich – huch, ein Versehen! – an und gießt dir seinen Rotwein über das Sakko. Jemand beweist dir, mit dem bösen Witz einer alternden Dragqueen, dass du nichts weißt, zum Wissen außerstande bist, dein Gehirn eine entleerte, aufgesprungene Nussschale. Und dann diese Einsamkeit …

Ich verstehe dich nicht, sagt Mitja. Ich würde gern einmal das Hyatt von innen sehen. Nimm mich doch mit. Das geht nicht. Ich würde dir Wichtigtuer und Schlaftabletten vom Leib halten. Und wie soll ich dich den Leuten vorstellen, frage ich. Und bekaue Friedrich, es sich doch noch einmal zu überlegen. Memme, lacht Friedrich. Und stiftet Mitja an, einzustimmen. Du bist eine kleine Memme. Was ist eine Mem-me, fragt Mitja. Und spricht dieses Wort nach, reiht Laut an Laut, ein Kleinkind, das sprechen lernt.

Friedrich bindet mir die Krawatte. Und Mitja schenkt mir ein Glas ein. Was ist das? Trink. Danach geht es dir besser. Genieße den Abend, lass es dir schmecken, bestimmt gibt es dort Musik. Ja, sage ich. Und bemitleide den Pinguin, der ich bin, um sein schmuckloses Federkleid, der billigste Anzug von der Stange, der wie ein Bademantel sitzt und bei jedem Schritt schlackert. Du siehst wie ein Prinz aus, behauptet Mitja. Und streicht mit dem Finger meine Wangen entlang, vielleicht um zu prüfen, ob ich ein Haar übersehen habe.

Da meldet sich das Taxiunternehmen: Vergessen Sie's. Der Regen habe die um diese Uhrzeit ohnehin verstopften Verkehrsadern weiter anschwellen lassen. Es gäbe kein Durchkommen, versichert die dünne Stimme am anderen Ende der Leitung. Egal, wo ich anrufe, niemand unterbietet die Wartezeit von zwei Stunden. In einer halben Stunde habe ich im Hyatt zu sein, wo man den erfolgreichen Abschluss der deutsch-russischen Konferenz junger Wissenschaftler bei Garnelen, Lachsröllchen und Krabbencocktails zu feiern gedenkt. Statt mich aufzumachen, stehe ich am Fenster und erfinde eine akute Magenverstimmung. Wie machen das die Leute, die hier wohnen? Mitja lächelt mich an, leicht spöttisch, als sei ich ein kleines Kind, naiv und unbeholfen, das nicht weiß, dass es zu jedem Problem eine ganz einfache Lösung gibt. Die Gelegenheit, mir zu helfen, nutzt er beglückt: Er stellt mich vor der Haustür unter dem Vordach ab und verschwindet im Regen.

Fette Tropfen plumpsen von den Kastanien. Die Reifen der umstehenden Autos versumpfen im Matsch. Da kommt ein Lada um die Kurve gerast. Goscha, denke ich. Und meine Hand, wie von allein, greift nach der Tür. Zum Hyatt, fragt der Fahrer ergeben und ich bejahe nickend, wortlos, weil die Erscheinung meines Chauffeurs mir die Sprache verschlägt. Ein Stier sitzt hinterm Steuer, in den Sitz eingefasst, eingeengt geradezu, die Arme fast schon auf das Armaturenbrett stützend, zwischen seinen falben, weit auseinanderstehenden Zähne schimmert ein kohlschwarzer Rachen hindurch und über die Handrücken ziehen sich Hieroglyphen. Mitja, denke ich, hat mich zu einem Knacki ins Auto gesetzt. Davon werde ich erzählen können. Der Mann redet, und ich nicke ihm zu. Mitja, vorm Eingang des Schnapsladens, hebt seine Hand zum Gruß, ein Lächeln huscht über sein Gesicht.

Der Fremde fährt, als ginge es um unser beider Leben, fährt, wo es keine Straßen gibt und in einer Geschwindigkeit, die mich auf den Gedanken bringt, Mitja habe dem Fahrer erzählt, dass ich gleich entbinden müsse.

Im Hyatt, dem einzigen Fünf-Sterne-Hotel der Stadt, empfangen mich zwei Damen, die mich auf der Gästeliste ausfindig machen, noch bevor ich meinen Namen zu Ende spreche. Der neue Sprachassistent? Herzlich willkommen. Sie stellen sich vor, Vor- und Vatersnamen, zwei Generationen, eine multiple Persönlichkeit, mit wem bitte habe ich es zu tun, sie nennen mir Arbeitgeber und Berufsbezeichnung, loben lächelnd meine Pünktlichkeit, die, wie ein Blick in den halbleeren Bankettsaal bestätigt, deutsch sein muss. Ich folge einem korpulenten Paar, das gemächlich Richtung Bühne watschelt, versorge mich mit einem gut gefüllten Glas rubinroten Weins und stelle mich in die dritte Reihe, um aus der Schusslinie zu sein, sollte ein eifriger Redner auf die Idee kommen, einen jungen Wissenschaftler nach seinen Kompetenzen zu befragen.

Möge mich dieser Wein, gewiss gereift in der sanften Hügellandschaft Moldawiens, für die vielen abgestorbenen Nerven entschädigen und Vergessen bringen. Auf andere Köstlichkeiten muss ich allerdings verzichten: Als ich mich bei einem

Servierfräulein nach der vegetarischen Häppchenvariante erkundige, weist das Mädchen mit ausladender Geste auf die hübsch angerichteten Meeresfrüchte auf den Buffettischen, winzige Kunstwerke, roséfarbene Türmchen und Pyramiden. Als ich erkläre, dass ich auch keinen Fisch esse, schwindet jede Hochmütigkeit aus dem jugendlichen Antlitz. Mit den großen, sanften Augen einer Kuh schaut mich das Mädchen an. Und setzt mich diesem verdammten, mitleidigen Blick aus, der einen Vegetarier von Zeit zu Zeit nun einmal trifft, ein Blick, als sei mir, der ich an einer sehr ernsten Krankheit leide, nun nicht mehr zu helfen.

Vielleicht fühle ich mich zu alt, um das erste Mal auf solch einer Gesellschaft zu sein, gleichzeitig zu jung, die jungen Wissenschaftler haben bereits Bäuche angesetzt, durch das lichte Haar meines Vordermannes schimmert eine Glatze. Der Saal füllt sich, Schritte durchmessen das Parkett, nur ich halte mich an meinem Glas fest, knabbere vorsichtig die Salzkruste von einem Schuppentier ab; probiere dazu ein Gesicht aus, das weder Mitleid zulässt noch Interesse weckt. Das habe ich – für solch einen Fall? – vor dem Spiegel einstudiert.

Ganz überraschend winkt meine Hand ein Dreigespann junger Wissenschaftlerinnen heran. Die nervöse Verräterin fährt aus der Tasche in die Luft und vollführt diese schrecklich aufgesetzte Geste: Treten Sie näher. Mein Tischchen, das bietet noch Platz für drei Gläser. Die jungen Frauen, das sieht man sofort, kommen aus Deutschland – während eine Abendgesellschaft für eine Russin die willkommene Gelegenheit darstellt, sich in voller Montur, in rüschenbesticktem Kleid, mit blinkenden Ohrgehängen, klimpernden Kettchen, in aufwendiger Hochsteckfrisur zu präsentieren, kommen die jungen

Frauen aus Deutschland wie grau getigerte Katzen daher, auf samtenen Pfoten zwar, doch ohne Effekt, in Farben, die dem Regen nachempfunden sind. Sie lächeln, beglückt, so scheint es, nicht lange im Weg herumstehen zu müssen. Sie brauchen sich nicht an ein Glas zu klammern, brauchen sich nicht großartig im Saal umzuschauen, brauchen niemanden einzuladen, ihre samtenen, schwarz getuschten Blicke aufzufangen. Sie sind gerettet. Sie lächeln und stellen sich reihum vor. Und ich, hochmütig fast, winke das mitleidige Servierfräulein heran und gehöre nun dazu, weil sie dazugehören.

Wir führen artige Gespräche, erzählen einander, was sich erzählen lässt. Wir tauschen Nettigkeiten aus, stacheln einander, die Gläser erhebend, zu gegenseitigem Interesse an. Veterinärmedizin? Wie interessant! Ich hatte einmal eine Katze, die konnte Türen öffnen. Ich hatte einmal ein Chinchilla. Ich hatte einmal ein Meerschweinchen. Wie hab ich geweint, als der Nachbarshund …

Schließlich erzähle ich noch vom russischen Alltag, fantasiemodellierte Schauermärchen, die man Touristen aus den gemäßigten Zonen erzählt, um ihnen ein wenig Angst einzujagen. Die Katzen lauschen mit gespitzten Ohren. Und weiten die Augen. Mitten in meinem Monolog, anscheinend unvermeidbar, diese kleine, hässliche Frage, die jedem, der von dem unbestimmten Verlangen, einfach davonzukommen, angetrieben wird, wie ein Steinchen im Schuh drückt: Was, um alles in der Welt, hat dich nach Russland getrieben? Paris sei doch viel schöner, die Menschen in Spanien entspannter, Englisch keine Sprache, an deren Gebrauch man sich die Zunge verstauche.

Trinken wir, schlägt der kahle Chirurg vor. Und die ältliche

Frau, die einen Staubwedel auf dem Kopf trägt und ein Kostüm, das sie sich von der Kanzlerin geliehen hat, nickt mir aufmunternd zu. Worauf? Auf die deutsch-russische Freundschaft. Auf die russisch-deutsche Freundschaft, sage ich. Und der Chirurg: Ja, ja. Und die ältliche Frau, die einen schwäbischen Dialekt spricht – die Wörter merkwürdig in die Länge gezogen –, erkundigt sich danach, wie lange ich denn hierbleiben würde. Ein Jahr? Dann laufen wir uns sicherlich noch einmal über den Weg. Gerne, rufe ich, so inbrünstig, dass es mich fast selbst überzeugt. Die Stadt sei groß, dabei so klein, eigentlich könne man ja nur im Maximilians Inn vernünftig essen, im Maximilians Inn oder im Hyatt …

Eine geduckte Person, den formlosen Hut tief ins Gesicht gezogen, prostet mir vom anderen Ende des Tresens freundlich zu. Kenne ich den? Der junge Mann kommt mir bekannt vor, etwas steigt auf, eine Erinnerung, aber keine, die sich hochhalten lässt. Vielleicht bin ich ihm anderswo, in der Universität oder auf der Pionerskaja am Gemüsekiosk, einmal begegnet. Ich nicke ihm zu und kehre zu den grau getigerten Miezen zurück, die einen runden, aufgeplusterten Professor in ihre Mitte aufgenommen haben. Die jungen Frauen kleben an seinem Mund, als würde Milch von seinen Lippen tropfen, schmiegen sich an ihn, schnurren. Der Herr fühlt sich wohl, berichtet von einer Forschungsreise und Fördergeldern – wer könne etwas gebrauchen? –, einem Semester in einer Stadt, deren Name sei unaussprechlich. Was denn mein Fach sei? Ornithologie. Ja, bestätigt er, Ihre Nase, die spitz zulaufenden Geraden, Sie haben etwas von einem Vogel.

Von der Bühne herunter schütten die Redner ihren Dank in alle Richtungen aus, den Gesellschaften werde gedankt, den

Unternehmen, zuvörderst, natürlich, den jungen Wissenschaftlern aus dem freundschaftlich – besser: brüderlich! – verbundenen Deutschland, dafür, dass sie von weit angereist seien und für ihren Mut, die zarten Blüten ihrer Forschung dem eisigen Wind, der in russischen Akademien weht, auszusetzen und – nicht zu vergessen! – dem abwesenden Gouverneur, der – seien Sie gewiss! – es außerordentlich bedauere, heute nicht vor Ort sein zu können. Diese Lobesreden, lacht der Chirurg und tupft sich mit einer hundertmal gefalteten Serviette ein paar Schuppen vom Mundwinkel, diese Lobesreden sind ein sowjetisches Erbe. Und sein deutscher Kollege hält in gebrochenem Russisch dagegen: In der DDR war das genauso gewesen.

Ausgerechnet hier, dreitausend Kilometer von meiner Alma Mater entfernt, würdigt man erstmals meine akademische Leistung. Vor ziemlich genau einem halben Jahr habe ich in der Mensa meiner Universität gesessen und, aufgeregt in einem Kaffee rührend, ganz viel Milchschaum produziert. Den Namen auf dem Zeugnis habe ich misstrauisch mit den Buchstaben im Personalausweis verglichen. Im Audimax, zwei Monate später, hat man mir eine Rose überreicht, die hässlichste Rose der Welt, wie ich fand, nicht weiß und nicht rosé, eine – wer hat das gesagt? – seekranke Rose, jedenfalls zu früh gepflückt, mit kalkigen, ausgefransten Blättern und Dornen, die keine richtigen Dornen waren.

Der Asphalt glänzt noch vom Regen. Der Himmel aber ist leer, ein schwarzes Tuch ohne Sterne. Ich vergleiche die Nummer des Wagens, der vor meinen Füßen hält, mit jener auf meinem Display und nehme eilig von meiner Zigarette noch zwei Züge. Die Stadt zerfließt. Wohin? Ich sage: Nach Hause. Fünfzehn Minuten von hier, von mir aus im Norden, in einem der rostroten Hauserblöcke hinter dem Bahnhof, wird Mitja gerade, auf seinem Bett liegend, nach dem Handy greifen. Auf seinem Bildschirm, immerhin in Majuskeln, blinkt mein schlichtes Danke.

Ob mir die Stadt gefällt? Ich zögere. Hat nicht jede Stadt auch ihre schönen Ecken? Ich habe sie noch nicht gefunden, lacht Shenja. Anshelika Efimowna kräuselt die Stirn. Der Regen hat die Böden aufgeweicht. Gehst du durch die Stadt, bist du gezwungen, auf den Boden zu schauen. Die Schritte setzt du dorthin, wo durch die Pfützen noch so etwas wie Straße hindurchschimmert. Was ist Ihr Lieblingsort in der Stadt? Die Oper, sagt Shanna Nikolajewna entschieden. Vielleicht habe ich einfach noch nicht viel gesehen, gebe ich zu. Dann hast du, lacht meine junge Kollegin, vielleicht schon alles gesehen. Viel gibt es hier nicht zu sehen. Hängt das, schaltet sich eine nasale Stimme ein, nicht von dir ab, davon, was du zu sehen vermagst? Shenja zuckt mit den Schultern. Und beißt herzhaft von ihrer Pirogge ab. Und der junge Mann vom Nebentisch, der Latein und Altgriechisch unterrichtet, zieht sich wieder in sein Buch zurück: Sergej, mit dem Rücken zum abgetrennten Kabinett der Lehrstuhlleiterin, deren Existenz mir allmählich eine Erfindung zu sein scheint, grüßt allenfalls andeutungsweise und schaut, wenn wir einander auf dem Korridor begegnen, durch mich hindurch. Ein wenig mag es mir vorkommen, als würde Sergej mit seinen Römern und Griechen leben und sich für all das hier nicht sonderlich interessieren.

Sage ich, die Stadt gefällt mir, ernte ich Argwohn und

Unverständnis. Man hält mich für einen komischen Vogel, einen, der dem Paradies entflogen ist und nun, da er Federn gelassen hat, auf einem Misthaufen Platz nimmt. Sage ich, die Stadt ist hässlich, lese ich in trüb blickenden Augen bestätigende Resignation. Der Mund verzieht sich zu einem entschuldigenden Lächeln. Fast unmerklich wippt der Kopf.

Goldgelbe Bällchen, ein Teigmantel, der an einen Sandstrand erinnert. Dazu ein grüner Salat, Minze und Petersilie, mit Sesamkörnern garniert, Paprikawürfel, getupftes Beige. Was ist das, fragt Mitja misstrauisch. Und schiebt mit der Gabel unschlüssig ein Bällchen hin und her. Das ist kein Fleisch? Friedrich lacht. Wir können auch eine Pizza bestellen. Oder usbekisch. Sushi? Nein, nein, ich probiere. Und etwas später: Isst man sowas in Deutschland? Friedrich klopft sich die Schenkel.

Rot oder weiß? Eigentlich trinke ich keinen Wein, sagt Mitja. Der hier ist gut, vertrau mir. Die Flasche gluckst zufrieden und es füllt sich sein Glas. Zu trocken, sagt Mitja. Und ich: Daran gewöhnt man sich. Als ich in deinem Alter war, habe ich nur Asti Cinzano getrunken. Und etwas später: Möchtest du einen Martini? Wodka? Also anstoßen müssen wir. Ich habe meine erste Woche hinter mich gebracht, habe Marfa Jakowlena über mich ergehen lassen, habe mir von Anshelika Efimowna Blinis servieren lassen, Dissertationen erfunden, ich habe meine ersten Stunden gegeben und meinen gesellschaftlichen Einstand gefeiert. Und einen Freund gefunden, ergänzt Mitja. Freund, denke ich, im Russischen klingt das unbestimmt. Und einen Freund gefunden, wiederhole ich gutmütig. Friedrich stellt drei Gläser auf den Tisch:

Rjumki oder – wie wir zu sagen pflegen – Rjumotschki, als würde der Wodka durch den Diminutiv seine Prozente verlieren. Friedrich holt die Flasche mit der aufgedruckten, sommersprossigen Birke aus dem Tiefkühlfach. Die Flüssigkeit, sämig und dampfend, zeichnet kleine Perlen auf die Wände der Gläser. Auf das Leben. Weil es so schön ist. Auf das süße Leben, sagt Mitja. Süß, sagt Friedrich, das klingt nach Honig. Oder Ambrosia. Das klingt, als könne man das Leben trinken.

Dann liegen Mitja und ich auf meinem Bett. Der Ministerpräsident in buntem T-Shirt und abgewetzter Jeans liegt neben mir, sein Kopf auf meiner Brust, mit der Hand streicht er meinen Arm entlang. Er sagt nichts. Ich sage nichts. Wir hören Musik, einen Sender, den er eingestellt hat, russischen Pop, irgendwas, das mit mir nichts zu tun hat. Dann steht er auf und fummelt an seinem Rucksack herum. Ich habe, sagt er, ein paar Kerzen mitgebracht. Und macht sich daran, die Kerzen auf Sideboard, Fensterbrett und Nachttischchen zu verteilen. Was soll das, frage ich. Und Mitja: Für die Romantik. Durch Pullover und Sweatshirt habe ich dein Herz schlagen gehört. Tuck, tuck, tuck … Seine Hand formt eine Faust, fliegt auf die Brust zu und entfernt sich wieder … Was soll es denn anderes machen, knurre ich. Es schlägt. Daran ist rein gar nichts romantisch.

Dann klopft es. Friedrich schiebt seinen rotblond gelockten Kopf ins Zimmer. Und entfernt sich, als hätte er einen Stromschlag abbekommen, gleich wieder: Oh, ich wollte nicht – Nein, komme ich ihm zuvor, du störst nicht. Du kommst gerade recht. Und Friedrich, ohne weiter darauf einzugehen, erklärt: Deine Verehrerin steht im Treppenhaus und bittet um Einlass. Wer? Die Briefschreiberin. Das kann nicht sein, wehre ich ab. Ich habe sie nicht bestellt. Sie hat mich, sagt Friedrich, über meinen Vorgänger angeschrieben, hat sich meine Nummer geben lassen und ruft mich seit einer halben Stunde im Fünfminutentakt an. Was hast du ihr gesagt? Nichts. Bevor ich abnehme, wollte ich dich informieren. Gut, sage ich. Schalten wir das Licht in unseren Zimmern aus. Eine Psychopathin ist das. Wenn wir die reinlassen, kann es sein, dass wir die nie wieder loswerden. Offiziell, falls die uns auf dem Weg zur Uni abfängt, waren wir, wie es sich gehört, aus, Junggesellen am Freitagabend.

Stattdessen sitzen wir, Memmen par excellence, zu dritt in meinem Zimmer, hocken wie die Kaninchen aufeinander und unterhalten uns im Flüsterton. Die Atmosphäre lädt dazu ein, Schauermärchen zu erfinden. Und so spinnen wir eine hübsche Geschichte zusammen. Sie wird versuchen, dich umzudrehen, prophezeit Mitja. Und weil es ihr nicht gelingt, murkst sie dich ab. Und dich auch, ergänze ich. Weil sie dich irrtümlicherweise für einen Nebenbuhler hält. Und dann schmeißt sie sich an dich ran, weiß Mitja und wendet sich dabei an Friedrich. Vielleicht ist sie, versucht der es, nett. Nett ist sie bestimmt, aber Psycho. Beim Verkehr kannst du dir nie sicher sein, ob sie dir nicht etwas abbeißt.

Vor dem Parkhaus, das in Wirklichkeit ein Einkaufscenter ist, welches ein Karussell beherbergt, das in Wirklichkeit ein Discounter ist, wartet Mateusz auf mich. Er lacht, als ich ihn zur Begrüßung umarme: Das macht man hier nicht. Ist dir das noch nicht aufgefallen? Doch, doch. Ich erinnere mich: Der vorlaute Goscha, einen Übergriff erwartend, ist zurückgewichen. Schurik hat meine Umarmung über sich ergehen lassen, ohne zu wissen, wohin mit den Armen. Nur Mitja, dem gefällt dieses Ritual, der schließt mich fest ein, drückt mich an sich und haucht mir ein adaptiertes Hallo! ins Ohr. Dann hast du schon Bekanntschaften geschlossen, fragt Mateusz, der mich im letzten Sommer, auf dem Rückweg von der polnischen Ostseeküste, in Berlin besucht hat. Mit den besten Absichten, Siegessäule, Brandenburger Tor und Gedächtniskirche abzuklappern, haben wir uns frühmorgens auf den Weg gemacht, um schließlich im Mauerpark zu landen, Bierflaschen in der Hand, im Gänsemarsch sind wir von Stand zu Stand gewatschelt, immer den Touristen und Schnäppchenjägern hinterher. Mateusz hat eine Taschenuhr für seinen Geliebten erstanden, ich habe mich mit zerlesenen Ausgaben sowjetischer Klassiker eingedeckt. Wir haben uns Karaoke angehört, gequatscht und geredet, noch mehr Bier getrunken und abends, die Sonne am Himmel schien zu zerfasern, haben wir schnell noch ein Alibifoto geschossen: Mateusz und ich, den Fernsehturm im Nacken, Mateusz, ein osteuropäischer Professor, gütige, bernsteinfarbene Augen hinter einer winzigen Nickelbrille, ein Bart wie aus feinen Pinselstrichen zusammengesetzt und ich, noch mit gefärbtem Haar, schwuchtelig blondiert, dabei in Lederjacke den Draufgänger mimend.

Im Karussell kaufen wir uns ein Eis und gehen in den Park. Mütter in schlammbesprenkelten Jogginghosen schieben, die eine Hand am Kinderwagen, mit der anderen ihr Smartphone ans Ohr haltend, pausbäckige Kinder durch den Park. Männer mit aufgequollenen Gesichtern und Kugelbäuchen sitzen auf den Bänken und trinken, Worte wie eingeatmete Insekten ausspuckend, ihr Bier. Dir kommt das befremdlich vor, mich amüsiert das. Die Laternen zerschlagen, überall Glas, eine

Krähe haut ihren Schnabel in einen Brotlaib. Wir laufen einen Hügel hinauf. Wenn der Schlamm nicht wäre, ließe es sich hier gut aushalten, besser noch als in Berlin. Im Sommer breiten Familien auf den Wiesen ihre Decken aus, die Kinder sammeln ein paar Zweige, Großmutter holt Einweckgläser hervor, Gewürzgurken und eingelegte Auberginen, der Mann entfacht das Feuer, die Frau teilt Limonade aus. Alles plappert munter durcheinander. Woher weißt du das? Das sieht man doch.

Und wo hast du den kennengelernt? Ich dachte, du hättest keine Bekannten hier außer mir. Ich habe mit ein paar Männern gechattet. Ich wollte wissen, worauf ich mich einlasse. Einer war Sänger gewesen, aber singen wollte er nicht. Stolz hielt er seine CDs in die Kamera. Vom Cover lächelte ein junger Mann, der aussah, wie junge Männer damals wohl ausgesehen haben, ein bisschen wie Juri Gagarin eben. Einer wollte mir Rouladen machen, Teigtaschen mit Krautfüllung, Kürbiskompott. Der hat sich vor der Kamera ausgezogen und mir seinen drahtigen Körper präsentiert. Und beide besannen sich auf ihre deutschen Wurzeln. Auch von Mateusz habe ich wissen wollen, ob es möglich ist, als Schwuler in Jekat zu leben. Dabei hat sich herausgestellt, dass er seinen Lehrstuhl zwei Etagen unter mir hat und den Sommer zu Hause an der deutsch-polnischen Grenze verbringt. Wie sieht der aus, knurrt Mitja. Und: Ihr habt es doch miteinander getan, oder?

Nach einer langen Pause, die genug Raum für Spekulationen lässt, sage ich: Wir haben einen Spaziergang gemacht. Ich wusste gar nicht, dass zum Karussell auch ein richtiges Karussell gehört. Was glaubst du denn? Seid ihr über den Jahrmarkt gelaufen, verhört mich Mitja. Zwei bebrillte Hochschullehrer, in Cordhosen und Regenmänteln, laufen über einen Jahrmarkt und stopfen sich Zuckerwatte in den Mund? Nein, wir haben es miteinander getan. Auf den Toiletten der dritten Etage, wo es – da können die zentralasiatischen Putzfrauen noch so sehr schrubben – ewig nach Urin riechen wird. Und dann haben wir zu Abend gegessen, so richtig romantisch, irgendwo auf der Wajnera.

Ich gieße die Nudeln ins Sieb. In der Pfanne zischen die Zwiebeln. Schneide das, ordne ich an. Und Mitja guckt skeptisch: Was ist das? Da taucht Friedrich im Türrahmen auf und begrüßt Mitja – der fühlt sich gebauchpinselt – wie einen alten Freund. Der würde mir auch gefallen, meint Mitja, als Friedrich wieder verschwunden ist. So schön groß, blond, blaue Augen, ein Meer von Sommersprossen, ein österreichischer Germane.

Dann liegen Mitja und ich auf meinem Bett. Bring mir etwas bei, bittet er. Was denn? Fürs Kochen scheint es dir an Talent zu fehlen. Für den Stabhochsprung sind deine Beine zu kurz. Ach, komm schon. Bring mir etwas bei. Das hat keinen Sinn, scherze ich. An den Zahlen bist du gescheitert. Soll ich dir beibringen, wie man deinen Namen schreibt? Ich liebe dich, sagt Mitja. Was heißt das auf Deutsch? Das ist, behaupte ich, noch zu schwer. Das bringe ich dir bei, wenn es so weit ist. Stattdessen schlage ich das Lehrbuch auf, erste Lektion, Seite 14, die kein Vokabular für die Liebe bereitstellt.

Arkadi starrt in die Luft. Anjuta erklärt Lidotschka irgendwas, das garantiert nichts mit der Trennbarkeit stammbetonter Verben zu tun hat. Das Mädchen mit der Totenkopfschleife im Haar diktiert dem untersetzten Sportler die Lösungen in sein Heft. Nach wenigen Minuten zwingt mich ein um sich greifendes Geschnatter dazu, die Übung vorzeitig zu kontrollieren. Die Studenten lesen reihum vor, welche Antwort das Kollektiv für richtig befunden hat. Das Resultat kündet vom Erfolg ihrer Methode. Dennoch meckere ich: So geht das nicht. Sie stecken zu zweit oder zu dritt die Köpfe über einem Lehrbuch zusammen. Woher soll ich wissen, was Sie wissen? Ich bitte die Studenten, zum nächsten Seminar jeder ein eigenes Lehrbuch mitzubringen. Da erhebt das Totenkopfmädchen sein Stimmchen. Die Bücher seien zu teuer. Und die feine Dame in der zweiten Reihe – ihre kleine Freundin nickt eifrig im Takt ihrer Rede – verkündet, Ljonja würde ihnen das Lehrbuch mitbringen. Heute aber würde er sich verspäten. Wer weiß, wo der wieder steckt … Die grazile, mit Strasssteinen verzierte Hand spielt, als würde sie ihm das Köpfchen kraulen, mit dem Blaufuchs, der zwischen Federmappe und Starbucks-Becher sitzt.

Wie läuft es, erkundigt sich Shanna Nikolajewna. Die ersten zwei Stunden liefen gut, man stellt eine Frage und weiß nicht, welche Hand zuerst in die Höhe geschnellt ist, ab der dritten Stunde antwortet dann nur noch Arkadi. Arkadi? Sie reden von den Politikwissenschaftlern? Anshelika Efimowna stellt mir, in einem kitschig verzierten Tässchen, einen dampfenden Tee auf den Tisch, verschwindet hinter ihrem Sekretärinnenschreibtisch und zieht sich, den Hörer greifend, in die Geborgenheit ihrer Muttersprache zurück. Was halten Sie denn von den Germanisten, will Shanna Nikolajewna wissen. Die Germanisten? Ich hatte befürchtet, in Zeitlupe reden zu müssen. Ich war darauf eingestellt, übermäßig betonen zu müssen, die Vokale unangenehm in die Länge zu ziehen. Ich hatte damit gerechnet, dass sich – wie geht's? – das Befinden meiner Studenten an Sonnenstunden und Niederschlagsmenge ablesen lassen würde. Ganz unverhofft also habe ich feststellen dürfen, dass sich einige der Mädchen in dieser fremden Sprache bewegen, als gäbe es keinerlei Widerstände zu überwinden: Unbeschwert sprudelt die deutsche Sprache aus Mündern, die nie zuvor mit Weißwurst oder Laugenbrezel in Berührung gekommen sind.

Kommt es dir nicht auch so vor, als befänden wir uns in einem Roman von Kafka? Du glaubst, eine Abkürzung nehmen zu können, und landest irgendwo, nicht unbedingt vor einer geschlossenen Tür, kaum jedoch dort, wo du hinwillst. Usbekische Putzfrauen, ohne dich zu bemerken, kehren dich fort. Ein genervter Wachmann scheucht dich, wie eine Fliege, aus seinem Blickfeld. Lies ein Buch, bitte. Telefoniere, in den Hörer brüllend, mit hektischem Gestikulieren. Nur, bitte, steh nicht unbeteiligt herum. Bestellt und nicht abgeholt oder, noch schlimmer, nicht bestellt und trotzdem liegen gelassen: ein Geschenk, das sich niemand machen will.

Eher wie bei Asterix und Obelix, sagt Friedrich. Die Räume mit einem kleinen T vor der Nummer, erinnerst du dich, wo die sich noch gleich befanden?

Ob ich nicht Lust hätte, ihrem Kurs einen kleinen Besuch abzustatten? Die Mädchen würden sich freuen. Elwira Borisowna, mit dem Gesicht einer Oma, die Süßes verteilt, legt mir ihre schwabbelige Hand auf die Schulter. Wera Eduardowna, befürchtend, zu kurz zu kommen, schaltet sich ein: Was ich Sie noch fragen wollte, bei mir ist es üblich, ja, fast schon eine kleine Tradition, dass der Sprachassistent ein Seminar zur deutschen Geschichte anbietet. Gerne, rufe ich. Warum denn nicht? Meine Stimme entwischt mir. Es ist die Stimme eines Kindes, dem ein Kobold freimütig seinen Goldtopf überlassen hat. Shenja, sich von Stapeln von Korrekturen lösend, faucht entnervt: Lasst doch den jungen Kollegen erst einmal ankommen.

Warwara Filipowna, die Arme kokett in die Hüften gestemmt, unterhält sich mit der Lehrstuhlprominenz. Ihr mädchenhaftes Gekicher erhebt sich periodisch über die tiefen, gurrenden Laute der umstehenden Professoren. Die Augen ziehen sich dann zu dünnen Strichen zusammen. Und das samtene Haar, lässig zurückgeworfen, findet problemlos in seine Form zurück. Im Schatten der von Seminarraum zu Seminarraum trottenden Studentenscharen versuche ich ungesehen vorüberzulaufen. Vergeblich: Warwara Filipowna hat mich erblickt und bedeutet mir aufgeregt, näherzutreten. Bestimmt gibt es etwas von größter Wichtigkeit zu erledigen… Für meinen Vertrag müsse ich hier, hier und hier unterschreiben. Und diese kleine Liste von ärztlichen Untersuchungen werde ich, wohl oder übel, über mich ergehen lassen müssen. Ob ich den HIV-Test schon gemacht habe? Nicht? Der würde dringend benötigt, damit mein Visum verlängert werden könne. Und ob ich endlich mein Führungszeugnis beim Ministerium für Innere Angelegenheit beantragt habe?

Menschen mit HIV dürfen sich nicht länger als drei Monate am Stück in der Russischen Föderation aufhalten, ausgenommen natürlich, sie besitzen die russische Staatsbürgerschaft, aber gesetzt den Fall, sie besitzen die russische Staatsbürgerschaft, sollten sie besser alles daransetzen, schleunigst das Weite zu suchen. Für die Zukunft des russischen Volkes – wer würde das bestreiten? – stellen Menschen mit HIV ohne die russische Staatsbürgerschaft ein besonderes Sicherheitsrisiko dar, insbesondere dann, wenn sie vor einer Gruppe junger Erwachsener stehen und die Bildung irregulärer Verben erläutern.

Ob ich ihr noch zuhöre? Ich überfliege, während Warwara Filipowna mich beschwört, die Angelegenheit bloß nicht schleifen zu lassen, Wörter, die mir auch in der eigenen Sprache wenig vertraut sind: Fluoroskopie, Dermatovenerologe. Wo ich bloß mit meinen Gedanken stecke? Ich müsse mich, wahrscheinlich, erst noch an das neue Umfeld gewöhnen. An das neue Umfeld gewöhnen, wiederhole ich mechanisch.

Mateusz heißt mich im Club der ambitionierten Hypochonder willkommen. Welche Krankheiten hast du dir ausgedacht, fragt er. Also du solltest zumindest eine Idee haben. Komm schon: Wie weit reicht deine Fantasie?

Ich habe auf meinem Rücken einmal eine Gürtelrose gezüchtet. Mein Rücken war schon voll und ganz mit Pusteln übersät, aber letzten Endes habe ich doch einsehen müssen, kerngesund zu sein und meine Idee verworfen. Und du? Ich habe schon so einige Krankheiten ausprobiert. Und über Prüfungen, Monatsmieten, Eifersüchteleien wieder vergessen, bis ein Pickelchen aufmerkte, ein Leberfleck expandierte, bis die Mandeln mich wieder an ihre Existenz erinnert haben. Seitdem ich einem Mann, mit bübischen Händen damals, forsch durchs Haar gefahren bin, lebe ich mit dem Verdacht, vielleicht hat es mich doch erwischt.

Es freut mich sehr, Sie kennenzulernen. Die freundliche, alte Dame bedeutet mir, mich hinzusetzen. Es sei immer, fährt sie fort, eine große Bereicherung für einen Lehrstuhl, Personal aus dem Ausland vor Ort zu haben, den Input wisse sie sehr zu schätzen. Auch sei es für die jungen Philologen unerlässlich, konfrontiert zu werden mit dem, wie sie es nenne, natürlichen Verbalspektrum eines Muttersprachlers. Sie selbst sei Anglistin und verfüge daher allenfalls über rudimentäre Kenntnisse des Deutschen, verbeuge sich jedoch gerne vor dem großen Reichtum dieser Sprache. Walentina Stepanowna spricht, dabei spielen Falten um ihren kleinen, vertrockneten Mund. Die Haut, wie feinstes Pergament, knistert. Als sie aufsteht, um mich zu verabschieden, streicht sie ihren leinenen, regenfarbenen Rock glatt.

Und, flüstert Anshelika Efimowna. Mein bleichgesichtiger Engel hatte mich, als ich gerade dabei war, mich aufzumachen, mit hektischem Gestikulieren abgefangen. Sie müssen, hat Anshelika Efimowna mich beschworen, sich – allerhöchste Zeit! – unbedingt Walentina Stepanowna vorstellen. Wem? Walentina Stepanowna. Eine ältliche Dame war, ohne den Blick zu heben, ein Nicken nur andeutend, an Shenja und mir vorbeigehuscht, in das durch Glaswand und Bücherschränke abgetrennte Quadrat am Zimmerende. Endlich habe ich Bekanntschaft geschlossen mit der Frau, deren Name nur im Flüsterton auszusprechen ist.

Mitja setzt uns Papierhüte auf. Auf den Tellern, in ihrer eigenen Brühe, schwitzen Wareniki. Saure Gurken, Schwarzbrot, Tomaten. Goscha wickelt einen Fisch aus einem Papier und schneidet dem Tier den Bauch auf. Ich habe ihnen gesagt, dass du kein Fleisch isst, entschuldigt sich Mitja. Aber dass du auch keinen Fisch isst, wollten sie nicht glauben. Wir haben hin und her überlegt, lacht Goscha, und sind zu dem Schluss gekommen, dass an Fisch eigentlich nichts auszusetzen sei. Ist Fisch nicht, philosophiert Schurik, eher Pflanze als Fleisch?

Auf dem Herd steht ein Kuchen. Durch den Zuckerguss schlängelt sich, obgleich ohne Weichheitszeichen, mein Name, darunter die unvertraute Zahl, deren Ziffern eine einzelne Kerze flankieren. Eine Kerze für alle Jahre. Griffbereit stehen Schnapsgläser, die sich von selbst wieder auffüllen, sobald der Boden erreicht ist. Und durch die Luft tänzeln Papierschlangen und Ballons. Denn mein persönlicher Ministerpräsident hat beschlossen, dass wir meinen Geburtstag feiern.

Schurik überreicht mir ein Shirt, auf dem ein auf einem Einrad fahrender Bär eine Balalaika spielt. Ich zwänge mich hinein, die Härchen auf meiner Brust verleihen dem Bären Profil. Für mein Spiegelbild ziehe ich den Bauch ein und drehe mich für meine Gäste im Kreis, ein angeheitertes Model, mit motorischen Defiziten und gefährlich nah an der Grenze zum Normalgewicht. Mitja träufelt mir ein wenig Parfüm auf den Nacken, den Hals, hinter die Ohren. An meinem Wäscheschrank – in Ermangelung einer Vase: in einem Milchglas – lehnt ein üppiger Strauß roter Rosen. Mitja, aus dem Fahrstuhl tretend, hatte seinen Kopf dahinter versteckt und mir den Strauß, hastig ein paar Glückwünsche murmelnd, überreicht. Ich habe ihn an mich genommen und habe nicht viel mehr rausbekommen als: Ob wir dafür eine Vase haben?

Friedrich tritt grinsend in die Küche. Was ist hier los, lacht er, und verschwindet, um gleich darauf, mit Digicam bewaffnet, wiederzukehren. Wie alt wirst du, wendet er sich an mich. Acht? Oder doch schon zwölf? Die Hüte und die Luftballons waren Mitjas Idee, wehre ich ab. Fehlt nur noch die rote Nase, grölt Goscha. Und Mitja, zu meinem Ärger, zieht eine Clowns-nase hervor. Oh nein, drohe ich. Die verträgt sich nicht mit meinem Puder. Du trägst Puder, fragt Friedrich erstaunt. Nur solches, erkläre ich, welches für die Augen eines Heteros un-sichtbar ist. Goscha, der ganz offensichtlich noch nicht hinter die Funktionsweise von Tagescreme und Haarspray gestiegen ist, fährt mir neugierig mit dem Zeigefinger über die Wange: Tatsächlich. Aber wofür? Wofür, lache ich. Damit ich auch noch am Ende des Tages so aussehe, als wäre ich gerade erst aus einem dornröschengleichen Schlaf erwacht.

Goscha nimmt sich eine Tomate, das schleimige Innere rinnt ihm, als er zubeißt, über sein Kinn. Schurik hüstelt. Friedrich entkleidet den Fisch. Ob wir noch Bier haben? Nein? Wodka tut es auch. Wir stoßen an, kippen den Wodka runter und beißen, noch bevor der Gaumen in Brand gesetzt ist, von einem Gewürzgürkchen ab. Goscha verzieht keine Miene. Friedrich zuckt leicht mit den Brauen. Schuriks Lip-pen, für den Moment, formen eine Rose. Nur Mitja blickt drein, als würde unter seiner Zunge ganz allmählich eine Zitronenscheibe zergehen. Das müssen wir noch einmal üben, spottet Friedrich und erhebt, gleich noch einmal, sein Glas: Auf die deutsch-russische Freundschaft. Das kommt hierzu-lande immer gut an, pflichte ich ihm bei und er schenkt mir das Lächeln eines Komplizen. Keine Geheimsprache, erhebt Goscha Einspruch. Schurik hüstelt vornehm und streicht seinem Freund beschwichtigend über die Hand. Und Mitja angelt sich das blassblaue Fläschchen, das umzingelt von Gewürzgurken und Schnapsgläsern auf der Tischkante steht, träufelt mir ein wenig Parfüm in die Mulde zwischen Ring- und Mittelfinger und führt meine Hand an seine Lippen. Friedrich schüttelt ungläubig den Kopf: Meine erste Schwulenparty. Wo bleiben die guten, heterosexuellen Freundinnen, die sich in eurer Gegenwart nicht darum scheren, ob ihnen das Kleid verrutscht?

Dann, es ist kurz nach zwölf, kommt das Taxi. Wohin fahren wir? Das wirst du schon sehen, gibt Mitja zurück und schiebt mich hinaus auf den Flur. Und Friedrich? Der wünscht dir viel Spaß. Dort, wohin wir fahren, hat der nichts verloren, grinst Goscha. Und zieht mich in den Fahrstuhl. Vier Clowns auf zwei Quadratmetern, die sich gegenseitig auf die Füße treten, drei rote Nasen, eine überpudert, ich drängle mich, Schurik sanft beiseiteschiebend, zu dem kleinen, zerkratzten Spiegel durch und befeuchte die Brauen mit ein wenig Spucke. Hat jemand einen Kaugummi? Bedien dich, johlt Goscha, und deutet auf ein Muster farbloser Kaugummis, das sich über der Fahrstuhltür, gleich einer Bordüre, die Wand entlangzieht.

Wir fahren, von einer der Hauptstraßen kommend, in einen dunklen Hinterhof hinein. Weder Lichter noch Menschen, nicht einmal der Schatten einer Katze huscht vorüber. Hier, fragt der Fahrer verunsichert. Und Mitja drückt ihm einen Schein in die Hand. Wir laufen noch ein paar Meter weiter, darauf bedacht, den schmalen Pfad zwischen den Pfützen nicht zu verfehlen; schließlich erreichen wir ein geducktes

Gebäude, das an eine Sporthalle erinnert, bloß ohne Fenster, farblos und quadratisch. Über der Tür, in lateinischen Buchstaben, hängt ein bescheidener Schriftzug, der Großes verkündet: Chance.

Ich komme mir, den Blicken der Türsteher ausgesetzt, wie siebzehn vor, unfertig, darauf gefasst, eine Enttäuschung zu erfahren, abgewiesen zu werden. Während Goscha und Mitja munter weiterplappern, halte ich den Kopf in der Schräge. Die Männer, die uns aus der Dunkelheit entgegenkommen, tasten uns mit ihren Blicken ab, ohne dabei eine Miene zu verziehen. Wir laufen geradeaus, kahle Wände entlang, biegen, an den Toiletten vorbei, um die Ecke und betreten einen Raum, der eher einem Speicher als einer Bar ähnelt, grau und geräumig, junge Männer statt Bilder und Interieur, wie zufällige Farbkleckse auf einer Leinwand. Full house, staune ich. Was hast du erwartet? Die mit Samt bezogenen Galerien seitlich der Tanzfläche sind bis auf den letzten Platz besetzt. Um die hufeisenförmige Bar tummeln sich: Schönheiten, die nicht wissen, dass sie welche sind, in gewöhnlichen Jeans und Karohemden, mit wilden Augen und struppigem Haar. Und Schönheiten, die wissen, dass sie welche sind, in schwarzen Stoffhosen, weißen Hemden und Körpern, die von der Natur reich beschenkt oder im Studio korrigiert wurden. Kobolde und Wichtelmänner gibt es auch. Die nimmt man erst wahr, wenn man sich an dem Schönen und allzu Perfekten sattgesehen hat. Schurik winkt mir aus der Mitte des Raumes zu. Goscha und Mitja, in jeder Hand ein Bier, schieben sich durch die Menge. Wir stehen seitlich der Bühne an einer kalkweißen Säule.

Das kann man natürlich nicht mit Berlin vergleichen,

entschuldigt sich Schurik. Warum nicht? Mir gefällt es. Die Leute sind nett. Es ist viel los. Die Musik – ich halte im Satz inne, um mein Urteil abzumildern. Aus den Boxen dudelt russischer Pop, ein Sowjetschlager im Uffta-Uffta-Remix. Nach dem dritten, vierten Lied kommt es mir vor, als sei ein und derselbe Takt allen Liedern unterlegt. Halte dich gut an ihn, dann kann gar nichts schiefgehen, witzelt Mitja. Und legt versuchsweise seinen Arm um meine Hüfte. Goscha und Schurik ziehen es vor, eine gewisse Distanz zu wahren. Lieber schreien sie sich aus sicherem Abstand an, als einander Lieb- kosungen ins Ohr zu flüstern. Geht ihr oft hierher? Sind zum ersten Mal hier, brüllt Goscha mir zu. Zum ersten Mal? Mitja, der ist jede Woche hier. Wir aber sind anständige Jungs. Du spinnst wohl! Ab und an vielleicht, verteidigt sich Mitja, in letzter Zeit kaum noch. Weil sie dir Hausverbot erteilt haben, grölt Goscha. Und Mitja hält seinem Freund eilig den großen, weit aufgerissenen Mund zu.

Schließlich flaut der dröhnende Bass ab. Ein einzelner Scheinwerfer ist auf die kleine Bühne gerichtet, drum herum: finstere Nacht. Eine weißgepuderte Königin mit langem, wal- lendem Haar und Beinen, die kein Ende nehmen, löst sich aus dem Dunkel. Ihrem Kleid sind Eisblumen eingenäht und auf dem Kopf trägt sie eine Tiara. Die Jungs, die eben noch, zur Pose erstarrt, auf ihren Barhockern saßen, klatschen, in die vorderen Reihen drängend, begeistert Beifall. Die stumme Chanteuse streicht lässig über ihr Kleid und verfällt, dem einsetzenden Beat erliegend, in Tanzschritt. Ihre Augen wei- ten sich. Und der Mund – dramatisch! – verzieht sich in alle Richtungen. Die Königin will, verdammt noch mal, tanzen, mit jemandem, der sie, verdammt noch mal, liebt. Im finalen

Refrain dann springt ein junger Mann im Knappenkostüm auf die Bühne und erfüllt seiner Angebeteten ihren sehnlichsten Wunsch. Geht das den ganzen Abend so weiter, frage ich vorsichtig. Und Mitja: Schön, oder? Ich nehme einen kräftigen Schluck und taste meine Hosentaschen verzweifelt nach einer Zigarette ab.

Ist der junge Mann in der ersten Einstellung nach dem Lied noch in voller Montur zu bewundern, sind – das Licht geht aus und wieder an – in der zweiten Einstellung die Hüllen gefallen: Der junge Mann steht, sich das Höschen vor die Lenden haltend, nackt auf der Bühne und präsentiert ein verblüfftes Gesicht. Die Königin, nun eine Göre, lächelt verschmitzt und das Publikum applaudiert. Kaum schwingt sie ihren feenhaften Zauberstaub, hat sich der junge Mann in Luft aufgelöst. Das Publikum buht. Und die Göre, nun wieder eine Königin, ergeht sich in Schimpftiraden: Die Königin – laut Plan – ist beleidigt. Und, mal ehrlich, was kann eine Dragqueen besser, als beleidigt sein? Goscha erstickt fast an seinem Lachen. Auch Mitja prustet. Um Schuriks Lippen spielt verhalten ein Lächeln. Ich starre der Königin auf den himbeerroten Mund. Und verstehe nichts. Spricht sie noch Russisch? Wie man es auf der Straße spricht, erklärt Schurik. Höre besser nicht zu, sagt er. Und hört weiter zu.

Die Dunkelheit ebnet Narben und Akne ein. Das matte Licht, das von der Bühne abfällt, frisiert meine Freunde. Zwei Tänzer, Spielzeuge der Königin, zeigen dem Publikum, wie man tanzen könnte, gelänge es, sich für einen Augenblick zu vergessen. Einer davon könnte der Knappe sein, aber mit Bestimmtheit ist das nicht zu sagen: An sein Gesicht fehlt jede Erinnerung. Was ist, fragt Mitja. Und hält mir ein frisch gezapftes Bier vor die Nase. Ich setze meine Lippen auf die knisternde Schaumkrone. Und Mitja setzt seine Lippen auf meine Lippen. Immer habe ich in der Ecke gehockt, verzweifelt, niemand würde mich zu einem Tanz auffordern, verzweifelt, jemand könnte mich zu einem Tanz auffordern. Verrückt, oder? Willst du tanzen, fragt Mitja. Nein, rufe ich. Nein. Und mein Körper – vielleicht folgt er dem Beat oder den hypnotischen Verrenkungen der Animateure – setzt sich in Bewegung. Ich vergesse, dass ich nicht tanzen kann. Und tanze. Wer hätte gedacht, dass ich ausgerechnet hier, im Schatten der Partytransen, tanzen lerne?

Den Rauch winke ich durch das Fenster meines Schlafzimmers. Ich bin wieder Pirat, verkatert, benebelt. Sobald ich mich überwinden kann, mich in die Küche zu begeben und mir einen Kaffee zu kochen, ist mein Glück perfekt. Im Kopf ein angenehmes Rauschen, das gegen vier nachlassen wird. Bis dahin bleibe ich nach außen hin unverwundbar, zurückgezogen in mich selbst.

Feuchte Nasen laufen über die Scheiben der parkenden Autos. Ein kräftiger Regen treibt die Passanten an. Ein Orthodoxer rennt über den Hof. Die nassen Gewänder ziehen den Mann nach unten. Sie vereiteln ein schnelles Vorankommen. Sie glänzen wie das Gefieder eines schwarzen Vogels.

Ich sitze am Küchentisch und rühre in einem Tee. Ob ich sie hören könne? In dem kleinen Quadrat auf meinem Bildschirm erscheint eine Frau, deren Dekolleté nicht zu dem unbedarften Gesicht passt, das mich unsicher anlächelt. Ist es nicht viel angenehmer, sich zu sehen, fragt Uljana Wasiljewna. Es sei, hebt sie stolz an, mittlerweile schon so etwas wie eine kleine Tradition, dass der Sprachassistent an ihrem Lehrstuhl ein Seminar übernimmt. Ach ja, frage ich verblüfft. Letztes Jahr, ja, da habe es eine Umstrukturierung gegeben. Der seien Stunden zum Opfer gefallen. Und Zwist. Dieses Semester würde alles besser. Eine Kollegin, dennoch, sei ausgefallen. Die läge im Krankenhaus und warte darauf, dass ihre Wehen endlich einsetzten. Und sei das nicht eine großartige Chance für mich? Ich könne den Kurs meiner Vorgängerin übernehmen. Oder einen Kurs zur Literatur anbieten. Mir sei da völlig freie Hand gelassen. Anders als in ihrer E-Mail angeboten, könne mir keine Viertelstelle angeboten werden. Stattdessen biete man mir – was natürlich viel besser sei! – eine halbe Stelle an. Unmöglich, versuche ich Uljana Wasiljewna abzuwimmeln, das übersteigt meine Kapazitäten. Ihre – was? Nein, nein, ich verstünde sie falsch. Ich würde einen Kurs unterrichten und für zwei bezahlt werden. Es reiche vollkommen aus, wenn ich ab und an den Kolleginnen des Lehrstuhls eine kleine – winzige! – Fortbildung anböte. Eine Fortbildung? Zu welchem Thema? Ich würde mit Keksen bewirtet und könne von dem Buch erzählen, das ich zuletzt gelesen habe.

Ob das legal sei? Legal, kichert Uljana Wasiljewna und wechselt ins Russische. Legal ist, wenn auf dem Papier steht, dass Sie zwei Kurse unterrichtet haben. Und: Wir sollten uns unbedingt nächste Woche einmal persönlich kennenlernen.

Den Rauch winke ich durch das kleine obere Küchenfenster. Friedrich darf das nicht wissen. Die Zigarette verträgt sich mit einem Gläschen Wein. Dem folgt ein Blick in den Gefrier-schrank. Mateusz schüttelt den Kopf. Ich sage: Morgen erfahre ich, wie gut mein Sperma schmeckt. Ob es sich dabei um den Stoff des Lebens handelt oder ob es zum Vergiften taugt.

Dass ich Hals über Kopf dieses Land werde verlassen müssen, damit habe ich mich provisorisch abgefunden. Flinken Fußes, ohne mich von den neuen Bekannten zu verabschieden, den fragenden, tadelnden Blicken der Kolleginnen entfliehend, werde ich mich aus dem Staub machen. Bei dem Versuch, meinen Namen auszusprechen, wird eine milde Säure aufsteigen. Man wird sich im Stillen einigen, mich gründlich zu vergessen. Oder man schimpft, wenn man sich doch entscheidet, über mich herzuziehen, über den viren-schleudernden Sprachassistenten und zerreißt sich das Maul darüber, wo und bei welcher Gelegenheit er Bekanntschaft mit dem freundlichen Sensenmann geschlossen hat, der dem jungen Mann einen kleinen Aufschub gewährt.

Also Friedrich und ich stehen in einem engen Flur, der vom Warteraum abgeht. Eine Großmutter mit dem Gesicht einer bösen Hexe erscheint und bittet einen von uns – du, nein, du – in ihr Zimmer. Der Flur, vielleicht, weil Friedrich verschwunden ist, weitet sich, ich gerate ins Wanken, auf einmal, mit einer Geschwindigkeit, die ich nicht abzuschätzen vermag, bewegen sich die Wände auf mich zu. Verheulte Frauen, grobe, braune Hände vor das Gesicht geschlagen, leisten mir Gesellschaft. Und: Junkies mit verdrehten Augen, die Nadel frisch angesetzt. Jeder Satz auf den Plakaten schließt mit einem Ausrufezeichen ab: Hast du dich infiziert, kannst du deine Koffer packen! Weißt du, was dein Mann nachts macht?!

Weißt du, mit wem es dein Mann nachts macht?! Zurück nach Usbekistan! Zurück nach Kasachstan! Jeder Zweite, nein, Dritte, Vierte im Alter von 20 bis 35, 30 bis 45, nein, 25 bis 40 trägt das Virus in sich, das Virus, den Tod. In Hüfthöhe hängt angepinnt eine Broschüre: Wie man sich richtig die Hände wäscht: Denn Sie wissen ja nicht, was Ihr Sitznachbar für Krankheiten hat. Du liest die Broschüre durch und schwörst dir, nie wieder eine Straßenbahn zu betreten.

Mir dreht sich der Magen um. Der Kopf pocht, als hätte sich das Herz in den Schädel verkrochen. Ich krame in meiner Tasche nach dem Buch, das ich für solch einen Fall mit mir führe, ziehe es hervor und lese: Die Eltern lagen schon und schliefen, die Wanduhr schlug ihren einförmigen Takt, vor den klappernden Fenstern sauste der Wind, abwechselnd wurde die Stube hell von dem Schimmer des Mondes. Der Jüngling lag unruhig auf seinem Lager, und – Plötzlich steht Friedrich vor mir.

Die grimmige Großmutter befragt mich zu meinen Gewohnheiten. Ob ich rauchen würde, eine Partnerin hätte oder gar – hier gerät die Großmutter in ein planmäßiges Stocken – regelmäßig wechselnde Geschlechtspartnerinnen, welche Krankheiten ich hatte und hätte, Geschlechtskrankheiten, Nationalität, Berufstätigkeit. Du bemühst dich, das Spiel mitzuspielen, alle Fragen richtig zu beantworten. Du weißt, Rauchen tötet. Und dass Alkohol die Poren weitet. Gleichzeitig – du sitzt diesem grässlichen Wesen gegenüber, das dich zwingt, unaufrichtig zu sein – bist du versucht, aufzubegehren. Du möchtest herausposaunen, dass du rauchst wie ein Schlot, säufst, was nur flüssig ist und einigermaßen hochprozentig, und dass du auf regelmäßig wechselnde Geschlechtspartnerinnen pfeifst, derweil du ihren hübschen Brüdern nachstellst. Stattdessen wechselst du in diesen Traummodus über, der deine Emotionen glattbügelt und dir die Stacheln zieht, die zum Angriff reizen: Ich halte mich aufrecht. Und gebe die Vorstellung eines Sprachassistenten, der ein Leben führt, das jedweder Zerstreuung entbehrt.

Aus dem nächsten Zimmer schlägt uns, kaum dass Friedrich die Tür einen Spaltbreit geöffnet hat, ein Lachen entgegen, das kehlig klingt und, obgleich es uns überrollt, weit entfernt. Der Mund der Ärztin steht weit offen. Auf einer Pritsche sitzen drei Menschen: Eine junge Chinesin, das Gesicht flach wie ein Teller, assistiert, während ihr Blut abgenommen wird, der Ärztin beim Fixieren der Binde. Neben ihr, ein Ebenbild in grobem Strick, sitzt noch eine Chinesin, schließlich ein Mann, Alter, Nationalität unbestimmt. Die Ärztin, während sie Blut abnimmt, gerät ins Schwärmen. Mit dem Überschwang slawischer Frauen, die – ist ihre Leidenschaft einmal entfacht – kraft ihrer Worte ein Lagerfeuer entzünden können, preist die Ärztin diese, wie sie sagt, äußerst effektvoll angerichteten Röllchen aus Reis und Seetang. Die Chinesinnen kichern, weil sie verstehen oder weil sie nicht verstehen. Die Ärztin, als sie mich erblickt und meinen Namen von ihrem Papier abliest, tippt auf Italien. Doch. So heißen die Menschen in Italien. Diesem Berlusconi sei nicht zu trauen, der pflückt die Mädchen regelrecht. Die süße Frucht vertilgt er schmatzend. Meinen Sie nicht auch? Schließlich, ihre Nadel sticht sich in Friedrichs Arm, bricht sie noch eine Lanze für Merkel und Mercedes.

An der Rezeption begleichen wir, ein himmelblaues Watte-

bäuschchen auf die Einstichstelle drückend, eintausend-
achthundert Rubel. Dafür hätten sie uns auch ein Pflaster
geben können, versucht Friedrich zu scherzen. Das blass-
gepuderte Fräulein aber sieht durch uns hindurch. Amüsiert
ob des Trubels, stimmt Friedrich ein Marschlied an. Wir
laufen, das Testzentrum für ausländische Bürger hinter uns
lassend, Richtung Haltestelle über den Hof. Das Ärztestädtchen ist im Süden der Stadt gelegen, Baracken und Höfe,
ehemalige Kasernen sind auf ein paar Hektar Wald verstreut.
Bestimmt zwitschern hier irgendwo Vögel. Vielleicht haut
ein Iltis gerade seine Zähne in ein Karnickel. Ich sehe, wie
meine Füße sich fortbewegen. Stell dich doch nicht so an,
ermahnt mich Friedrich. Warum hast du dich nicht in Berlin
testen lassen?

Sein Kopf schreckt, wenn er abzureißen droht, hoch, um dann
wieder abzuknicken. Wenn ich ihn nicht aufwecke, bricht er
sich das Genick. Noch einen Tee, frage ich Mateusz. Gebäck?
Ich gieße kochendes Wasser in seine Tasse. In meiner Tasse
mische ich Wodka mit Rum. Mateusz reibt sich die Augen,
die winzige Nickelbrille liegt zwischen Äpfeln und Bananen
im Obstkorb.

   Ob ihm ein anderer Zusammenhang einfalle? Egal, wie ich
es drehe und wende, mir fällt kein anderer Zusammenhang
ein, in dem positiv etwas so Negatives bezeichnet. Man könne
das, meint Mateusz, auch als Chance nutzen. Als Chance?
Mich will das Vorhaben, im Falle des Falles mein Leben zum
Positiven zu wenden, nicht recht überzeugen: Ich möchte
mich, wider jeden Verstand, betrinken können, möchte mich,
wenn es mich danach verlangt, an Süßem und Fettigem fett

und glücklich fressen und die winterliche Kälte mit offenem Kragen gierig empfangen. Mach dir keine Sorgen, tröstet mich Mateusz. Heutzutage kommen auch Positive in den Genuss, sich über ihre Rente Gedanken machen zu müssen. Bei euch in Deutschland zumindest. Das tröstet mich nicht. Die Angst höhlt mich aus, jammere ich. Ein gefräßiges Tier, bestätigt Mateusz. Und: Es ist gar nicht so leicht, sich anzustecken.

Am nächsten Morgen stehe ich schon im Bad, als aus Friedrichs Zimmer noch Sägen und Blätterrascheln zu vernehmen sind. Auch Friedrich ist in seinen Träumen ins Ärztestädtchen zurückgekehrt. Während ich mir die Wangen rasiere, bearbeitet Friedrich mit der Kettensäge einen Birkenwald.

Ich male mir ein Gesicht, dem kein Resultat etwas anhaben kann. Ich trage ein Puder auf, das alle Hautunreinheiten einebnet. Ich scheitle mein Haar. Und schlüpfe in mein smaragdgrünes Hemd, jenes, das ich trage, wenn ich ins Theater gehe oder wenn ich einen Mann unbedingt rumkriegen möchte, wenn ich ihm nicht die Option lassen möchte, stark zu bleiben. Friedrich, den Abdruck des Kissens noch im Gesicht, schaut mich, als ich ihm in der Küche begegne, verwundert an. Ob ich ein Date habe, fragt er. Und setzt seine Lippen vorsichtig auf den Rand seiner Kaffeetasse. Mit der Sprechstundenhilfe des Testzentrums, antworte ich.

Zwei Stunden lang drängeln wir uns, zusammen mit zwanzig anderen Gastarbeitern, in einem winzigen Flur herum, schauen, wie in einen Spiegel, in die regenlaunigen Gesichter der Wartenden. Die beleibten Kasachen schwitzen in ihren gefütterten Mänteln, Frauen mit Elefantenbeinen sitzen, für jede

Arschbacke einen Stuhl beanspruchend, auf den paar Sitzgelegenheiten, Alte, vielleicht aus Angst, ihnen könnte – genau hier – die Zeit ablaufen, gehen von einem Ende zum anderen. Und wieder zurück. Alle paar Minuten, in einer Sprache, die ich nicht verstehe, entschuldigt sich jemand dafür, dass er mir auf den Fuß getreten ist. Ich gehe zum Rauchen vor die Tür. Da tritt ein junger Mann, Usbeke oder Tadschike, an mich heran und tippt mit dem Zeigefinger auf meine Zigarettenschachtel. Ich schnauze: Was willst du?

Nach und nach werden die Wartenden aufgerufen. Stimmen, die nach Überstunden klingen, probieren zwei, drei Versionen eines Namens aus, in der Hoffnung, der Ausländer würde seinen Namen schon verstehen. Schließlich trete ich, um einen festen Schritt bemüht, vor den Schalter. Ein Weib vom Typ russische Matka – weiches, aufgedunsenes Gesicht, stümperhaft blondierte Mähne, kirschroter Lippenstift – hämmert mechanisch, ohne aufzublicken, auf ihren Computer ein. Ich sehe, während ich überlege, wie ich das Wort an sie richten könnte, die Buchstaben in hohem Bogen zu beiden Seiten wegfliegen. Nach Minuten, die Stunden sind, händigt mir die Frau, ohne das Wort an mich zu richten, das blaue Zertifikat aus. Das blaue Zertifikat! Ich halte es in der zittrigen Hand. Ich überfliege den standardisierten Text, entferne mich vom Schalter, um gleich darauf zurückzukehren. Zu meiner Diagnose habe ich noch kein Vertrauensverhältnis aufgebaut. Ob denn wirklich alles in Ordnung sei, frage ich. Und die Frau, ohne den Blick von ihrem Bildschirm zu lösen, antwortet: Alles in Ordnung. Bedient sich nicht einmal ihrer eigenen Worte. Hat sie nicht bemerkt, dass heute ein Prinz vor ihr steht?

Benommen trete ich in den Hof, drücke meine Zigaretten-schachtel dem Jungen in die Hand, den ich zuvor so unbe-herrscht angeschnauzt habe. Der Regen trommelt vergnügt auf unsere beschirmten Köpfe. Lustig spritzt der Matsch unter den Schuhen weg. Heute, sage ich zu Friedrich, ist das der schönste Ort auf der Welt. Weil wir nicht mehr hierherkom-men müssen.

In der Küche, an der Wand über dem Küchentisch, hängen nun zwei Plakate: Der kultivierte Sowjetbürger, der im Anzug sein Abendessen zu sich nimmt, ein Stückchen Fleisch schon auf der Gabel, Erbsen und Bohnen auf dem Teller, lehnt das Schnapsglas, das ihm eine freundliche Hand anbietet, ent-schieden ab. Ein empörtes Nein, in Signalfarbe und mit Aus-rufezeichen versehen, flackert gleich einem Transparent in der linken Bildhälfte. Daneben, leicht versetzt, derselbe Herr, wie-der im Anzug, im gestreiften Hemd, mit Krawatte und einer Frisur, die keinen Windhauch abbekommen hat, sein Teint allerdings sieht belebter aus. Das Schnapsglas nimmt er freudig entgegen. Links oben: ein lebensbejahendes Ja! Der Trinker, gibt Mitja zu, sieht gesünder aus.

Ich schlage zwei Eier in eine Pfanne, in einer zweiten brate ich Teigtaschen in Fett. Ich schneide Zwiebeln und hacke Petersilie fein. Mitja sitzt am Küchentisch und schaut verlegen zu mir hinüber. Was wird das nun wieder? Die Pelmeni schmeißt du in kochendes Wasser. Und fertig. Schmand steht im Kühlschrank. Wareniki, korrigiere ich meinen ungeduldi-gen Freund. Du hast bestimmt den ganzen Tag nichts Vernünf-tiges gegessen, sage ich. Wareniki? Das wird ja immer besser, meckert Mitja. Und besteht schließlich darauf: Rührei oder

Teigtaschen. Kaum dass sein koboldhaftes Gesicht zum ersten Mal in dem kleinen Quadrat auf dem Bildschirm erschienen war, hatte Mitja darauf hingewiesen, dass er die Webcam eigentlich ausschalten könne, zumal er, wenn wir uns im September sähen, ganz anders aussehen würde, viel besser und sportlicher. Er würde mindestens fünf Kilo abgenommen haben. Dein Problem ist, dass du keinen Sport machst. Und zu viel trinkst, stänkere ich. Du tust dir ein Probierhäppchen auf und mir haust du den Teller voll, beschwert sich Mitja. Ich respektiere deine Kultur, behaupte ich. Und gieße meinem Gast großzügig nach.

Heute, sage ich, als Mitja gerade die Gabel zum Mund führen will, habe ich die Ergebnisse erhalten. Die Ergebnisse? Die Gabel verweilt in der Schwebe. Und? Was und, frage ich. Und setze ein Gesicht auf, als würde ich nicht verstehen. Natürlich bin ich gesund. Was für eine Frage!

Die Wimpern sind mit Raureif überzogen. Aus den Haaren fallen, als ich die Kapuze zurückziehe, Eiskristalle. In die Ohren – das sehe ich erst jetzt, in der Umkleide am Lehrstuhl – hat sich der Wind festgebissen. Ich trete vor die Klasse, da schaut mich das Totenkopfmädchen geradezu mitleidig an: Sie sehen wie ein Clown aus, der Nase und Ohren verwechselt hat.

Ja, ja, warnt mich Anshelika Efimowna, der Winter kommt bei uns über Nacht. Die Astern, die gestern noch ihre Hälse der wärmenden Mittagssonne entgegengestreckt haben, sind morgen von einer feinen Schneedecke überzogen. Haben Sie nichts Dickeres? Mit Daunenfedern? Ihr hübsches Mäntelchen, stichelt Shanna Nikolajewna, ist eine Einladung an den Wind. Die Kälte nehmen Sie nicht sofort wahr, weil sie trocken ist. Dabei kriecht sie Ihnen in die Kleider, nistet sich ein. Die Kälte, von innen quasi, höhlt Sie aus. Sie frisst Ihre Reserven. Und das, pflichtet ihr Anshelika Efimowna bei, wo Sie doch ohnehin so dünn sind! Ich ziehe, in Gedanken abdriftend, mit dem Zeigefinger die marineblauen Rauten nach, die meinen Mantel verzieren: Vielleicht ein Nerz?

Am Abend sitze ich in der Küche. Gerade als ich den Film starten will, taucht Friedrich auf. Schon ploppen die Flaschen. Friedrich reißt eine Tüte auf. Und mir weht der Geruch durch den Regen laufender Hunde entgegen. Wo ich denn meinen Hobbit gelassen hätte? Ihm scheine es so, als würde Mitja alsbald einen Schlüssel zu unserer Wohnung gebrauchen können.

Ob er nicht Lust habe, zu meiner ersten Filmvorführung zu kommen? Bestimmt würden wir nach dem Film noch in eine Bar weiterziehen. Friedrich überlegt einen Augenblick, nimmt einen Schluck. Wer denn käme? Ausschließlich nette Menschen. Bestimmt ein paar attraktive Studentinnen, jene, die in Cocktailkleidern zur Uni kommen und im Korridor Lipgloss auftragen. Welchen Film ich denn zeige? Mutig, kommentiert Friedrich meine Wahl. Mutig. Ob ich denn keine Bedenken hätte, meine Studenten in ihren moralischen Vorstellungen bis ins Mark zu erschüttern? Ich habe, gebe ich kleinlaut zu, den Film noch gar nicht gesehen, sei noch nicht dazu gekommen. Da könne man mir, witzelt Friedrich, nur wünschen, dass die Kolleginnen zu mir hielten.

Zwei Minuten später sitze ich, Friedrich hat die Tür hinter sich zugezogen, allein in der dunklen Küche. Ich spule vor und zurück. Dabei denke ich: Nein, nein, nein. Ob man mich bloß verwarnen wird oder ein für alle Mal rausschmeißen? Ich versuche mich zu beruhigen: Wie vielen Männern wird tagtäglich in den Kinosälen der Russischen Föderation der Kopf abgesäbelt? Gliedmaßen werden abgetrennt, die Birne zu Brei geschossen. Was sind die alltäglichen Tollheiten gleichgeschlechtlich Liebender schon dagegen? Zweieinhalb Sekunden Analverkehr auf der Toilette eines Nachtclubs haben noch keinem geschadet. Ein Frauenkopf, verschwitzt und mit Haaren, die in fetten Strähnen an der Stirn kleben, taucht glücklich zwischen den Beinen einer Geliebten auf.

Binotschka, die junge Leiterin des deutschen Lesesaals, begrüßt mich freundlich. Ungeachtet der Temperaturen auf der Straße trägt sie ein sommerliches Kleid, eines jener Sorte, wie russische Großmütter sie üblicherweise tragen. In allen Dörfern des Landes finden sich diese Wesen. Frauen mit der Figur einer Matroschka sitzen in unförmigen Blumenwiesen auf der Bank vor ihrem Haus und kauen stundenlang auf Sonnenblumenkernen herum, füttern Spatzen und Meisen und warten darauf, dass einmal am Tag ein Auto vorüberfährt. Binotschka, heute zumindest, kann es sich leisten. Mit einem Gang, der fast zu schwungvoll für ihr bisschen Hüfte ist, kommt sie mir entgegen und erkundigt sich lächelnd nach meinem Befinden, ob ich mich an die Stadt bereits gewöhnt habe, mir meine Arbeit gefalle, und entschuldigt sich, dass sie die Filmvorführung leider nicht werde abwarten können.

Schade, sage ich. Und denke: Ein Glück. Ein Glück, dass ich das Kartenhaus, auf dem ihre Ansichten errichtet sind,

nicht einreißen muss, dass ihre heile Welt, fernab von Arsch-
fickern und Drogenopfern, nicht an meiner fragwürdigen
Filmwahl zerbricht. Schade, wiederhole ich. Und versuche ein
enttäuschtes Gesicht aufzusetzen. Ich schleppe den riesigen
Wasserkocher heran, Tee und Kaffee. Ich lege ein Muster aus
Keksen und Konfekt. Ich rücke die Stühle zurecht. Und tippe
eilig eine Nachricht an Mitja: Wo steckst du? Da lugt, im
Türrahmen verharrend, ein Mann, bestimmt zwei Meter, in
das Zimmer, zögert einen Moment, dann erkundigt er sich,
ob er eintreten dürfe und betritt endlich, Kopf und Schultern
einziehend, mein Leben.

Mischa, stellt sich der Mann vor. Und erzählt, dass er
Deutsch studieren würde, eigentlich, momentan jedoch viel
arbeiten müsse, also eher nicht studiere, und bloß ein einziges
Mal in Deutschland gewesen sei, in Konstanz, wo er gearbeitet
habe, die Deutschen sprächen dort eine Sprache, die würde
man hier an keiner Hochschule lernen. Nein, wirklich? Der
Mann setzt sich, seinen Stuhl ein wenig nach hinten ziehend,
in die letzte Reihe. Seinen Rucksack nimmt er zwischen die
Beine. Und schaut mich erwartungsvoll an. Ich komme aus
Berlin, versuche ich es. Und breche ab. Ich kann mir, zumindest für den Moment, nicht vorstellen, was daran interessant
sein sollte. Die Augen des Mannes aber flackern auf. Berlin,
wiederholt er. Berlin! Das klingt, als probiere er ein Zauber-
wort aus. Dorthin zu gehen, ist mein Traum. Was hindert Sie
daran? Sie? Du! Mischa verrät mir, dass er – ständig werde er,
wohl seiner Größe wegen, für älter gehalten – erst zwanzig ist,
woraufhin ich, verblüfft, auch peinlich berührt, seine Augen-
partie nach Fältchen absuche.

Möchtest du Tee? Die Pranken eines Bären ziehen sich um

einen Becher, nun ein Fingerhut, zusammen. Kekse? Konfekt? Mischa fragt, ob wir alleine bleiben. Ich hoffe doch nicht, lache ich. Und frage mich, wo Mitja steckt. Kurz darauf gebe ich zu: Vielleicht habe ich zu sehr gehofft, dass niemand kommt. Es gibt da so Szenen im Film. Es gibt da so Szenen im Kopf, unterbricht mich ein Mädchen, das aus der Brust-tasche des Riesen hervorschlüpft: Ich habe stundenlang, mit Früchtekorb beladen, im Hausflur gehockt. Ich hatte gedacht, dem Assistenten einen Krankenbesuch abzustatten, doch hatte sich niemand gefunden, der auf ein Klingelzeichen reagiert hätte. Persische Äpfel, sommersprossige Orangen, Honigmelonen aus Usbekistan, all das ist in einem Punsch gelandet ... Vielleicht war ich ausgegangen? Oder ich habe geschlafen? Anscheinend war auch Friedrich nicht zu Hause. Und der Brief? Welcher Brief? Der Brief, ach so, der Brief, ich hatte noch keine russische Nummer. Und als ich dann endlich eine russische Nummer hatte, also der Brief, ich muss ihn verlegt haben. Tee? Kekse? Konfekt?

Nach und nach, mein Finger schwebt über dem roten Knopf, der den Film startet, trudeln meine Gäste ein. Ich halte eine kleine, mit Superlativen geschmückte Rede, schalte das Licht aus und den Film ein. Ich betrachte, während sie auf die Leinwand gucken, meine Gäste. Zwei Frauen mittleren Alters sind gekommen, eine Frau jenseits der sechzig, mit einer Lesebrille, die, von Schnüren gehalten, über ihrem schlaffen Busen baumelt, ansonsten: junge Menschen, Mäd-chen, hübsch anzusehen, dabei unauffällig gestylt, keine ge-wagten Einblicke, nichts für Friedrich, ein Junge mit raspel-kurzem Haar, der mir, als er meinen Blick auffängt, mit einem Lächeln antwortet, Mischa, der hinter dem Mädchen, das

Briefe nicht zu unterschreiben pflegt, als Berg emporragt. Etwas später drängelt sich Mitja durch die Reihen, nimmt, weil alle anderen Stühle besetzt sind, ganz vorn Platz.

Als die Kamera, an poppenden Glatzköpfen vorbei, durch die Gänge des Berghains schwenkt, weiten sich die Augen meiner ältesten Zuschauerin. Hierzulande sagt man: Augen wie Fünfrubelstücke. Irgendjemand verschluckt sich an seinem Keks, eine Mädchenstimme erhebt sich über die Technobeats: Oh! Im Anschluss des Filmes behaupte ich, dass mir diese Szenen, als ich mir den Film in Vorbereitung noch einmal angesehen habe, nicht weiter aufgefallen seien. Welcher Film, springt mir ein Mädchen bei, käme denn heute schon ohne eine Sexszene aus? Ein Junkie, der sein Leben verplempert. Elektronische Musik als Soundtrack einer Depression. In Russland, behauptet eine Frau mittleren Alters, wäre es nicht möglich, solch einen Film zu zeigen. Der Sitz neben ihr ist frei geworden. Und auch die Alte ist, ohne dass ich etwas bemerkt hätte, verschwunden. Gleich, befürchte ich, prophezeit sie den Untergang der westlichen Kultur. Da kommt mir Mischa zu Hilfe: Um die Zerrissenheit des modernen Subjekts geht es hier. Was den einen ausfüllt, bedeutet für einen anderen, bei lebendigem Leibe begraben zu sein. Heim, eine Arbeit, die darin besteht, Akten abzuheften, Telefonnummern zu wählen, in der Hoffnung, der Adressat nimmt den Höher nicht ab, unser Protagonist findet sein Seelenheil nicht in einer Anwaltskanzlei. Und: Wie willst du ein Lied schreiben, ohne dich jemals von deinen Ängsten gelöst zu haben, von der Befangenheit, die deiner Person und jedem deiner Schritte anhaftet? Was bleibt, ziehst du die Sorgen um Monatsmiete und Examina ab, von deinen Gedanken übrig? Was hat der Herr gesagt, fragt Mitja in die Stille hinein, die sich nach Mischas Monolog, gleich einer Schallwelle, die einer Detonation folgt, in alle Richtungen ausbreitet.

Das Flüstern der Dächer? Klingt nicht schlecht. Lieber ins Tinkoff, mischt sich das Mädchen ein, das mit einem Früchtekorb in meinem dunklen, feuchtkalten Hausflur gehockt hat. Dort sind wir, sagt sie mit einem Ton, der leicht belehrend klingt, immer mit Christian und Mareike hingegangen. Ich denke: Was interessiert mich, wo sie mit wem auch immer hingegangen ist? Und sage: Schön. Die kleinen Blitze, die sie mir schickt, beantworte ich mit einem Lächeln, das versöhnlich gemeint ist, seine Wirkung anscheinend aber verfehlt.

Das Tinkoff, gleich um die Ecke, ist eine ehemalige Brauerei. Der riesige Raum ist angefüllt von langen Tischen und Bänken. Gigantische Braupfannen hängen in der Luft. Mich erinnert das, sagt ein Mädchen, an die üppig verzierten Orgeln in den katholischen Kirchen, die ich in Deutschland besucht habe. Wir setzen uns, auf meinen gleichgültigen Wunsch hin, an ein Fenster, das zu einem Hof hinausführt, von dem man nichts sieht als die Silhouetten unserer Fantasien. Dieser Film, sagt Mischa, hat mir aus der Seele gesprochen. Mich, widerspricht in scharfem Ton ein Mädchen, das sich als meine Brieffreundin Sinaida vorstellt, hat der Film nicht angesprochen. Ein grässlicher Film. Warum ich keine Komödie mit Til Schweiger zeige? Der sei ein hervorragender Akteur.

Mitja, mich abpassend, als ich von der Toilette wiederkehre: Was reden die? Die freuen sich, dass sie mal jemanden haben, mit dem sie ein wenig Deutsch reden können. Die lernen Deutsch an der Universität, konjugieren, wenn die Dozentin sie auffordert, ein unregelmäßiges Verb oder lesen die Sätze, die sie zu Hause in ihr Heft geschrieben haben, ihren Kommilitonen vor oder unterhalten sich mit dem Lehrbuch.

Kennen Sie diesen Zettel, fragt Warwara Filipowna streng. Und wedelt mit dem Papier vor meinem Gesicht herum, als sei ich ein Hündchen, das sich mit dieser albernen Geste locken ließe. Ja, sage ich, nein, ähm, vielleicht. Warwara Filipowna räuspert sich affektiert. Dabei schnellt ihre rechte Braue in die Höhe, krallt sich, kurz bevor sie den Halt verliert, auf der weiß gepuderten Stirn fest.

Auf dem Zettel stehen acht Namen. Acht gefräßige Quadrate, die auf Unterschrift und Stempel warten. Die würden – ja, ja – dringend benötigt, um endlich einen Arbeitsvertrag abzuschließen, der mir zusätzlich zu meinem Stipendium kaum zweitausend Rubel im Monat einbringt. Ein Betrag, der keinen Junggesellen ernähren würde, so gering, dass ihn auszuzahlen, die Dame am Schalter peinlich berühren müsste. Angesichts der Untersuchungen, die mir bevorstehen, möchte ich gern auf meinen Arbeitsvertrag verzichten. Kommt gar nicht in Frage, erwidert Warwara Filipowna empört. Sie arbeiten, also sollen Sie auch entsprechend entlohnt werden. Sie wollen uns doch nicht beschämen, indem Sie ablehnen, was wir Ihnen anbieten? Natürlich nicht, antworte ich. Und Warwara Filipowna, mit einer Geste, die sie sich vielleicht bei Marfa Jakowlena abgeschaut hat, schneidet mir das Wort ab. Ihr Zeigefinger ist auf mich gerichtet, ein spitzer, funkelnder Gegenstand. Ein Strasssteinchen löst sich vom Nagellack und fällt zu Boden.

Es ist später Nachmittag. Einer dieser Tage, man ist sich nicht sicher, ob es sich lohnt, aufzustehen. Ich liege im Bett, die Decke zurückgeschlagen, Nachttischlampe statt Sonnenlicht, ein paar Bücher liegen um mich herum, mit zerfledderten Seiten, aus denen Ikea-Bleistifte hervorragen, angestrichenen Stellen. Ein kalter Kaffee steht zwischen den Ikonen. Um ihn zu erreichen, müsste ich mich bewegen. Da klingelt mein Smartphone.

Und Mitja steht in der Tür. Musst du nicht arbeiten, frage ich. Und deute an, auf die Bücher weisend, dass zumindest ich sehr beschäftigt sei. Doch, lächelt Mitja. Ich muss arbeiten. Die wissen auf Arbeit gar nicht, was sie ohne mich machen sollen. Aber ich habe mir eine Entschuldigung geholt. Eine Entschuldigung? Von wem? Mitja unterdrückt ein Lachen. Ist das nicht illegal? Was spielt das für eine Rolle, legal oder illegal. Machen doch alle, sagt er. Und rückt sich ein Kissen zurecht. Und warum, frage ich, weniger aus Interesse als Mitja zuliebe, der mich ansieht, als würde unser Gespräch in die falsche Richtung laufen. Um den Abend, sagt er, mit dir zu verbringen. Danke, erwidere ich, wie zu jemandem, der mir am Bahnhof die Tür aufhält.

Ich schalte den Laptop an, starte, um dem Schweigen seinen Raum zu entziehen, I-Tunes. Magst du Billie Holiday? Alles, was du magst, antwortet Mitja. Den Wein, den ich ihm einschenke, trinkt er, wie hierzulande Wodka konsumiert wird, ohne Sinn für den Geschmack, stattdessen in Erwartung der Wirkung: Nebelschleier, die den Verstand einhüllen, mäandrierende Treppen, Kloschüsseln, in denen Nattern brüten… Ich schreibe ein Buch, sage ich in die Stille zwischen zwei Liedern. Ein Buch? Mitja führt meine Hand unter sein

T-Shirt, über den Bauch, nordwärts. Dich werde ich Volodja nennen. Oder Volodimir. Dann kannst du, lacht er, mich auch etwas größer machen. Einverstanden, behaupte ich. Ich mache dich etwas größer und weniger koboldhaft. Mitja boxt mich neckisch in die Seite. Möchtest du für ein deutsches Unternehmen arbeiten oder, wie gehabt, an der Kasse in einem russischen Supermarkt stehen? Der Leser, erkläre ich, muss nachvollziehen können, wie ernst es dir mit Deutschland ist. Weißt du eigentlich, unterbricht mich Mitja, dass du mich seit jener Nacht nie wieder geküsst hast?

In dem Schreibwarenladen auf der Leninallee habe ich nach Bildern gesucht und mich mit Kalendern begnügen müssen. Einen Kalender mit den Meisterwerken der russischen Malerei habe ich gekauft und, für Küche und Flur, einen mit Abbildungen landestypischer Gerichte. Außerdem habe ich das neue Buch der Ulitzkaja mitgenommen, eine Sammlung von Aufsätzen zu allmöglichen Themen, zu denen die Gute glaubt, etwas zu sagen zu haben, die gesammelten Gedichte der Achmatowa und einen Band des türkischen Nationaldichters Nâzım Hikmet, von dem ich nie etwas gehört hatte, bis die zum Model geborene Dame aus der zweiten Reihe diesen Namen aussprach, langsam und prononciert, als könnte es ihr als Frevel ausgelegt werden, sich in der Silbe zu verhaspeln.

Im Flur, gegenüber der Tür, hängt nun im A4-Format das Fell eines Bären. Mit aufgerissenen Knopfaugen und offenstehendem Maul liegt der braune Riese da. In Tongefäßen sind hübsch angerichtet: Wildbraten auf Blattsalat, Rohkost mit Kranbeeren, Pilze, die ich nur von Bildern, nicht aber aus der Küche kenne. Von der orangefarbenen Wand gegenüber der Toilette hebt sich ein blassblauer See ab, auf dem Tisch im Vordergrund des Bildes befindet sich, in einer bunten Holzschüssel, eine weiße Suppe, auf der, vergleichbar mit Entengrütze, ein Laken aus Dillspitzen schwimmt und kleine Quadrate, wohl Eier und Kartoffeln, herausragen, außerdem: das obligatorische Schmandfässchen, ein Holzlöffel, bemalt wie eine Matroschka, Piroggen, Gurke, Tomaten. Ob Friedrich was auffallen wird, wenn er sich in die Küche begibt?

Wieder stehe ich auf so einem Gang, in einer Reihe, die eher einer Traube als einer Schlange ähnelt. Ab und zu kommt eine Person daher, ausgestattet mit einer wasserdichten Ausrede oder fein zurechtgemacht im Anzug, wichtigtuerisch ein Aktenköfferchen schwenkend, und schiebt die Wartenden gereizt beiseite. Oder läuft, die Hände vor dem Gesicht wie kleine Propeller bewegend, durch die Menschen hindurch wie durch einen Mückenschwarm.

Als ich endlich an der Reihe bin, weist mich eine freundliche Oma darauf hin, dass die Sprechstunden der meisten Ärzte für heute bereits beendet seien. Meinen Namen pinselt sie von dem Zettel ab, den Warwara Filipowna mir gegeben hat. Italienisch, fragt sie. Und behauptet, dass es in früheren Zeiten viele Menschen mit meinem Namen in Russland gegeben hätte: Alles Italiener. Als sie nach meinem Wohnort fragt, nenne ich ihr die Adresse des Studentenwohnheims, auf das ich registriert bin. Da guckt mich die Oma mitleidig an: Ein Professor aus Deutschland, der in einem Studentenwohnheim absteigt. Erbärmlich, denkt sie sich wohl. Und erkundigt sich, aufrichtig besorgt, ob ich denn wenigstens ein Zimmer für mich alleine hätte? Und was ich überhaupt unterrichte?

Bestimmt kenne ich – hier gleitet ihre Stimme in ungesunde Tonlagen ab – noch niemanden in der Stadt. Und komme, weil ich die Sprache kaum spreche und mir alles gewaltig und fremd vorkommen müsse, schwer in Kontakt. Wer denn so etwas verantworten könne? Peinlich berührt ob ihrer irrigen Anteilnahme, versuche ich ein versöhnliches Lächeln: Mir geht es gut. Bestens sogar. Ganz ausgezeichnet. Ihre Stirn, in tausend Fältchen gelegt, bekundet erheblichen Zweifel daran. Bestimmt hält mich die Oma nun auch noch für tapfer.

Vielleicht schaffe ich es ja – die Oma reißt eine Schublade nach der anderen auf, schiebt Karteikärtchen und Visitenkarten hin und her und tippt, zur Kontrolle, dass die Zeiger nicht stehengeblieben sind, auf das Glas ihrer Armbanduhr – noch zum Psychiater. Der befände sich gleich hinter dem Zirkus. Ob ich den kenne? Den Zirkus oder den Psychiater? Egal. Ich nicke, wie zu allem, was sie sagt, komme gar nicht auf die Idee, nachzufragen. Trotzdem lässt es sich die Oma nicht nehmen, ihrem ausländischen Gast das Leben leichter zu machen: Einfach zum Zirkus fahren, erklärt mir die Oma freundlich und kritzelt mir die Nummern von Straßenbahnen und Trolleybussen auf meinen Zettel, dann an den Konsulaten vorbei, die Rosa-Luxemburg hinein, das letzte Haus am Ufer. Alles verstanden? Vielleicht weil ich nicht energisch genug reagiere, beginnt sie von Neuem, mir die Anfahrt schmackhaft zu machen. Verstanden, sage ich. In Ordnung. Schließlich noch: Abgemacht, als würde ich ein Versprechen geben.

Und morgen – ich habe mich schon erhoben, den Zettel in die Manteltasche gestopft – also, verabschiedet mich die Oma, es würde das Beste sein, ich machte mich gleich früh, noch vor dem Frühstück, auf den Weg, denn man würde mir

Blut abnehmen und eine Urinprobe würde ich auch geben müssen. Bitte vergessen Sie nicht, fügt sie lächelnd hinzu, das Resultat Ihres Syphilistests mitzubringen. Das Resultat meines? Wenn ich ausspreche, was die Oma vielleicht gar nicht gesagt hat, steht es zunächst einmal im Raum, dann lässt es sich nicht mehr zurücknehmen, also frage ich gar nicht erst nach, lege, die Tür zuziehend, den Rückwärtsgang ein und verlasse die Registratur der Poliklinik.

Ich betrete, mich aus Mantel und Pullover schälend, den finsteren Korridor, sogleich stürzt ein Weib auf mich zu, ein Gesicht, als wäre ich in ihren Rosengarten getreten, und mir, aufgeregt mit den Händen wedelnd, bedeutend, um Himmels willen keinen Schritt näher zu treten. Also investiere ich fünf Rubel in das Seelenheil dieses Weibes und werfe eine Münze in den Automaten. Der spuckt ein silbriges Ei aus, dem ich zwei blaue Plastiktütchen entnehme, die ich mir über die Schuhe stülpe. Hervorragend, denke ich. Ganz große Klasse. Ich trete als Schlumpf vor den Psychiater. Zunächst einmal reihe ich mich aber in eine Schlange ein, die bis zur Treppe und für zwanzig Seiten Ulitzkaja reicht.

Aus dem abgedunkelten Zimmer, das ich betrete, funkeln mir zwei Augenpaare entgegen. Kommen Sie ruhig näher, ruft mir eine Stimme zu. Was haben Sie denn da, werde ich gefragt. Und: Als was arbeiten Sie? Und: Wo kommen Sie her? Was wollen Sie, mischt sich eine zweite Stimme ein, gröber und ohne artifizielles Gehabe, die Stimme einer Kioskverkäuferin auf einem Transitbahnhof. Ich weiß nicht genau, murmele ich. Und tippe auf eines der Vierecke auf meinem Laufzettel. Die eine Frau, als stünde ihr ein verloren gegangenes Kind gegenüber, erklärt der anderen: Ein Ausländer hat sich zu uns verlaufen. Können wir den behandeln? Behandeln, denke ich. Warum denn gleich behandeln?

Schlafen Sie gut, fragt die Kioskverkäuferin. Ich sehe sie irritiert an, verstehe, ohne zu verstehen. Ob ich Russisch spreche? In der Hoffnung auf Unterschrift und Stempel antworte ich kompromissbereit: Ich schlafe gut. Obgleich ich – das müsse Sie wohl zugeben – leibhaftig vor ihr stehe. Zugeben? Müsse sie gar nichts. Ob ich gut schlafe, wolle sie wissen. Ruhigen Gewissens, antworte ich. Da schaut mich die Kioskverkäuferin an, wie zum Angriff bereit. Ich denke: Wenn ich weiter so rede, setzt sie die Unterschrift vielleicht in das falsche Quadrat. Oder zerreißt das Zettelchen vor meinen Augen. Sie schlafwandeln auch nicht? Nein. Sie reden auch nicht im Schlaf? Nicht laut genug, um davon aufzuwachen. Ich beiße mir auf die Zunge. Der Kioskverkäuferin entfährt ein Lachen, grell und schneidend, wie geschaffen dafür, die Welt ins Chaos zu stürzen. Ihre Kollegin im Background gluckst amüsiert. Sie sprechen generell leise, nicht wahr? Ja. Sie sind Lehrer, kein Komiker? Ja, sage ich. Und wiederhole noch einmal, wie um mich zu vergewissern: Ja. Ich habe Strickjacken ausprobiert, mit Aufsätzen auf den Ellenbogen. Manchmal trage ich Cordhosen, wie Mateusz sie trägt. Stehe ich vor der Klasse, sitzt ein eulenhaftes Modell auf meiner Nase, abgerundete Quadrate, mit doppeltem Steg.

Junger Mann? Die Stimme der Kioskverkäuferin klappert ihren Fragenkatalog ab: Woher kommen Sie? Aus Berlin. Sind Sie in behüteten Verhältnissen aufgewachsen? Ich sehe mich nicht, in Flanelljäckchen und Leinenhose, an der Hand einer Vertrauensperson, einen Strand entlanglaufen.

Haben Sie, wiederholt die Ärztin, eine schöne Kindheit gehabt? Ja, ja. Geschwister? Einen Bruder und drei Schwestern. Fleißig. Ja, sage ich. Und weil ich erst im Sprechen begreife, dass meine Eltern dafür verantwortlich sind, füge ich schnell hinzu: Da waren sie wohl fleißig, meine Eltern … Der Wievielte sind Sie? Der Jüngste. Das war bestimmt nicht immer leicht? Hat alles seine Vor- und Nachteile, sage ich. Und die beiden Frauen – Volltreffer! – nicken zustimmend. Wie schätzen Sie Ihr Verhältnis zu Ihrer Mutter ein? Schätzen, denke ich, das gefällt mir. Als gälte es, die Erbsen in einer Schale zu schätzen. Oder die Körner an einem Maiskolben. Gut, schätze ich. Wir haben ein gutes Verhältnis, sage ich. Haben Sie eine Frau?

Obwohl keinerlei Zweifel an der Antwort bestehen kann, überlege ich einen Moment. Die Münder der Frauen, wie von ihren Gesichtern losgelöst, ziehen sich in die Breite. Wenn ich eine Frau hätte, sage ich, dann wäre ich doch nicht hier, sondern daheim bei meiner Frau. Da flüstert der Mund, der fast nur aus Lippenstift besteht, dem Mund, der ganz ohne Lippenstift auskommt, zu: Wohl auf Brautschau. An schönen Frauen kann er sich bei uns sattsehen. Der aufgemalte Mund gibt zurück: An blöden Kühen kann er sich bei uns auch sattsehen. Können Sie die hiesigen Frauen empfehlen, frage ich. Da schrumpelt, vergleichbar einer Raupe, der magentafarbene Mund der Kioskverkäuferin zu einem Oval zusammen: Ich empfehle gar nichts. Das beruhigt mich, denke ich. Und beschwöre das aufmüpfige Männlein in mir, dem die Regulierung der Sprachorgane zugefallen ist, nicht gegen mich zu agieren: Bloß nicht das Gespräch auf die Geschlechter lenken. Trinken Sie Alkohol? Bitte? Ob Sie Alkohol trinken? Ich sage:

Feiertags ein Gläschen, mit Freunden. Sie rauchen auch nicht? Nein, sage ich. Bei uns in Russland, setzt der aufgemalte Mund an, ist es unter den jungen Leuten sehr verbreitet, zu rauchen. Schrecklich, behaupte ich. Und gebe mich empört. Noch einmal öffnen sich die beiden Münder, wünschen, nun mit der Stimme einer Großmutter, die ihren Enkel auf eine weite Reise schickt: Alles Gute.

Ich sitze gerade in der Straßenbahn, blättere in meinem Buch wie in einem Modekatalog, hänge, während sich der Zusammenhang allmählich löst, einzelnen Sätzen nach. Da verwandelt sich, gleitend quasi, der Regen in Schnee. Das darf nicht sein, entfährt es mir. Und die Babuschka mir gegenüber schreckt aus ihrem Sekundenschlaf hoch. Na prima: die Aussicht auf sieben Ärzte, einen nüchternen Magen, eine Frau – wollen wir hoffen, dass sie behutsam vorgeht –, die mir ein Stäbchen in die Harnröhre schiebt. Und – mein linker Zeigefinger pult im Loch der Manteltasche – Schnee. Was hast du erwartet? Kommst hierher und beschwerst dich, dass der Winter keine Rücksicht auf seinen allzu empfindlichen Gast nimmt.

Ich steige aus der Tram und denke: Sie spricht wieder zu mir, diese ekelhaft besserwisserische Stimme aus meinem tiefsten Inneren, die sich anhört, als wolle sie nichts mit mir zu tun haben. Eine Frau mit einem Kinderwagen kommt mir entgegen, das marmorne Gesicht starr geradeaus gerichtet. Ein winziges, in eine Decke eingewickeltes Kind blickt auf die Straße. Und greift nach den Flocken, die aus dem Himmel rieseln. Und wundert sich, dass sie sich nicht fangen lassen.

Als ich am nächsten Morgen, später als geplant, die Poliklinik betrete, schwirren auf den Korridoren – erinnernd an eine Vogelschar, die einem Stück Brot hinterherjagt – überall junge Menschen umher. Die gackern und schnattern. Und wedeln, am liebsten vor fremden Gesichtern, aufgeregt mit ihren Zetteln, vergleichen die Namen in den Quadraten mit jenen auf den Türrahmen, notieren sich Sprechzeiten und Zimmernummern.

Die freundliche Oma von gestern schickt mich zur Blutabnahme, wo eine andere freundliche Oma mir Blut abnimmt und mich zu einer dritten freundlichen Oma schickt, die mir einen Becher in die Hand drückt und sich nichts sehnlicher zu wünschen scheint als meinen frisch gezapften Urin.

Die erste Dame auf meinem Papier blickt mir, als ich die Tür einen Spaltbreit öffne, misstrauisch entgegen. Als sie meine Unterlagen sichtet, hellen sich ihre Züge auf. Italiener, mutmaßt sie. Franzose? Deutscher. Sie macht ein verdutztes Gesicht. Normalerweise irre sie sich nicht.

Setzen Sie sich, fordert sie mich auf. Sie flüstert – erst bei geöffneter, dann geschlossener Tür – etwas, von dem ich ihr sagen soll, wie gut ich es verstehe. Sie flüstert, piepst, fiept wie ein Welpe. Sie wirft mir Laute zu, die es in ihrer Sprache gar nicht gibt. Und ich wiederhole. Offensichtlich, ruft sie, könne ich das Trippeln einer Maus auf einem Perserteppich von dem windgleichen Flügelschlag eines Kolibris unterscheiden. Gute Voraussetzungen jedenfalls, um die ungeduldigen Zwischenrufer im Klassenzimmer auszumachen, unermüdliche Flüsterer.

Die zweite Dame auf meinem Papier leuchtet mir mit einer Taschenlampe in die Augen. Ob ich Kontaktlinsen trage? Die dritte Dame lässt mich tanzen: Schließen Sie die Augen. Führen Sie den rechten Zeigefinger an die Nase. Führen Sie den linken Zeigefinger ans Knie. Und jetzt gehen Sie in die Hocke.

Ich folge bereitwillig ihren Aufforderungen, meine Glieder gehorchen ihrem Diktat. Als sie mit ihrem Hämmerchen gegen mein Knie schlägt, springt mein Bein nach oben.

Für EKG und Fluoroskopie bin ich zu spät dran. Eine Dame wie die anderen, ältlich, doch gut zu Fuß, die ihren weißen, schmucklosen Kittel wie eine Abendgarderobe trägt, zieht mir, als ich mich nach ihrer Sprechstunde erkundigen will, entnervt die Tür vor der Nase zu: Kommen Sie morgen wieder.

Auch der Chirurg und der Narkologe haben die Poliklinik schon verlassen. Vielleicht, denke ich, hätte ich es wagen sollen, meinen Lehrerausweis zückend, die Studenten freundlich beiseitezuschieben. Bestimmt sitzen Chirurg und Narkologe im Tinkoff und trinken das Bier, das ich trinken würde, hätte ich nicht morgen eine Untersuchung bei einem Drogenspezialisten. Bloß keinen Absturz riskieren! Ich werde mich in meine Decke verkriechen und in einem der Bücher lesen, die ich von Binotschka ausgeliehen habe, irgendwas, von dem ich meinen Studenten erzählen würde, ein Wissen, das ich teilen werde, bevor ich es wieder vergesse.

Abends dann lungere ich auf meinem Bett. Die Decke ist umgeschlagen, die Bücher liegen verstreut wie Stolpersteine auf dem Fußboden. Die Heilige Mutter Gottes, das Jesuskind wiegend, teilt sich mit dem Drachentöter ein Shiguli.

Der Laptop ist eingeschaltet. Ein Schönling, weil er seiner Arbeit nicht nachgekommen ist, kriegt es von seinem Chef, der, wie sich herausstellt, unglaublich muskulös und zudem über und über tätowiert ist, ordentlich besorgt. Da ploppt ein kleines Fenster auf. Ob ich die Freundschaft zu Mischa bestätige?

Ich bestätige die Freundschaft zu Mischa. Und unterbreche die Vorstellung, welche der Chef und sein Praktikant geben. Und klicke mich, während mein neuer Freund bereits schreibt, durch seine Bildergalerie. Winzig sehen die jungen Menschen neben ihm aus. Um zwei Köpfe überragt er das blonde Mädchen, auf dessen rosigen Wangen eine amerikanische Fahne weht. Seine mächtigen Arme umfassen die junge Frau, die sich in seiner Umarmung wie ein Kätzchen ausnimmt. Dass sich die beiden mögen, ist unverkennbar. Der junge Mann auf dem nächsten Foto schwärmt für Brasilien: Eine gelbe Raute, darin der blaue, kugelrunde Himmelskörper, leuchtet auf seiner grasgrünen Wange. Obwohl er vom Teint her glatt als Brasilianer durchgehen würde, verraten ihn seine stahlweißen Augen. Mischa selbst – wie sollte es anders sein? – trägt Schwarz-Rot-Gelb. Er schreibt, dass ihm der Film sehr gut gefallen habe. Und fragt, wann ich den nächsten zeigen würde. Und schreibt, dass es in Ordnung sei, anders zu sein. Und dass es auf den Menschen ankäme. Und fragt, ob ich nicht Lust auf einen Spaziergang am Sonntag hätte.

Ein Gerät, das sich anhört wie eine die Tafel entlangkratzende Lehrerhand, zeichnet die Frequenz meines Herzens auf. Die Ärztin, auch sie eine alternde Dame, ruft mir belustigt zu: Da hat es aber jemand eilig.

Ich zähle die Haare auf ihrem Kinn. Die spröden, aufgesprungenen Lippen, das aufgekratzte Muttermal über der rechten Augenbraue, die roten Äderchen entlang der Nasenflügel, all das widerspricht ihrem Bemühen, etwas herzumachen: Ihr Haar, streng nach hinten frisiert, wirkt wie in Beton gegossen. Ihr Kittel wirft keine Falten. Ich zeichne die geraden Linien nach, versuche mich – während sie davon erzählt, dass sie früher einmal, in einer längst vergangenen Zeit, Bilder von Lenin und Stalin dekorierten die Klassenzimmer, Deutsch gelernt habe – ganz auf diese Linien zu konzentrieren. Ich versuche, an nichts zu denken, irgendwie hier raus zu kommen, weg von mir, weg von hier. Und falle doch wieder auf mich zurück: Ich sitze mit freiem Oberkörper auf einer Pritsche. Und atme, wie ich sonst nie atme, hole tief Luft und atme aus, als versuchte ich, meine Seele auszupusten. Das sieht bestimmt bescheuert aus. Meinen Körper habe ich immer als defizitär empfunden. Mit fünfzehn habe ich mich körperlos gefühlt. Ein Strich in der Landschaft. Ständig wurde ich angerempelt, übersehen, zur Seite geschoben. Später dann habe ich immer versucht, diesen Körper zurückzunehmen. Mein Ministerpräsident, als ich ihm das erzählt habe, hat energisch den Kopf geschüttelt und mich in den Arm genommen, als müsste er mich trösten.

Dann betrete ich eine Kabine, ähnlich den Sicherheitskontrollen an einem Flughafen. Die Oma, die mir gestern entnervt die Tür vor der Nase zugeschlagen hat, bittet mich freundlich, die Luft anzuhalten. Ich stehe immer noch – oder schon wieder? – mit freiem Oberkörper vor einer Frau, die ich mir eher in bunter Schürze als im Kittel vorstellen möchte, statt Stethoskop ein Blech duftender Kekse in der

Hand. Ich strecke auf ihren Befehl die Arme aus, fast so, als wollte ich abheben.

Die freundliche Oma von der Registratur hatte mir erklärt, man würde meine Lungen untersuchen. Warum werde ich den Verdacht nicht los, vor einen Scanner zu treten? Sobald ich die Tür hinter mir zugezogen habe, fertigt die Oma eine Blaupause an, schaut in meine Gefäße hinein oder loggt sich, mit Instrumenten, die sich in ihren Schreibtischschubladen befinden, in meine Gedanken ein. Ich werde nicht an den jungen Mann denken dürfen, der mir heute in der Straßenbahn gegenübersaß, daran, was ich mit ihm vorhabe, wenn ich ihm nachts, allein und in der tristen Verlassenheit eines dunklen, heruntergekommenen Hinterhofs zufällig begegne.

Herr Kurbangaliew steht am Fenster, mit dem Rücken zu seinem Patienten, der eher Besucher denn Patient ist, Tourist in der hochschuleigenen Poliklinik.

Im ratternden Stakkato einer türkischen Sprache schimpft Herr Kurbangaliew auf sein unsichtbares Gegenüber ein. Das Handy klemmt zwischen Kopf und Schulter, während die Hände nervös einen Prospekt durchblättern. Seine Sekretärin bittet mich stumm, Platz zu nehmen. Mit ihrer akkuraten, sowjetisch geschulten Handschrift schreibt sie meinen Namen nebst Datum in ein kleines, offenbar tadellos geführtes Heftchen ein. Herr Kurbangaliew, als ihm einfällt, dass er approbierter Arzt ist, unterbricht sein Gespräch und fordert mich auf, mich aufzurichten und eine Drehung zu vollführen. Sein Gespräch wieder aufnehmend, nickt er mir wohlwollend zu und setzt seine Unterschrift in das dafür vorgesehene Kästchen auf meinem Papier. Kein Wort zu meiner Nase, deren kleiner Höcker sich doch bestimmt, auf die eine oder andere Weise, glattschleifen ließe. Kein Wort zu meiner Oberlippe, die in hektischem Zickzack verläuft. Enttäuscht verlasse ich das Zimmer des Chirurgen. Und klopfe, fast schon ungeduldig, an die Tür des Mannes, von dem ich erwarte zu hören, dass ich viel zu viel trinke und, ergo, ein schlechtes Beispiel für die Gesellschaft darstelle. Ein bärtiger Mann mit abwesendem Blick bittet mich wortlos herein, weist mir, ohne mich zu begrüßen, einen Platz zu und nimmt mir meine Unterlagen aus der Hand. Er drückt einen Stempel auf das Formular und kritzelt, das vorgesehene Kästchen knapp verfehlend, seine Unterschrift. Schließlich nickt er mir zu, dass ich mich nun getrost wieder entfernen könne.

Toll, lobt mich die freundliche Oma, als ich ihr meinen Zettel, in jedem Kästchen eine Unterschrift, stolz präsentiere. Dann müssen Sie jetzt nur noch Ihren Syphilistest bestehen. Und, fügt sie etwas leiser hinzu, dem Dermatovenerologen eine Probe Ihres Stuhls übergeben. Wem, frage ich. Und die freundliche Oma, jede Silbe einzeln betonend, wiederholt: Dem Der-ma-to-ve-ne-ro-lo-gen. Ich kann mir nur bedingt erklären, um welch einen Arzt es sich dabei handeln könnte, doch läuft mir ein Schauer über den Rücken: eine Bezeichnung, die nicht nach Untersuchung, sondern nach Diagnose klingt. Ich verstehe nicht, sage ich. Und gebe mein Kleine-Jungs-Lächeln zum Besten. Die freundliche Oma schreibt mir die Adresse auf einen Zettel, notiert mir die Linien von Straßenbahnen und Marschrutki, die in die Syromalotowa fahren. Ich verstehe nicht, beschwöre ich sie. Dabei übertreibe ich mit dem Akzent. Und verfehle, wo es nur geht, die Betonung. Ob das denn wirklich notwendig sei? Ich wolle doch schließlich nicht die Staatsbürgerschaft beantragen. Also gut, lenkt die freundliche Oma ein, kommen Sie am Montag zu mir, zwischen zwölf und eins, die Frau Doktor wird vor Ort sein, ich werde ihr, quasi unter dem Tisch, Ihre Probe geben. Dann können Sie sich ihren Zettel von der Cheftherapeutin absegnen lassen. Die freundliche Oma schenkt mir einen Blick, der bedeutet: Wie sollte dieser arme Junge – unfähig, einen einzigen Satz geradeheraus zu sprechen! – denn in die Syromatowa finden, ohne an die Hand genommen zu werden. Ich stammele, den Rückwärtsgang einlegend, ein invalides Spa-si-bo.

Anstatt mich in die Straßenbahn zu setzen, steige ich in eine Marschrutka, die praktisch vor meinen Füßen hält, als ich gerade Richtung Leninallee laufe. Dem Fahrer lege ich achtzehn Rubel auf sein Kissen, dann drängele ich mich neben ein matronenhaftes Weib in die vorletzte Reihe. Die Marschrutka, anstatt geradeaus weiterzufahren, biegt in die Gagarinstraße ab. Und ich, anstatt aufzustehen, bleibe sitzen, schaue durch die schlammverkrusteten Fensterscheiben hindurch auf die Straße: Frauen mit randvollen Plastiktüten treten aus Geschäften, die Magnet, Münze oder Stern heißen, auf die Straße und bewegen sich fort, als sei jeder Schritt vorgezeichnet. Ein Junge hält seiner Freundin, die sich in einem Schaufenster Brautmode anschaut, den Schirm, derweil prasselt der Regen auf seine Schulter. Ein Hund sitzt, unbeeindruckt vom Unwetter, mitten auf dem Bürgersteig und leckt katzengleich seine Pfote. Ich denke: Wenn ich jetzt aussteige, um ihn zu streicheln, verwandelt er sich in ein Vögelchen.

Wir passieren die Akademie. Panzer, gleich riesigen, deformierten Laubfröschen, parken im Hof, breitschultrige Generale, auf marmorne Säulen gestellt, salutieren, die Arme erhoben und mit Gesichtern, als dürfe das Leben keinen Spaß machen.

Dann kommt lange nichts als Straße, Häuser, Haltestellen, an denen niemand wartet. Die Wohnhäuser altern mit jedem Kilometer. Zerbrochene Fensterscheiben sind mit Küchentüchern abgedeckt, die Farbe der Fassaden ist längst ausgewaschen. Über der Tür eines Hauses mit heruntergezogenen Jalousien, dem die oberen Etagen fehlen, windet sich eine Schlange um eine Waagschale: eine Apotheke im Ruhestand.

Die Marschrutka hält und ich folge dem letzten Fahrgast, setze einen Fuß in den aufgeweichten Boden und laufe hinüber zu einem Imbiss. Ein paar Gestalten in Jogginghosen scharen sich unter einem Vordach um ein Tischchen, nippen, die Köpfe eingezogen wie geprügelte Hunde, artig an ihrem Büchsenbier. Der Verkäufer scheint sich, als ich eine Pirogge bestelle, zu wundern, dass ich etwas essen möchte. Ist nicht, sagt er. Ich frage ihn, wo es hier zum Bahnhof gehe. Da gibt er zurück: Welcher Bahnhof? Und schaut mich mit seinen roten, trüben Augen an, als hätte er etwas vergessen, an das er sich dringend erinnern müsse.

Wo bist du gewesen, fragt Mitja. Und: Warum gehst du, verdammt noch mal, nicht ran? Hast du dir, lache ich, etwa Sorgen um mich gemacht? Ich stelle die Einkaufstüte auf den Tisch und fange an, auszupacken. Hast du schon was gegessen, frage ich. Und Mitja knurrt: Keinen Hunger.

Ich schneide die Zucchini in Streifen. Mitja rührt in seinem Tee. Du hast jemanden kennengelernt, fängt er an. Ich lerne ständig jemanden kennen, behaupte ich. Das ist so, wenn man niemanden kennt und jede Begegnung ein Kennenlernen darstellt. Und für wen sind die, fragt Mitja mit künstlich verzerrter Stimme und deutet dabei auf die Pralinenschachtel, die ich auf das Fensterbrett gelegt habe. Die Pralinen? Für eine freundliche Oma, sage ich. Als Dankeschön. Wofür? Dafür, dass mir der Test erlassen wird. Das kann nicht sein, protestiert Mitja. Da musst du etwas missverstanden haben. Und vollführt, um mir das Essen zu verderben, eine Bewegung, die nichts Gutes erhoffen lässt: Wenn es nach ihm ginge, würde mir die Cheftherapeutin morgen mit ihrem Zeigefinger den Penis abschneiden.

Die werden, sagt Mitja, ein Gesetz verabschieden, das Homosexualität wieder unter Strafe stellt. Das geht nicht, sage ich. Und gieße uns nach. Das lassen die in Europa nicht zu. Wir liegen auf dem Bett und hören meine Musik. Der Rausch, ganz allmählich, breitet sich aus. Kopf und Glieder werden schwer und gleichzeitig leicht. Ich weiß nicht, warum Mitja gerade jetzt damit ankommt. Die werden, sagt er, ein Gesetz erlassen, das es verbietet, über Homosexualität zu sprechen. Wer denn, hake ich nach. Milonow und Mizulina. Und Putin wird seine Unterschrift daruntersetzen. Unsinn, behaupte ich. Und streiche, wie um ein Kind zu beruhigen, über sein Haar. Da verliert der Ministerpräsident die Beherrschung: Du hast doch keine Ahnung.

Mitja springt vom Bett auf und tritt, die Gardine einen Spaltbreit beiseiteschiebend, ans Fenster. Dann zieht er sich die Hose runter. Ich trete, mich auf diese Provokation einlassend, von hinten an ihn heran. Und Mitja fummelt, den Blick auf den Hof gerichtet, an meinem Reißverschluss herum. Was machst du, flüstere ich. Und schiebe ihn rein. Ich umfasse seine Hüfte und ficke hart und mechanisch zu. Mitja stöhnt auf, winselt, beschwört mich, nicht nachzulassen, ihn schön ranzunehmen. Ja, genau so. Er seufzt weibisch. Fängt an, zu schluchzen. Ich sage: Sei ruhig. Ich küsse ihn nicht auf den Nacken, streichle ihm nicht über die Wange. Ich drücke seinen Kopf gegen die kalte Fensterscheibe. Ich nehme den Ministerpräsidenten von hinten: Ich ficke Dmitri Anatoljewitsch Medwedew.

Es ist Montag, aber in diesem Zimmer scheint es keine Zeit zu geben. Es ist nicht zwölf. Und auch nicht halb eins. Die Cheftherapeutin, die mir gegenübersitzt, begutachtet in unendlicher Ruhe und Sorgfalt meine gesammelten Dokumente, die Resultate meiner zahlreichen Untersuchungen, Unterschriften und Stempel, Quittungen, fein säuberlich abgeheftet, Erythrozyten und Leukozyten, die Streichfähigkeit meines Stuhlgangs, Blaupausen meiner Organe, alles, denke ich, dessen es bedarf, um einen Menschen zu klonen, der sich in den unwirtlichen, rätselhaft verzweigten Korridoren seiner Universität verlaufen hat.

Diese Person, denke ich, entscheidet über Seelenfrieden und Nervenzusammenbrüche. Wo denn der Narkologe sein Kreuzchen gesetzt habe, fragt die Cheftherapeutin. Und ich zeige, die eine Hand mit der anderen stützend, auf das entsprechende Kästchen. Und das EKG? Hintan, sage ich. Die Cheftherapeutin lässt ihren Federhalter schon über den langgezogenen Strich am Seitenende kreisen, um schließlich doch innezuhalten und sich nach der Unterschrift des Dermatovenerologen zu erkundigen. Warum das Syphilishäkchen fehle? Das sei, stammele ich, mit der Dame an der Registratur so abgesprochen. Da würgt sie mich, zum Hörer greifend, schroff ab: Das kann gar nicht sein. Lidija Michailowna, was haben Sie dem jungen Mann erzählt?! Völliger Unsinn! Wie kommen Sie darauf, so etwas zu behaupten? Die Cheftherapeutin lässt den Hörer auf die Telefongabel krachen. Dann schaut sie mich, die bonbonfarbenen Lider hebend, angriffslustig an. Doch kaum setze ich zu meiner Verteidigung an, entspannen sich ihre Züge: Nicht-Russe? Nicht-Russe, sage ich. Und die Cheftherapeutin vergisst, dass sie sich gerade in einen Drachen verwandelt hat, und erzählt stattdessen von einer Reise ins wunderschöne Heidelberg.

Entgegen meiner Gewohnheit habe ich heute eine Tram früher genommen. Der Automat ruckelt und gurrt wie ein paartanzender Täuberich, dann füllt sich der Becher mit einer braunen Flüssigkeit, die eher nach Zuckerwasser als nach Kaffee schmeckt, eine Brühe, die nicht wachmacht, weil sie Koffein enthält, sondern weil sie einen mittelschweren Brechreiz verursacht.

Im leeren Klassenraum sortiere ich meine Unterlagen und notiere auf einem Kärtchen die Übungen, die ich zusammengestellt habe. Ich weiß: Sobald ich angefangen habe zu sprechen, werde ich mich an keine Reihenfolge mehr erinnern können. Und ohne Struktur verfalle ich in diesen Plauderton, der Lehrenden eigen ist, denen es nicht um die Lehre geht. Und wer weiß, was für Geschichten ich dann von mir gebe oder – besser noch! – erfinde. Ich reiße Mauern ein, übertrete Grenzen. Ich stelle Fragen, die einen Lehrer nichts angehen dürfen. Am Dienstag habe ich, nachdem wir – wie konnte das passieren? – drei Übungen übersprungen haben, verwundert festgestellt, dass die Zeit im Klassenzimmer rückwärts läuft. Ich habe dann Verwandtschaftsbeziehungen an die Tafel geschrieben. Die feine Dame aus der zweiten Reihe hat von einem Mann erzählt, irgendetwas zwischen Freund und Verlobter, der hoch in ihrer Gunst stehe. Der sie zum Essen ausführe und sie mit Blumen überhäufe. Am liebsten, sagt sie, habe sie Mohnblumen. Sie liebe diese reizenden Wesen, die ihre schweren, in rotes Pergament eingewickelten Köpfe in jenem Moment zu neigen beginnen, da man ihnen die Hälse durchschneidet. Ihre kleine Freundin, den Zopf kokett zurückgeworfen, hat eifrig genickt. Arkadi hat von seinem Großvater erzählt, der zwanzig Jahre lang auf einer Kolchose gearbeitet hat, unweit der Wolgamündung, östlich von Astrachan, und erst Held gewesen war und dann Rentner. Held, weil er einem jungen Mädchen zu Hilfe geeilt war, das von zwei Landstreichern in die Gerstenfelder gedrängt worden war, dabei war er, den Männern auf den Fersen, in einen Mähdrescher geraten; und Rentner, weil der Status als Held sich schnell abnutzt, die Gelenke aber nicht wieder zusammenwachsen. Anjuta hat von einem Geliebten erzählen müssen. Der sei, weil ihre Eltern nichts wissen durften, einmal durchs Fenster eingestiegen, spiele Gitarre und trage lange Haare.

Heute, denke ich, soll mir das nicht passieren. Wir üben den Imperativ. Und hören einen Text von der CD, auf der ein widerlich enthusiastischer Student davon berichtet, wie schön das Leben eines Studenten doch sei und welch mannigfaltige Möglichkeiten sich einem Germanisten auftäten. Wie oft, denke ich, kann man seinen Kopf verlieren? Und: Kann man sich, wenn man den eigenen nicht wiederfindet, einfach einen anderen aufsetzen?

Shanna Nikolajewna ruft, als Walentina Stepanowna, ein Nicken andeutend, in einem apricotfarbenen Kostüm an uns vorüberschwebt: Guten Tag, Walentina Stepanowna! Den Namen spricht sie, als gehörte er zur Begrüßungsformel auf diesem Lehrstuhl. Mir fällt das auf, weil aus dem Schatten der Lehrstuhlleiterin auch Wera Eduardowna, Sergej und Shenja schlüpfen.

Ob ich mich denn inzwischen ein wenig eingelebt habe, fragt mich Wera Eduardowna, einen Stapel Lehrbücher balancierend. Ja, behaupte ich, um das Gespräch etwas abzukürzen. Und erkundige mich nach ihrem Befinden. Normal, antwortet meine Kollegin. Was soll sein? Auf die Frage von Shanna Nikolajewna, was ich denn mittlerweile von der Stadt gesehen habe, hole ich unbeherrscht aus: Im Ärztestädtchen bin ich gewesen, zu einem Besuch im HIV-Testzentrum für ausländische Bürger. Ein Zirkuszelt, eingewickelt in Fischgräten, habe ich vom Kopf der Rosa-Luxemburg-Straße aus erspäht. Da bin ich beim Psychiater gewesen. In der Straße der Komsomolzen bin ich in der Poliklinik gewesen – die kenne ich in- und auswendig – und nach Feierabend werde ich mich in der Syromalotova auf Syphilis testen lassen.

Am Wochenende werde ich mit Mitja ins Theater gehen. Dann werde ich jedem, der es wissen will, erzählen können, wie wohl ich mich doch in Jekaterinburg fühle. Am besten, werde ich behaupten können, gefalle mir das Theater.

Warum nur, jammere ich. Warum muss ich das alles über mich ergehen lassen? Mitja, dem seine Schadenfreude noch immer nicht über ist, ermahnt mich, es endlich wie ein Mann zu nehmen. Kleine Memme, sagt er, lauter als nötig, in der Hoffnung, in der gerammelt vollen Straßenbahn ein Publikum zu finden. Du hast, lacht er, die falsche Oma bestochen. Eine ältere Dame dreht sich, nach den Störenfrieden Ausschau haltend, in unsere Richtung. Wir fahren, vom Fuße der Leninallee kommend, über jene Brücke, lang wie breit, die den Innenstadtbezirk nach Osten hin abschließt. Dort stehen Hochhäuser, die zu nichts anderem einladen, als sich aus einem der oberen Stockwerke zu stürzen.

Bitte die Hose runter, fordert, beinahe etwas desinteressiert, die Ärztin, als bäte sie mich, ihr einen Bleistift zu reichen. Und auch die Hose. Die Ärztin, so kommt es mir zumindest vor, habe ich schon einmal irgendwo gesehen. Vielleicht hat sie eine Schwester, die Blut- und Urinproben etikettiert.

Während die Ärztin ein Stäbchen einführt, werde ich – von ihr oder, von weiter hinten, ihrer unangenehm jungen Kollegin? – gefragt, wie lange ich denn in Jekaterinburg bleiben werde. Obwohl es so leicht wäre, ihre Frage zu beantworten, stehe ich mit offenem Mund da. Mir drängt sich, während die Ärztin in mir herumstochert, der Gedanke auf: Das fragt sie nur, um dich abzulenken. Lieber, als auf ihre Frage einzugehen, würde ich sie vergewissern wollen, dass es keiner Ablenkung bedarf: Bemühen Sie sich nicht, möchte ich sagen. Ich empfinde keinerlei Schamgefühl. Unbeteiligt schaue ich auf das Poster an der Wand. Während ich, die Hosen herun-tergezogen, vor der Ärztin stehe, setze ich meine Schritte in den blütenweißen Sandstrand von Honolulu.

Die ältliche Frau an der Rezeption erkundigt sich, als ich ihr meinen Zettel reiche, nach meiner Herkunft. Ich denke: Nicht noch so ein Verhör.

Sind Sie verrückt geworden, raunt sie mir zu. Oder was hat Sie dazu veranlasst, Deutschland zu verlassen und hierherzu-kommen? Ich lebe gerne hier, sage ich. Und kann mir kein interessanteres Land als Russland vorstellen. Die Frau, so sehr in sich zusammengefallen, dass sie zu verschwinden droht, drückt unbeeindruckt einen Stempel auf mein Papier, lässt meinen Zettel, zwischen ihre arthritischen Finger geschoben, in der Luft Wellen beschreiben. Dann sagt sie trocken: Zwei-tausendsechshundertzwanzig Rubel macht das bitte.

Was eine Syphilis ist, das kann ich gar nicht genau sagen. Ich weiß bloß, obwohl mir der Klang des Wortes wohlig im Ohr liegt, dass ich keine Syphilis haben will. Ich stelle mir eine Katze vor, die sich, kaum dass du dich hinsetzt, auf deinem Schoß niederlässt. Mitja lacht. In weitem Bogen spuckt er das Bier aus, von dem er soeben genippt hat. Friedrich fragt süffisant, ob man mir, nach all den Untersuchungen, denn überhaupt einen Tropfen Blut übrig gelassen habe. Was dir an Flüssigkeit abge-zapft wurde, feixt Goscha, muss dir umgehend wieder zuge-führt werden. Wir prosten dem rotwangigen Sowjetbürger zu, der, das Schnapsglas erhoben, uns freundlich anlächelt.

Gegen Mitternacht bitte ich meine Gäste ins Schlafzim-mer. An den Türen des Kleiderschrankes hängt, zusammen mit meinem frisch ausgestellten polizeilichen Führungszeugnis, mein siebenseitiger Arbeitsvertrag, zusätzlich die vielen krakeligen Unterschriften und Stempel. In Gesellschaft von Marlene Dietrich und Charlie Chaplin hängt im Zentrum, vergleichbar einer mit ausladenden Schnörkeln verzierten Urkunde, das blaue Zertifikat. Die Gäste meiner Arbeitsvertragsabschlussparty brechen in einen frenetischen Jubel aus, der erst unter heftigem Gestikulieren zögerlich abschwillt. Mitja gibt, als hätte er im Behandlungszimmer Händchen gehalten, eine meiner Geschichten zum Besten. Goscha findet heraus, dass sich Bier und Wodka hervorragend vertragen. Schurik trägt große, wässrige Augen. Friedrich prostet mir anerkennend zu. Mateusz nickt wissend. Und ich, unendlich erleichtert, lasse mich endlich fallen.

Wo bleibst du denn, raunt Mitja mir zu. Ich stehe, frisiert, obgleich in Jogginghose und T-Shirt, an der Wohnungstür und wundere mich über Mitjas frühzeitiges Erscheinen. Warum, frage ich, bist du nicht gleich geblieben? Du hast, behauptet Mitja, mich rausgeschmissen. Weißt du nicht mehr? Ich zucke mit den Schultern: Wenn ich getrunken habe, bin ich zu allem fähig. Das kannst du mir unmöglich zum Vorwurf machen.

Bist du gerade erst aufgestanden? Ich bin, spreche ich Mitja nach, gerade erst aufgestanden. Der Schlaf hat mir die Erinnerung an die letzten Tage genommen. Ich fühle mich wie neu geboren. Ich könnte mit einem Grizzly ringen oder Bäume ausreißen, aber zuerst einmal mache ich dir einen Tee. Mitja schält sich aus einer schwarzen Jacke, die ich noch nie an ihm gesehen habe: elegant, mit modischen Aufsätzen versehen, dabei viel zu leicht für die Jahreszeit. Darunter trägt er einen marinefarbenen Anzug, ein weißes Dreieck schimmert unter dem Jackett hervor. Fehlt nur noch die Krawatte. Ich gehe, erklärt Mitja auf meinen fragenden Blick hin, so selten ins Theater. Das ist ein besonderer Tag für mich. Er setzt sich auf den rahmenlosen, weißen Stuhl in der Küche und brabbelt, während ich das kochende Wasser in eine Harry-Potter-Tasse gieße, unbekümmert vor sich hin. Ich breite mein olivgrünes Hemd auf dem Küchentisch aus und beginne zu bügeln. Als ich, noch immer in Jogginghose, den vorletzten Knopf meines Hemdes geschlossen habe, betrachte ich mich im Dielen-spiegel. Ob ich so gehen könne?

Mitja tritt an mich heran und streicht mir über die Schul-ter, wie um zu prüfen, dass ich keine Falte übersehen habe. Dann fragt er: Wo ist Friedrich? Ich sage: Keine Ahnung. Hab ihn heute noch nicht gesehen. Vielleicht beim Eishockey? Oder einkaufen? Da geht Mitja, ohne Vorwarnung, vor mir auf die Knie und zieht mir die Hose runter.

Natürlich betreten wir als beinahe die Letzten das Theater. In einem kleinen Vorraum, der sich wie eine Mischung aus einem Museum und dem Wohnzimmer einer Dragqueen ausnimmt, sitzen auf wackligen Stühlen Wartende, andere bewegen sich, Bilder und Exponate betrachtend, hin und her oder drängeln sich zu einem Samowar vor, aus dessen kupfernem Hahn kochendes Wasser dampft. In einem Schälchen, umzingelt von den Porträts der Schauspieler, liegen Dörrkringel und Kekse. Dieser Raum, flüstert eine Frau ihrer Begleitung zu, doku-mentiert sein Lebenswerk. Wessen, frage ich. Mitja, abtau-chend in ein fremdes Leben, antwortet nicht. Entlang der

Wände, an der Decke, auf Kommoden und Tischen ausgebreitet, im Türrahmen hängen, stehen, schweben Stofftiere und Puppen, Kopfbedeckungen in den farbenfrohen Mustern südlicher Republiken, ein riesiger Globus, Waagschale und Kofferradio, Pistolen und Masken, asiatische Gottheiten sowie afrikanische Buschmänner, ein rotgefärbter Knoblauchzopf, Pfauenfedern lugen aus einem Basttäschchen, ein altes Ehepaar lächelt unmerklich, Mona Lisa und Lenin in goldenem Bilderrahmen. Kitsch und Folklore, Religion, Nostalgie und Satire. Ein Paradies für meine daheimgebliebenen Tuntenfreunde.

Die Tür, als sei sie ein Teil der Inszenierung, öffnet sich geräuschvoll, schiebt sich, ganz langsam, ächzend auf. Und die Theaterbesucher, die eben noch zivilisiert die eigenwilligen Utensilien betrachtet haben, stürmen in den abgedunkelten Saal, der eine kleine Bühne und ein paar Sitzbänke beherbergt, kaum Platz für fünfzig Personen.

Das Stück spielt in einer Gefängniszelle: Zwei Pritschen stellen die Leere des Raumes aus. Das Bettgestell mit seinen ausrangierten Matratzen gleicht dem Skelett eines halbverwesten Tieres. Ein hölzerner Hocker sitzt, ähnlich einem Hündchen, neben einem seiner knochigen Beine. Darauf liegen eine Dose gezuckerte Kondensmilch, ein schwarzer Edding, Tabak, ein Maßband.

Ein Intellektueller hält einen Monolog. Ich denke: Höre ich einem Genie oder einem Wahnsinnigen zu? Da reckt und streckt sich ein zweiter Häftling auf seiner Pritsche und schreit, sich gequält aufrichtend, den Intellektuellen nieder. Auch er hält einen Monolog, trägt diesen aber in einer Lautstärke vor, die Unbehagen bereitet. Er ist jünger als sein Vorredner, keine dreißig. Und kahlrasiert. Sein Körper ist reichlich mit Piercings und Tattoos verziert, mit Narben, Schnittwunden jüngeren und älteren Datums. Was er schreit, verstehe ich nicht. Er verwendet ganz schlechte Wörter, flüstert mir Mitja zu. Da betritt, im Klammergriff zweier Aufseher – auch er kahl geschoren, bekleidet mit nichts als einer Boxershorts und mager wie ein verwaistes Kätzchen –, ein Jüngling die Bühne. Der Junge spricht nicht, versucht sich den Blicken seiner Zellengenossen zu entziehen, indem er die obere Matratze erklimmt und das jugendliche Gesicht in einem zusammengeknüllten Laken vergräbt.

Der Intellektuelle klettert hinauf, legt sein schäbiges Jackett um den Jüngling. Er redet ihm gut zu, streichelt ihm über den kahlen Schädel. Auf das Zucken des jungen Körpers reagiert er erfreut. Gewaltsam richtet er den jungen Mann auf. Dann drückt er ihm einen Kuss auf. Der Junge, als ihn der Mann wieder freigibt, ringt nach Luft, als hätte man seinen Kopf unter Wasser getaucht. Schließlich findet auch die Glatze Gefallen an dem Spielzeug, spuckt dem Kätzchen, aus einer Laune heraus, ins Gesicht, stellt ihm ein Bein, malt ihm mit dem Edding Kreuze auf seinen schlaksigen Leib, zwingt ihn, die Shorts auszuziehen, stopft sie ihm in den Mund, vergewaltigt ihn. Vorsichtig wende ich mich nach meiner Sitznachbarin um. Ihrem Gesicht kann ich keine Emotion ablesen.

Der Applaus am Ende des Stückes ist verhalten. Die Eintrittskarte ist ganz zerknüllt, als ich mich von meinem Platz erhebe. Ich streiche sie glatt und lasse sie in der Brusttasche verschwinden. Ich war mir, sage ich, gar nicht bewusst, dass man so etwas auf einer russischen Bühne würde zeigen können. Wird man bald auch nicht mehr, gibt Mitja trocken zurück. Die anderen Zuschauer strömen gen Ausgang. Wir bleiben noch eine Weile stehen, in Samowarnähe, teilen uns einen Dörrkringel, den man, um ihn kauen zu können, im Tee aufweichen muss. Und schauen uns eine Menora an: Von jedem ihrer sieben Arme hängt ein Totenkopf. Dessen Augenhöhlen sind bemalt wie Blumenwiesen. Als wir uns gerade anschicken zu gehen, erscheint ein hagerer Mann jenseits der fünfzig im Türrahmen. Er trägt, als komme er gerade von der Bühne oder kehre alsbald dorthin zurück, ein weißes Gewand, das wie Leinen um seine Gelenke schlackert, auf dem Kopf einen Hut, schwarz und viereckig, mit silbernen Ornamenten bestickt, eine Tubetejka. Das ist er, flüstert Mitja mir zu. Das ist Nikolai Wladimirowitsch Koljada.

Binotschka steht, als ich am folgenden Donnerstag den deutschen Lesesaal betrete, an ihrer Theke, hält einen Hörer an ihr Ohr und wiederholt an die hundert Mal: Ja, ja, ja, ja. Mittendrin, ohne ein Wort des Abschieds, legt sie den Hörer auf die Gabel. Und wendet sich mir zu. Die Tram, entschuldige ich mich. Und ihre Lippen deuten ein Lächeln an. Der Mund spricht: Keine Probleme. Es ist alles aufgebaut. Leider werde ich gleich gehen müssen.

Ich zeige, begrüße ich meine Gäste, heute einen Film über eine Familie, die aus der Türkei nach Deutschland gekommen ist. Eine Geschichte, die voller Leid ist, voll von Verzweiflung, aber auch Hoffnung und Trost. Eine Komödie, die nicht als banal abzutun ist, sondern die deutsche Geschichte aus einer Perspektive zeigt, die lange Zeit wenig Beachtung gefunden hat. Ein Generationenporträt, das Empathie für die vielen Migranten weckt, denen Deutschland sein Wirtschaftswunder zu verdanken hat, Menschen, welche die Politik viel zu lange vergessen hat. Witzig, authentisch, anrührend. Absolut sehenswert …

Wo hast du so sprechen gelernt, fragt meine Stalkerin. Wir sitzen, in kleiner Runde, in einer Bar an der Ecke, wo sich Karl Liebknecht und Rosa Luxemburg treffen. Ich habe Russisch studiert, sage ich. Und Sinaida: Nein, nein. Du sprichst, als würdest du auf einem Basar Waren anbieten. Deine Wörter sind groß und klobig. Sie zielen auf den Effekt, nicht auf Inhalt. Als Lehrer, steht Mischa mir bei, musst du es verstehen, deinen Schülern eine Grammatikübung schmackhaft zu machen. Du musst sie davon überzeugen können, dass es nichts Schöneres gibt, als den richtigen Kasus, eine Allianz von Artikel und Nomen, den Schwebezustand eines Konjunktivs.

Sinaida nippt unbeeindruckt an ihrem Orangensaft. Ihre rot lackierten Nägel beschreiten, kaum dass sie das Glas abgestellt hat, eine Welle entlang der Tischkante. Wie lange ich denn nun schon da sei? Doch bestimmt zwei Monate. Warum wir noch nicht zu einer Party eingeladen hätten? Zu welcher Party, frage ich irritiert. Und Sinaida legt ihren Kopf in die Schräge. Dabei gibt ihr Pony den Blick auf einen Leberfleck frei, der ungefähr dort sitzt, wo Inder ein drittes Auge vermuten: Also Christian und Mareike haben berauschende Feste gefeiert. Piroggen wurden angerichtet, aus denen das Hackfleisch quoll. Das Bier schäumte. Gewürzgürkchen wurden gereicht, kleine Pasteten. Nie ist der Wodka versiegt. Und

Zeit hat überhaupt keine Rolle gespielt. Ich schaue in die Runde: Mischa, der sanfte Riese, nickt schüchtern. Der Junge im Karohemd mit dem raspelkurzen Haar und Augen, die flackern wie entzündete Ballone, beißt aufgeregt auf seiner Unterlippe herum. Mitja blickt, als würde er verstehen. Und Sinaida, das dritte Auge wieder verhangen, hüstelt gekünstelt: Was nun? Da muss ich erst meinen Mitbewohner fragen, behaupte ich. Und füge, weil die Pause, die meiner Ausrede folgt, sich ins Unendliche auszudehnen droht, versöhnlich hinzu: Bestimmt hat er nichts dagegen.

Mitja hockt neben mir, als Mischa mir von Konstanz erzählt und Sinaida von einem Studium, Recht und Wirtschaft, das sie absolviere, um Geld zu verdienen. Und nippt an seinem Bier. Er nickt, sobald ich einen Satz beendet habe. Und lacht, wenn alle lachen. Er habe, entschuldigt er sich, gerade erst angefangen, Deutsch zu lernen, verstehe – nicht wahr? – schon ganz gut, wolle aber – hier bittet er um Verständnis – ausschließlich mit Muttersprachlern Deutsch reden: Um sich die Fehler der anderen nicht anzueignen. Sinaida, die russische Phonetik mit deutscher Grammatik mischt, zitiert ein Sprichwort von Säuen und Perlen. Und findet sich, weil Mitja sie nicht versteht und alle anderen darüber lachen, wahrscheinlich ganz toll.

Hatte ich beim Eintreten in die Kneipe nach einem freien Tisch Ausschau gehalten, schaue ich mich nun, da ich vom stillen Örtchen zurückkomme, im Raum etwas um. Der Tresen ist mit Wellblech bedacht. Eine Katze geht darauf spazieren. An einem Garagentor hängt eine Fledermaus. Langsam verstehe ich, warum dieser Ort heißt, wie er heißt: Das Flüstern der Dächer. Es gibt eine kleine Bühne und ein paar Tische, von denen keiner dem anderen gleicht. Um einen herum sitzen die Besucher meines Filmclubs, an einem anderen sitzen andere junge Menschen und spielen ein Spiel. Bei dem, so erklärt mir Mischa, geht es darum, einander den Garaus zu machen. In der Nacht, wenn alle schlafen, knallt ein Mafioso unschuldige Bürger ab. Aha. Klingt lustig, behaupte ich. Und bestelle ein Bier, das sich Schwarze Katze nennt. Wie kommt es, frage ich mich, dass man landet, wo man landet? An einem anderen Tisch würde man mich bei Morgengrauen in einer Blutlache finden. Hier diskutieren wir Kinematografie.

Wo musst du hin, frage ich den Jungen im Karohemd. Der ist, nachdem sich alle dreimal verabschiedet und sich in alle Winde zerstreut hatten, in letzter Sekunde zu uns in die Tram gesprungen. Wo musst du denn hin, erwidert der Junge in gebrochenem Deutsch meine Frage. Wir fahren zur Pionerskaja, schaltet sich Mitja ein. Ich steige dort in die Marschrutka. Wir könnten auch, schlage ich vor, unsere Konversation bei einem Glas Wein fortführen. Erst Bier, dann Wein. Das passt nicht, sagt Mitja. Und ermahnt mich, es nicht zu übertreiben: Musst du morgen nicht arbeiten? Was soll die spitzzüngige Sekretärin denken, wenn man dich morgen um die Mittagszeit in einem dunklen Winkel auf der Herrentoilette aufliest und ihr aus deinem Mund ein bitterer Atem entgegenweht? Der Junge im Karohemd fährt sich verlegen durch seine raspelkurzen Haare. Ein anderes Mal gern, sagt er. Und steckt mir, als er mir zwei Haltestellen weiter die Hand gibt, ein Zettelchen zu. An der Abzweigung zum Bahnhof springt er aus der Tram. Ich frage: Weißt du, wie der heißt? Er hat mir nicht einmal seinen Namen gesagt. Mitja, kaum hörbar, grummelt: Bestimmt Ivan. Und zerreißt, als er mir den Zettel aus der Hand nehmen will und ich nicht loslasse, das Papier. Hoppla, ruft er. Und der Fetzen passiert, wie in einem viel zu kitschigen Film, den Türspalt und fliegt, übermütig Pirouetten vollführend, auf die Straße.

Meine Studenten sitzen, immer zwei Köpfe zusammengesteckt, über dem Lehrbuch. Hier und da wird getuschelt, aber insgesamt ist es ruhig. Da öffnet sich die Tür: Die Dame mit dem Blaufuchs tritt auf. Für einen Moment setzt die Zeit aus. Der Atem wird angehalten. Die Dame geht, in dem ihr eigenen Tempo, an meinem Lehrerpult vorbei und setzt sich zu ihrer fleißigen Freundin in die zweite Reihe, lässt die gestreckten Arme entlang ihren Mantel elegant über die Stuhllehne gleiten. Und setzt ihren Blaufuchs auf den Tisch. Sie lächelt mir zu, entschuldigend, nicht aber unterwürfig. Es lohnt nicht, sie zu schelten. Wer aufmerksam ist, erkennt, dass sich die Dame in einer Zeit bewegt, wo nicht die Uhr Schlafengehen und Aufstehen reguliert. Und wo Kaffee nicht hastig getrunken werden kann, Gebäck nicht verschlungen wird, weil es erst einmal der Dekoration dient.

Ich lächle zurück, angesteckt von einem Lächeln, das warm ist. Und maßvoll. Vielleicht wäre es angebracht, den Blick abzuwenden und die Nase ins Buch zu stecken. Ich schaue diese junge Frau an, wie andere einen Film anschauen. Nur zu gern möchte man wissen, wie es weitergeht.

Mitja kratzt selbstvergessen den Topf aus. Und ich, weil ich nicht weiß, wie man sich anders gegen die Stille wehren soll, erzähle: In der Tram, mir gegenüber, hat neulich ein junger

Mann gesessen. Ein junger Jessenin. Das Haar gescheitelt, weiche Züge, fast zu weich, so, als hätte jemand versucht, aus einem Bild die Schärfe hinauszudrehen, kuhsanft sein Blick, dazu die Uniform eines Kadetten. Vielleicht von der Akademie? Ich hatte Angst um meine Moral. Ich habe versucht, aus dem Fenster zu schauen. Ich habe versucht, meinen Blick von seinen Schenkeln fernzuhalten. Ich hatte sehr schlechte Gedanken. Mitja, mich anguckend, als hätte ich kühn ausgeführt, was ich zu denken kaum gewagt hatte, fragt eingeschnappt: Welche Moral, du Esel. Und schiebt sich, ganz ungeniert, einen letzten Löffel weiße Bohnen in den Mund.

Im Foyer wartet, in kariertem Hemd und schwarzer Stoffhose, Schurik auf uns. Offiziell hat das Babylon geschlossen, auf der Internetseite findet sich keine Ankündigung. Doch für unsereins öffnet der Tempel seine nachtblauen Pforten. Im zentral gelegenen Antej-Businesscenter über der Stadt, knapp unter dem Tower, treffen sich immer mittwochs Jungs, die es tagsüber kaum wagen, dem Jungen in der Straßenbahn zu lange auf die Oberschenkel zu starren. Und Mädchen, die von der Angebeteten im Supermarkt den Blick abwenden, bevor ihnen das Herz aus der Brust springt. Wir schlüpfen in ein Loch, das uns hineinkatapultiert in ein paralleles Universum, wo Küsse im öffentlichen Raum möglich sind, wo niemand mit Steinen schmeißt und Worte nicht treffen. Ein Loch im Raum-Zeit-Kontinuum, wo sich ein Leben ausprobieren lässt.

Eine vollschlanke Königin moderiert einen Tanzwettbewerb. Tänzer und Tänzerinnen mit sehnigen Körpern vollführen Bewegungen, zu denen mein Körper schlichtweg Nein! sagen würde. Schurik schaut, als würde er sich wirklich dafür interessieren, zur Bühne. Und auch Mitja starrt gebannt nach vorn, auf einen blonden Tänzer, der nichts trägt als ein silbernes Höschen und eine Weste, die sich bei genauerer Betrachtung als aufgemalt herausstellt. Ich frage: Wenn du dir hier einen Mann aussuchen dürftest, wen würdest du nehmen? Weiß nicht, sagt Mitja. Und nimmt einen Schluck von meinem Drink, der lustig bunt ist, aber nach purem Alkohol schmeckt. Ich verteile ihn auf die Gläser von Mitja und Schurik. Und besorge mir ein Bier an der Bar.

Das Babylon ist eine ganz andere Kategorie als das Chance. Die Bühne, die Bar, die Tanzfläche – alles ist etwa dreimal so groß und entspricht dem, was man in Russland gemeinhin als schön, in Westeuropa aber als kitschig empfinden würde. Auch hier gibt es, wie im Chance, samtbezogene Galerien, mit ovalen Tischen, im Dunkel und Halbdunkel. Die Musik ist eindeutig elektronischer, die Menschen weniger alltäglich gekleidet. Einige der Jungs sehen aus, wie ich mir meinen nächsten Geliebten vorstelle. Die Lesben, trotz alledem, tragen Jeans, aber unter ihren Hoodys blitzen Spitzen und Rüschen hervor. Lasst uns endlich tanzen, ruft Schurik uns zu. Und schwingt sich von seinem Hocker auf. Mitja, den Blick noch immer auf die Bühne gerichtet, behauptet, er würde gleich nachkommen, nur noch einen Drink …

Einen Moment lang fühle ich mich zurückgeworfen: auf mich selbst. Komme mir albern vor. Warum tanzen, wenn ich doch kein Tänzer bin? Die Arme lassen sich verdrehen, die Beine folgen dem Takt, doch wen gilt es zu überzeugen? Ich kann kochen. Ich habe ein Auge dafür, welche Blumen einen schönen Strauß abgeben. Ich bin ein hervorragender Leser. Ich weiß, wie ich Menschen für mich einnehmen kann. Aber beim Tanzen, da komme ich mir vor wie einer, der bloß vorgibt zu tanzen. Ein Schauspieler, der seine schwächste Rolle darbietet in der Hoffnung, übersehen zu werden.

Dann überrollt mich der Beat. Ich genieße es, dass diese

Musik mir vollkommen fremd ist. Nichts mit mir zu tun hat. Ein Junge, irgendeiner, betritt den Radius, den ich für mich beanspruche. Er lächelt mir zu. Er glaubt mir, dass ich tanze. Mir gelingt es, abzuschalten. Ich lasse mich gehen. Und schaue, wie weit ich damit komme.

Mitja steht vor dem Pissoir, das einem gigantischen Frauenmund gleicht. Und blickt, als ich mich neben ihn stelle, müde zu mir hinüber. Ich trete an ihn heran, schaue mich um, ob es Publikum gibt. Und fahre ihm mit der Hand zwischen die Beine. Und stecke ihm, weil er keine Anstalten macht, sich zur Wehr zu setzen, meinen Zeigefinger in den Po. Gehen wir, flüstere ich in sein Ohr. Vor dem Businesscenter wartet bereits unser Taxi: Ein Auto wie jedes andere auch, bloß am Steuer sitzt eine freundliche Lesbe, die sich von Schurik, den ich noch nie mehr als vier, fünf zusammenhängende Sätze habe reden hören, ausführlich erzählen lässt, wie die Show so gewesen ist.

Wir laufen, einem Wölkchen Parfüm folgend, die Wajnera entlang. Eine junge Frau geht uns voran. Sie bleibt stehen, um sich die Kleider in den Schaufenstern anzusehen. Ohne einander zuzuhören, unterhalten wir uns, wenden, damit es nicht auffällt, den Blick kurz ab, um dann zu einem Rock zurückzukehren, der aussieht, als sei er aus Schmetterlingsflügeln zusammengenäht: Bei jedem Windstoß hebt sich der Stoff leicht an, ein schönes, verwundetes Tier, das sich nicht losreißen kann.

Der Strom von Menschen, der uns entgegenkommt, fließt, wohl durch den Anblick der jungen Frau abgeleitet, rechts und links an uns vorbei. Eine Gruppe von jungen Männern taucht auf und verschwindet, zwei Großmütter, ein Herr mit Aktentasche, eine Gruppe von Schulkindern. Mitja sagt: Hier finden wir keinen Mantel. Und: Wollen wir nicht lieber etwas essen? Keine fünf Minuten später beißt Mitja in einen Burger. Dabei spritzt ihm die Mayonnaise auf seinen Milchbubenbart. Ich rühre in einem Kaffee und gebe mir Mühe, nichts von Mitjas Missgeschick mitzubekommen. Wir laufen weiter, Richtung Malyschewa. Zwei Frauen, in labbrigen, dunklen Kutten, knien auf einer dünnen Pappe und murmeln ein langes Gebet. Ihre Körper sind einem inneren Rhythmus ergeben. Es zieht sie gen Boden. Fast berühren sie den Asphalt, dann richten sie sich, wie von Strippen gezogen, wieder auf, aber nur bis zu einem gewissen Winkel, nie so viel, dass sie ihr Gesicht zu erkennen geben.

Alle paar Schritte kläffen uns Stimmen an, schalldeformiert und metallisch. Trichterförmige Sprechrohre ragen aus den Fassaden der Geschäfte hervor. Jemand, ohne Gewissen und Anstand, erzählt uns, was wir in unserem bisherigen Leben schmerzlich vermisst haben. Jemand weiß: Dieses, jenes Produkt ist unverzichtbar, ein Garant für unser Glück, die Liebe, das Wohl der Familie. Wären wir bloß nicht, ulkt mein schelmischer Ministerpräsident, vorübergegangen, ohne einen Schein in den Pappbecher gleiten zu lassen. Das ist der Fluch der Gottesanbeterinnen.

Ich stecke in einer Daunenjacke, die von meiner Figur nicht viel übrig lässt. Mitja sagt: Sieht gut aus. Dabei guckt er, anstatt auf die Jacke, mir ins Gesicht. Als ich ihm vorwerfe, keine große Hilfe zu sein, entschuldigt sich Mitja, er würde von sowas nicht sonderlich viel verstehen.

Zurück auf der Straße weht ein Tuch um meinen Hals. In der Plastiktüte trage ich ein Paar Boxershorts und einen schwarzen Gürtel mit Silberschnalle, zusammengerollt wie eine Schlange. Mitja antwortet, als wir gerade an der Kreuzung stehen, seinem musizierenden Handy: Nein, das geht nicht. Ich bin mit meinem Freund aus Deutschland unterwegs. Jawohl, aus Deutschland. Nein. Unmöglich, hier wegzukommen! Wissen Sie, wo ich gerade bin? Hinterm Schartasch. Keine Chance. Nichts zu machen! Unmöglich, sagt er. Und klappt sein Handy, ohne ein Wort des Abschieds, zu: Die wollen, dass ich noch einmal auf Arbeit vorbeischaue. Als ob die, ereifert er sich, nicht bis morgen warten könnten! Was wollten sie denn, frage ich. Was schon? Mich nerven. Sollen die mir doch morgen sagen, was sie zu sagen haben. Vielleicht ist es wichtig, gähne ich. Mitja zuckt mit den Schultern. Was könnte es Wichtigeres geben als einen Spaziergang mit dem Lieblingsmenschen?

Sonntag, 4. November. Der Tag der Einheit des Volkes lädt dazu ein, auf die Straße zu gehen. Und sich für seine Rechte einzusetzen. Ansichten, die so unverrückbar sind, dass man sich fragt, warum sie immer und immer wieder betont werden müssen. Vom Baltischen zum Ochotkischen Meer, in sechzig Ortschaften, ziehen Menschen in Zivil und in braunen bis schlammgrünen Uniformen durch die Innenstädte. Und fordern: Russland den Russen. Begleitet werden ihre Züge von mit Schlagstöcken und Schusswaffen ausgerüstetem Sicherheitspersonal. Zu Ausschreitungen kommt es nicht. Man versteht sich zu gut. Es gilt keine einzige matschige Tomate abzuwehren.

Mischa erzählt, seine Nachbarn seien neugierig auf die Straße gegangen, um sich dann dem Zug anzuschließen. Ein freundlicher Bürger hatte sie eingeladen, mitzulaufen. Zwei, drei Sätze haben genügt, um Boris Nikolaewitsch und seine Frau von der Dringlichkeit des Unternehmens zu überzeugen. Mischa hat die Gardine zugezogen. Und sich an den Schreibtisch gesetzt. Nikita hat sich das Spektakel aus Neugierde angeschaut: Was soll schlimm daran sein, seine legitime Meinung kundzutun? Das freundliche Totenkopfmädchen nickt zustimmend. Die Dame mit dem Blaufuchs gibt freimütig zu, sich für das ganze Theater nicht zu interessieren. Und ich? Weiß nicht, ob ich mich dazu überhaupt äußern soll, schaue auf die Uhr. Dann sage ich: Pause.

Ein weißes Laken ist über die Stadt gespannt. An einigen Stellen wirft es Falten, doch insgesamt legt es sich über die Straßen und Wege, Autos und Müllcontainer, als wollte es deren Konturen nachzeichnen. Einzig dort, wo den Rohren Wärme entströmt, liegt der Boden frei. Ein Rudel Hunde, wie von einem Besen zusammengekehrt, liegt auf solch einer Insel in unserem Hof. Ich stehe am offenen Fenster. Und rauche, obwohl ich kaum Luft kriege, eine Zigarette. Auf dem Display meines Smartphones blinkt eine Nachricht auf: Schade. Wir haben alle unsere Hausaufgaben gemacht. Werden Sie schnell wieder gesund. Anjuta empfiehlt mir, Wodka mit Honig und Pfeffer zu trinken. Oder einen Glühwein mit kräftiger Zimtnote. Weil ich Deutscher bin: Vielleicht doch besser den Glühwein. Ich lutsche abwechselnd Salbeibonbons und Strepsils, löffele Suppen in mich hinein, presse Orangen aus, viertele Äpfel. Ich höhle Kiwis aus und trinke einen Tee, in dem Schiffchen aus

Zitrone schwimmen: Als ich von der Apothekerin ein Päckchen Sag-nein-zur-Erkältung-Tee verlange, blickt mich die ältliche Frau so freundlich an, wie man hierzulande sonst nur von Bekannten angeschaut wird.

Sobald das Schlimmste überstanden ist, lade ich in meinen Account ein Foto hoch. Darauf zu sehen sind Bonbonpapier, Orangenschalen, die krause, eingefallene Haut ausgehöhlter Kiwis, ein blassgeblümtes Schälchen mit den Resten feiner Weißkohlfasern, festgetrocknete Teebeutel, ein Schnapsglas. Mittendrin liegt ein Smartphone. Und blinkt beleidigt, weil ich nicht abnehme.

Nicht zu schwul, frage ich unsicher. Und Mitja grinst. Schurik schüttelt verständnislos den Kopf: Nein, warum? Ich trage, zum ersten Mal, seitdem ich hier bin, meine weiße, eng anliegende Jeans, dazu ein blau-weiß-gestreiftes Shirt mit einem goldenen Anker auf der Brust und einem magentafarbenen Kragen.

Ausgehen, behauptet Mitja, ist die beste Medizin. Also lasse ich mich in den Fahrstuhl schieben, im Taxi durch die Stadt chauffieren, stolpere, meinen Freunden nach, über einen dunklen Hinterhof. Mitja klopft an einer Tür, die aussieht wie jede andere Tür in diesem gottverlassenen Hof. Ein bulliger Türsteher öffnet uns. Mit finsterem Gesicht mustert er fünf Sekunden lang jedes Gesicht, dann heißt uns der Mann freundlich willkommen.

Um die Bar herum tummeln sich einige Gestalten, die Bühne, ohne flimmerndes Licht, hebt sich kaum von der Tanzfläche ab. Schurik begrüßt, in eine Gruppe junger Männer eintauchend, einen Mann, dessen Gesicht von der Dunkelheit nicht preisgegeben wird. Und ich folge einem Gang, der von der Tanzfläche wegführt, und schwinge mich, während sich ganz allmählich meine Augen an die Nacht gewöhnen, auf einen Barhocker. Entlang der Wand, auf einem in die Länge gezogenen Brett, liegen Flyer aus, auf denen halbnackte Jungs und Königinnen in nach Aufmerksamkeit schreienden Kostümen abgebildet sind, Einladungen zu Events, die man nicht verpassen darf. Die Silhouetten auf der Tanzfläche bewegen sich zur Gagarina. Dann singt Lady Gaga. Ein Mädchen läuft an mir vorbei, ohne aufzuschauen. Als würde sie das Licht, das schwach aus den Kegeln am Seitengang dringt, nicht vertragen. Ich denke: Hierhin verkriechst du dich, wenn du nicht einmal von den eigenen Leuten erkannt werden willst. Da taucht Mitja auf. Und reicht mir in einem Plastikbecher, wonach ich mich die ganze Woche über gesehnt habe: eine kühle, kupferne Schönheit, die ein knisterndes Häubchen trägt und geschmeidig die Kehle hinunterläuft.

Was ist es, das uns dazu verführt, den Kopf einzuziehen, wenn wir uns doch viel lieber draufgängerisch präsentieren und uns – mit einem forschen: Sie gestatten? auf den Lippen – zwischen ein turtelndes Liebespaar drängeln würden, um dem Schöneren von beiden ganz unverhohlen Avancen zu machen. Mitja winkt – keine Ahnung, wie er bei diesem Licht jemanden erkennen will – zwei Bekannte heran. Und stellt mich als seinen Freund aus Deutschland vor. Aus Deutschland? Ja, Deutschland. Einer der beiden, der mir unbedingt beweisen muss, dass er Englisch spricht, erzählt mir irgendetwas, das ich nur halb verstehe und gleich wieder vergesse. Meine Hand langt, auf der Suche nach einer Zigarette, in die viel zu enge Hosentasche. Den Stummel, den ich hinausfische, rauche ich – entschuldigt mich einen Moment! – auf der Toilette. Als ich aus der Kabine trete, steht gerade eine Transe am Pissoir und lässt sich von einem Punk den Rock hochhalten. Der Punk nimmt seine Sache ernst und ermahnt die Transe, sich etwas mehr aufs Pissen zu konzentrieren. Da herrscht ihn die Unbeherrschte an, er solle sich doch um Himmels willen nicht so anstellen: Das geht wieder raus. Ich trete ans Waschbecken. Und suche in meinem Spiegelbild die zehn Fehler, die sich tagsüber einstellen. Ich klatsche mir eine Handvoll Wasser ins Gesicht, streiche mein Haar nach hinten und übe einen Blick, den ich von James Dean abgekupfert habe.

Ich laufe an meinen neuen Bekannten vorbei und steuere auf die Bar zu. Am anderen Ende des Tresens sitzt, neben einem schmächtigen Jüngling, eine tätowierte Glatze mit heftigen Oberarmen. Der Barmann ignoriert mich, obwohl ich demonstrativ mit meinen Rubeln wedele. Als ich die Scheine bereits wieder in die Brusttasche stopfe, macht die Glatze den Barmann auf mich aufmerksam. Und lächelt mich an. Warum nicht, denke ich. Und nicke ihm zu, weniger lässig als beabsichtigt, ganz weit entfernt von James Dean. Meister Proper wendet sich daraufhin wieder dem engelsgleichen Wesen an seiner Seite zu. Die falsche Rolle, denke ich. Und: Ein bisschen unterwürfiger kommt meistens besser. Der Junge weiß das. Und senkt beim Lächeln den Blick.

Viele Rollen habe ich ausprobiert: Ich bin Pirat gewesen, Cowboy, Indianer. Heute gehe ich als Matrose, nicht als einer, der Konservenbüchsen mit seinen Zähnen zu öffnen weiß oder dessen Hände, vom Armdrücken und Tauziehen, rissig und spröde sind. Nein, ich bin nur als Matrose verkleidet mit einer Haut, die sich nie recht an die Sonne gewöhnt hat. Der

Glatzköpfige, wenn er es sich anders überlegt, kann mich haben. Bevor ich gehe, werde ich ihm einen Blick zuwerfen, über die Schulter, wie in den Filmen, die nicht in Kinderhände gehören.

Wo bist du gewesen, fragt Mitja, als ich wieder vor ihm stehe. Meine Freunde sind schon gegangen. Ich habe dir ein Bier geholt, sage ich. Und: Och, schade. Und: Du wirst es nicht glauben. Ich habe einer Transe beim Urinieren zugeschaut. Und dabei Wörter gelernt, mit denen – ganz bestimmt! – lassen sich zuchthauserprobte Gopniki in die Flucht schlagen.

Im Dunkeln üben wir tanzen…

Uljana Wasiljewna steht in einen brombeerfarbenen Pelz gehüllt im Eingangsbereich vom Parkhaus, hält ihr Handy – soweit ich erkennen kann: ein Auslaufmodell – an ihr Ohr und betrachtet Ohrringe und Armbanduhren, die auf samtenen Auslagen angerichtet sind zwischen Ikonen, Füllfederhaltern und Magneten, welche mit Abbildungen des Stadtwappens oder der Silhouette Jekaterinburgs verziert sind.

Meine zukünftige Kollegin begrüßt mich überschwänglich und stellt, noch während wir uns in einem Café einen Platz suchen, eine Reihe von Fragen, die ich in den letzten Wochen mehr als genug beantwortet habe. Das Theater, sage ich, hat mir bis jetzt am besten gefallen. Welches, fragt Uljana Wasiljewna. Und schaut mich, als ich den Namen des kasachischen Intendanten nenne, enttäuscht an. Das Kammertheater neben der Kathedrale sei viel besser, nicht so ein neumodisches Zeug, auch das musikalische Theater auf der Straße des achten März lohne sich. Ob ich schon in der Oper gewesen sei? Wir hätten auch eine Philharmonie. Wir führen ein artiges Gespräch, angeln uns, während der Löffel im Cappuccino seine Kreise zieht, an Sätzen entlang, die den Charme von Lehrbuchtexten versprühen. Uljana Wasiljewna erzählt mir, dass sie in Usbekistan geboren sei. Und in den Neunzigern, als man in Usbekistan offen aussprechen konnte, was man über die Russen dachte, mit ihren Eltern nach Tjumen gezogen sei, wo Verwandte ihr, nachdem eine Großmutter verstorben war, ein Zimmer anbieten konnten. Sie erzählt mir davon, wie sie sich von einer einfachen Assistentin zur stellvertretenden Lehrstuhlleiterin hochgearbeitet habe. Davon, dass ihr Forschungsthema Neuland darstelle. Dass es kaum Literatur gebe. Sie spricht viel. Und so schnell, dass – so scheint mir – ihre Informationen mich zeitversetzt erreichen. Als wolle sie die Zeit, die sie durch unsere Plauderei verliert, sofort wieder aufholen.

Schließlich bittet sie mich, ihr den ausgefüllten Vertrag vorzulegen. Ich müsse, sagt sie, damit der Vertrag seine Gültigkeit erhalte, hier und da noch ein paar Unterschriften einholen. Ich nehme den Zettel, von oben bis unten mit Nummern beschrieben, entgegen. Und sage: Nein. Nein? Uljana Wasiljewna macht ein verdutztes Gesicht. Warum denn nicht? Wenn man mir schon Geld für meine Arbeit anbiete, solle ich es doch annehmen. Ich beschwöre Uljana Wasiljewna, von mir nicht zu verlangen, noch mehr Zeit auf den unwirtlichen, weitverzweigten Korridoren der Universität zu verbringen, auf der Suche nach einer dem Tageslicht entwöhnten Verwaltungsbeamtin, die in einem stickigen Zimmerchen hockt und bestimmt nicht darauf wartet, einem verwirrten Ausländer eine Unterschrift in ein Kästchen zu malen, das sie selbst erst suchen muss. Uljana Wasiljewna tippt, während ich rede, auf ihr Handy ein. Ich würde, sagt sie, hundertzwanzig Rubel die Stunde verdienen. Vier Stunden würde ich die Woche unterrichten, dreieinhalb Monate lang. Ob ich wirklich zweihundert Euro wegwerfen wolle? Ich rechne Uljana Wasiljewna vor, dass der Kaffee, den wir gerade trinken, so viel kostet, wie ein Dozent ohne Doktortitel in der Stunde verdient. Gerade deshalb, ermahnt mich Uljana Wasiljewna, solle ich nicht leichtfertig auf das Geld verzichten. Sie führt ihre Tasse an den Mund und trinkt, als ob sie diese Brühe wirklich genießen würde. Ihre fleischigen Finger fahren am Henkel auf und ab. Warum, frage ich, lehne sich niemand gegen diese Gehälter auf? Davon könne man doch nicht leben. Uljana Wasiljewna lächelt mich spöttisch an: Die meisten unserer Kolleginnen müssten neben dem Unterrichten noch Übersetzungen anfertigen. Einige bieten für Delegationen aus dem Ausland Führungen an, dolmetschen oder geben Privatunterricht. Wenn sie dann ihre Einkäufe erledigt und die Familie versorgt haben, lassen sie sich halbtot aufs Sofa fallen. Niemand denkt nach solch einem Tag noch daran, mit Transparent auf die Straße zu gehen und den Job zu riskieren, der Sohn oder Tochter vielleicht die Ausbildung finanziert.

Ich schaffe es nicht, zwischen den Kursen zu essen. Die Schlangen in der Mensa reichen bis in den Flur hinaus. Shanna Nikolajewna lacht ungehalten. Dabei fällt ihr ein Bröckchen Halbzerkautes aus dem Mund: Sie zücken einfach Ihren Ausweis und schieben die Studenten, die in der Schlange stehen, freundlich beiseite. Ich, sagt sie, komme kaum zum Essen, weil ich in den Pausen zwischen meinen Seminaren bereits die Arbeit für den Mittag und Abend koordiniere. Sie schiebt sich schnell zwei Löffel Buchweizengrütze in den Mund und noch ein Dreieck von dem Fisch, der aussieht, als ob er zweimal getötet wurde. Dann rennt sie davon. Mach dir nichts draus, sagt Mateusz. Er würde – das hat er so gelernt – sich in die Schlange stellen und warten, bis er an der Reihe ist. Unsere Kolleginnen nennt er, hinter ihrem Rücken, Lehrstuhlinsassen. Würden sie nicht zum Essen kommen, fielen sie irgendwann einfach um.

Hin: Pionerskaja, Tscheljuskinsew, Ortopeditscheskoje Predprijatie, Schartaschskaja, Schewtschenko, Gostiniza Isset. Und zurück: Gostiniza Isset, Schewtschenko, Schartaschskaja, Ortopeditscheskoje Predprijatie, Tscheljuskinsew, Pionerskaja. Zweimal täglich fahre ich diese Strecke ab. Die Aufschrift, die für Möbel aus Deutschland wirbt, die Kioske entlang der Stationen, die eisernen Afghanistansoldaten, die verregneten, verschlafenen, verwunschenen Gesichter von Passanten am frühen Morgen: Alles ein wenig in die Länge gezogen.

Für ein paar Stunden möchte ich nichts mit der Welt zu tun haben. Die Erinnerung an mich selbst möchte ich auslöschen, schlafen, ohne die Augen zu schließen. Das Glas habe ich bis an den Rand gefüllt. Einmal noch laufe ich in die Küche, schließlich nehme ich, um mir den nächsten Gang zu ersparen, die Flasche mit auf mein Zimmer. Ich habe die Musik aufgedreht, irgendwas Elektronisches. Die Boxen wummern. Und ich liege, in labbrigem Shirt und Boxershorts, auf dem Bett und stopfe Pralinen in mich hinein, die ursprünglich als Gastgeschenk vorgesehen waren, Marfa Jakowlena dann aber nie erreicht haben. Ich lese ein paar Zeilen in einem Buch, das ich mir bei Binotschka ausgeliehen habe: Die Frau geht ins Wasser. Dabei hebt sich ihr Kleid. Und formt eine Rose. Ich denke daran, wie durchlässig ein Körper doch ist. Und stelle mir vor, wie sich, innerhalb von Minuten, die Lungen der Frau mit Wasser füllen. Und das Band zerreißt, welches die Frau und ihr ungeborenes Kind verbindet.

Mitten in der Nacht klingelt mein Smartphone. Ich lese seinen Namen auf dem Display und entscheide mich, ihn nicht gelesen zu haben. Weil ich keine Lust hatte, auszugehen, habe ich eine Erkältung vorgeschoben, Kopf- und Glieder-schmerzen, achtunddreißig Grad Fieber. Trinkt einen für mich mit, hatte ich in den Hörer gehustet. Und mein Bedauern darüber ausgedrückt, dass ich auf so hervorragende Gesell-schaft heute wohl oder übel werde verzichten müssen.

Dann ruckelt es an der Wohnungstür. Zwei Stimmen, die eine flehend, die andere streng, unterhalten sich. Dann – die Stimmen werden lauter – klopft es an meiner Tür. Erst zag-haft und bald energischer. Ich stelle mich eine Weile lang tot, dann aber kriege ich Lust, jemanden anzuschreien. Ich bin ihn nicht losgeworden, verteidigt sich Friedrich, als ich die Tür öffne. Bitte? Nicht losgeworden, wiederhole ich. Und füge gereizt hinzu: Du ziehst mit Mitja um die Häuser. Und jetzt, wo du genug hast und schlafen willst, lieferst du den kleinen Dmitri – Dmitri? Zum ersten Mal kommt mir sein Name über die Lippen, wie er im Ausweis steht, ein Name, für Freunde unaussprechlich, der allenfalls schimpfenden Eltern und gereizten Vorgesetzten Spaß macht – bei mir ab? Wenn ich ein zweites Bett hätte, würde ich ihn bei mir schla-fen lassen. Aber ich habe kein zweites Bett. Und außerdem, rechtfertigt sich Friedrich, ist er doch dein Liebhaber. Nicht dass ich wüsste, rufe ich ihm hinterher, eher beleidigt als überzeugt, viel weniger resolut, als man es sich in solch einem Moment von seiner Stimme wünschen würde.

Ich möchte die Tür zuziehen, da schiebt Mitja seinen Fuß ins Zimmer. Was ist los, fragt er. Was los ist, schreie ich ihn an. Hast du mal auf die Uhr geguckt? Dann lass uns doch schlafen gehen, schlägt Mitja arglos vor. Bitte? Du bist wohl übergeschnappt, brülle ich ihn an. Und: Ob er keinen Anstand besäße, keine Grenzen kenne? Kein Zuhause habe? Ob er denke, nur weil ich einmal mit ihm geschlafen habe, könne er hier auftauchen, wann er wolle? Ich schreie aus voller Kehle, ohne Rücksicht auf meine Stimmbänder oder sonst irgendjemanden, in einem Russisch, das nur Mitja versteht, weil es einzig und allein für ihn bestimmt ist.

Als ich, etwa eine halbe Stunde später, aus meinem Zimmer trete, brennt in der Küche noch Licht. Der Ministerpräsident sitzt auf dem weißen, ungepolsterten Stuhl, der ohne Lehne auskommt, den Kopf, die Arme hat er auf den Tisch gelegt. Sein Haar, zerrauft und glanzlos wie das Fell eines streunenden Katers, steht in alle Richtungen ab. Sein Hemd, obwohl er es an seinem Körper trägt, sieht wie zusammengeknüllt aus. Komm mit, sage ich in einem Ton, der sich nicht als Bitte missverstehen lässt. Und Mitja, als würde er von Fäden gezogen, erhebt sich. Entschuldigung, flüstert er. Und wendet gleich darauf sein verheultes Gesicht wieder ab. Ich verbiete mir, Mitleid mit ihm zu haben, versuche, mich nachsichtig zu finden. Wer bin ich, wenn nicht Gönner, ein Freund, der einem angetrunkenen, liebestollen Verehrer Unterschlupf gewährt?

Eine Ratte, den Abdruck eines Reifens im Fell, liegt vor unserer Haustür. Konserviert im Eis. Ekelhaft, kommentiere ich Friedrichs Bericht. Der stellt seine Einkäufe auf den Tisch. Stellt mir meinen Lieblingsnachtisch hin, eine Art Rührkuchen mit Schmand und Schokostreuseln. Ich klappe das Lehrbuch zu. Hast du dich wieder beruhigt? Beruhigt, frage ich. Habe ich mich jemals aufgeregt? Es ist nur – das gilt für jede Beziehung, nicht wahr? – unglaublich wichtig, Grenzen aufzuzeigen. Um Missverständnisse zu vermeiden. Und so weiter.

Auf der Wostotschnaja, in einem der feinen Läden, die nur gutbetuchte Bürger aufsuchen, läuft mir nach Feierabend unverhofft ein ganz possierliches Tierchen zu. Zutraulich schmiegt es sich an mich, springt an mir hoch, legt sich, wie von Zauberhand, um meinen Hals. Die Verkäuferin, mit aufgemaltem Lächeln, beobachtet mich misstrauisch. Das Tierchen kost meinen Hals. Und mich überkommt dieses wohlige Gefühl, von dem Frischverliebte sich nähren. Ich streichle dieses herrliche Geschöpf, dieses edle, aus Wolken zusammengenähte Wesen. Dann blicke ich auf das handbeschriebene Kärtchen, das man meinem Liebling umgebunden hat. Und hänge den Nerz, schlagartig ernüchtert, zurück auf die Stange, nehme Abschied von einem Traum, der sich nicht in Rubel bezahlen lässt.

Abends trage ich, weil ich mit einem Mann verabredet bin und gut aussehen möchte, meine Lederjacke. Die Hände, zu Fäusten geballt, stecken in den Taschen einer Jeans, die lächerlich modisch ist für das hiesige Sauwetter. Es scheint, als habe ein eisiger Wind alle Passanten von der Straße geweht.

Ich warte schon zwanzig Minuten an der Haltestelle, ohne dass eine Straßenbahn einfahren würde. Irgendwann kommt ein Mann auf mich zu und erkundigt sich nach dem Datum. Weil mir das nicht geheuer ist, nenne ich ihm die Uhrzeit. Also wiederholt der Mann seine Frage. Da nenne ich ihm das Jahr. Da will er wissen, ob ich nicht vielleicht etwas Kleingeld für ihn hätte. Während meine Finger, taub von der Kälte, in der Tasche nach einem Geldschein suchen, erinnere ich mich, wie man mir als Kind untersagt hatte, Bettlern Geld zu geben: Die würden erst verschwinden und dann – von Dankbarkeit keine Spur! – im Rudel einfallen. Mein Bettler aber steht auf wackligen Beinen und spricht ohne Konsonanten. Lange muss ich in seinem Gesicht nach einem Gesicht suchen. Als ich es endlich gefunden habe, ist er verschwunden.

Er habe ein neues Tape zusammengestellt. Er höre nun Tag und Nacht den Soundtrack von Berlin Calling. Lange habe ihn nichts mehr so sehr bewegt. Er sei ganz versessen darauf, endlich nach Berlin zu kommen. In seiner Kopfzeile bei VKontakte steht: Du bist verrückt, Junge. Du musst nach Berlin. Die deutsche Sprache, das müsse ich doch gemerkt haben, habe ihn befallen. Wie ein Virus. Ja, schreibe ich. Keiner meiner Studenten, auch nicht Arkadi, spricht so wie du. Deutsch, schreibt Mischa, ist mein Fetisch. Ach ja? Der Duden, gibt Mischa zu, ist fast die spannendste Lektüre für mich. Welche grammatische Struktur macht dich am meisten an? Ich stehe drauf, schreibt Mischa, wenn Menschen mit den Modalverben umzugehen verstehen. Müssen und dürfen, im Russischen fällt das zusammen. Und sollen, irgendwie habe ich immer den Eindruck, bei uns würde das niemand ernst meinen. Hast du ein Lieblingswort? Blaumachen. Ich mache heute mal blau, schreibt Mischa. Oder: Ich bin blau. Blau ist meine neue Lieblingsfarbe.

Ich kann heute nicht, sagt Mitja. Wir haben uns eine Woche nicht gesehen. Zweimal habe ich ihn angerufen und mich vertrösten lassen. Er könne nicht. Er sei gerade erst von der Arbeit nach Hause gekommen. Oder: Er müsse noch arbeiten: Eine Kollegin sei erkrankt. Der Chef spiele verrückt. Ich habe Kuchen gebacken, locke ich ihn. Apfelkuchen mit Rosinen. Magst du Sahne? Man könnte noch Sahne aufschlagen und Walnüsse hacken. Komm doch vorbei, bitte ich, auf ein halbes Stündchen. Wir trinken Tee, reden. Das geht nicht. Ich muss arbeiten, wiederholt Mitja. Und lässt mich mit meinem schlechten Gewissen allein.

Manchmal, wenn ich rede, sitzen meine Mädchen regungslos da, verziehen keine Miene: Mumien im Schönheitsschlaf, mit verschlossenen Mündern und Ohren, die allein dazu taugen, mit bunten Steinen behangen zu werden. Ich stelle mir vor, wie Zeichentrickfilme vor dem inneren Auge ablaufen.

Karl-Theodor zu Guttenberg vermag den Mädchen ein Lächeln abzugewinnen. Kennen Sie diesen Mann? Nein? Niemand? Ohne den Mund aufzumachen, flüstert – unmöglich, die Sprecherin auszumachen – eines der Mädchen: Schauspieler? Minister, korrigiere ich. Ehemaliger Minister. Inna liest einen Text, der das Geschehene kommentiert. Wie ein Roboter: Die Wörter steigen als Seifenblasen in die Luft, um an der Zimmerdecke zu zerplatzen. Die Empörung des Autors will niemand teilen. Eher verwundert, dass ein adrett gekleideter

Minister wegen eines winzigen Plagiats seinen Posten hat räumen müssen. Eine Stimme, fester als jene ihrer Kommilitoninnen, mischt sich in meinen Monolog: Bei uns würde niemand auf die Idee kommen, ein Minister hätte seine Doktorarbeit selbst geschrieben. Niemand würde auf die Idee kommen, einen Minister wegen eines Plagiats seines Amtes zu entheben. Um jemanden aus dem Weg zu räumen, deckt man bei uns ganz andere Machenschaften auf oder erfindet notfalls etwas hinzu, Steuerbetrug oder Veruntreuung öffentlicher Gelder. Das kommt immer gut. Alisa räuspert sich geräuschvoll. Sie hat gesprochen. Hinzuzufügen gibt es nichts: Nora und Lina schauen betreten auf ihr Papier. Ljuda lächelt. Und Inna, noch immer ganz Mumie, hat ihren Blick starr geradeaus gerichtet. Ich teile zum Ende der Stunde die Texte aus, welche mir die Mädchen in der Woche zuvor abgegeben hatten. Innas Blatt, anders als jene der anderen, ziert kein einziger roter Kringel. Stattdessen habe ich mir erlaubt, die Quelle ihres Textes fett über die Abschrift zu schreiben. Was soll ich, fragt Inna mich stotternd, denn korrigieren, wo gar keine Fehler sind? Ihre blassen Wangen zeigen keinerlei Röte. Ihr Blick, obwohl auf mich gerichtet, geht durch mich hindurch.

Seinen Vater, erzählt Mischa, habe er nur ein einziges Mal getroffen. Am Baikalsee, als er achtzehn war. Mischa schiebt, weil er nicht weiß, wohin mit seinen Beinen, den Stuhl zurück. Ein sommersprossiger Rotschopf stellt uns wortlos zwei Shiguli auf den Tisch. Es war, erinnert sich Mischa, kurz nach meinem achtzehnten Geburtstag, als mein Vater sich meiner Existenz erinnerte. Wir haben uns in Irkutsk getroffen, wo mein Vater gewohnt hat. Und sind dann mit dem Bus an den Baikalsee gefahren, mein Vater und ich, und mit ihren lebhaften Enkeln zwanzig schnatternde Großmütter. Als wir über die Landstraßen fuhren, ruckelten die Picknickkörbe auf ihren Schößen, als säßen Hühner drin …

Der Baikal lag als blaues Tuch vor uns, zu gewaltig, um ihn schön zu finden. Mein Vater kaufte uns Schaschlik und, trotz der astronomischen Preise, ein halbes Huhn an einem Imbiss. Wir setzten uns, zwischen Plastiktüten und leere Flaschen, auf eine Wiese, aßen, ohne uns zu unterhalten, schauten. Und rieben uns die Augen. Obwohl am Wasser, lag eine schwüle Hitze in der Luft. In der einen Hand hielt ich meine Hähnchenkeule, mit der anderen zerdrückte ich die Insekten, die mir über die Beine krabbelten. Dann hat mein Vater – ich habe gedacht: warum erzählt er mir das? – zu reden begonnen: Vor zwanzig Jahren habe er hier mit meiner Mutter gesessen, sechzig Kilometer weiter nördlich, auf einer Insel, deren Namen er vergessen habe. Meine Mutter habe damals einen Kuchen gebacken. An mich sei noch gar nicht zu denken gewesen. Ich habe gedacht: Und als es mich dann irgendwann gab, hast du da an mich gedacht?

Ein paar Mal haben wir noch telefoniert, aber gesehen haben wir uns nicht mehr. Keiner von uns war auf die Idee gekommen, dass man sich ein zweites Mal hätte treffen können. Diese absurde Kulisse, denke ich heute, hat unserem Treffen den angemessenen Rahmen verliehen: Zwei Menschen, die nichts miteinander zu schaffen haben, treffen sich an einem Ort, der kaum als real zu bezeichnen ist, und führen Gespräche, wie Menschen sie führen, die zu lange in einem Warteraum nebeneinandersitzen. Dass ich Deutsch studieren wollte, konnte mein Vater nicht verstehen, gleichzeitig machte er sich keine große Mühe, dagegen zu argumentieren. Dass ich, schon damals, Russland verlassen wollte, ließ er gelten, wie ein Zugeständnis, das man einem Kind macht, dem man zuvor etwas Gewichtiges versagt hatte. Mein Vater ist kein Mann großer Worte. Meine Mutter hatte er verlassen, kaum dass ich auf die Welt gekommen war. Davon hat er nichts gesagt. Auch über seine Kindheit weiß ich nichts. Er hat nichts von der Frau erzählt, mit der er seit fünfzehn Jahren zusammenlebt, nichts von seinen Kindern.

Wäre ich in Bratsk geblieben, hätte ich bereits zwei Jahre im Militär gedient und würde jetzt, sofern ich das überstanden hätte, mit Helm und im Blaumann Schnittholz nach ganz bestimmten Kriterien sondieren, entsprechend der Faserneigung oder der Risstiefe. Stattdessen bin ich, weil meine Tante ein Haus in Aramil besitzt, nach Jekaterinburg gezogen und habe mich zum Studium eingeschrieben. Den letzten Sommer habe ich dann in Konstanz verbracht, Burger zusammengepappt und Pommes frittiert. Nach Schichtende habe ich im Stadtgarten gelegen und jungen Männern dabei zugesehen, wie sie über die Wiese liefen und sich eine weiße Scheibe zuwarfen. Seitdem ich zurück bin, gehe ich nur noch zu den Prüfungen in die Uni. Mit Nachhilfe und Kellnern versuche ich, genug Geld zu verdienen, um endlich hier rauszukommen.

Wir biegen am Fuße der Leninallee, bevor die Straße, vorbei an Kieswegen und zugeschneiten Blumenbeeten, zum Hauptkomplex meiner Universität führt, Richtung Gagarinstraße in einen Hinterhof ein und überqueren einen Spielplatz.

Mischa ist der Erste hier, der mich zu sich nach Hause einlädt. Die meisten jungen Menschen leben, bis sie verheiratet sind, bei ihren Eltern. Sie verschieben ihr Sexualleben auf die Sommermonate, wenn die Eltern auf ihren Datschen sind. Oder heiraten. Ist das wirklich so, frage ich. Wer hat schon das Geld, sich eine eigene Wohnung zu nehmen? Und im Studentenwohnheim teilst du dein Zimmer mit ein oder zwei jungen Männern, die dir das Los zugeteilt hat. Wie willst du, als Schwuler, denen glaubhaft versichern, dass der junge Mann, mit dem du dich dienstags zu Tee und Gebäck triffst, um über Kunst und Kultur und Mode zu diskutieren, nichts weiter ist als ein Freund, mit zu guten Manieren?

Von den Wänden blättert die Tapete ab. Ich ziehe meine Schuhe aus. Und stelle sie in die Reihe, welche sich die Wand entlang bis zum Wohnzimmer hinzieht. Den Mantel, lacht Mischa, kannst du auf den Staubsauger legen. Im Wohnzimmer liegt Wäsche auf dem Fußboden, auf dem Schreibtisch stapeln sich Bücher und Zeitschriften, auch die Regale sind vollgestellt. Ich lasse mich auf einem Sessel nieder, der aussieht, als hätten ihn Babuschka und Deduschka weichgesessen. Mischa wirft mir ein T-Shirt zu, das ich als Kissen verwende. Da öffnet sich eine Tür und eine junge Frau tritt ins Zimmer: Hallo, ich bin Nastja. Den Topf, der bis oben hin voll sein muss, stellt sie vorsichtig auf den Fußboden. Es folgt ihr ein junger Mann im Trainingsanzug, mit Tellern, Schüssel und Besteck beladen. Er schaut verunsichert in meine Richtung, nickt mir zu, dann verschwindet er wieder in der Küche, um den Tee zu holen. Als Tischtuch, erklärt Nastja, verwenden wir das Parteiblatt des Geeinten Russlands. Das liest hier sowieso keiner. Die Omis verteilen es an der Haltestelle.

Wir essen, erklärt Mischa, wie die Leute im Süden. Ich denke an Spanien und Italien. Und Nastja erzählt, dass sie einmal bei einer Kommilitonin aus Usbekistan zu Hause gewesen sei: Sehr freundliche Leute. Und praktisch veranlagt. Die stellen sich nicht die Küche mit einem Tisch voll. Während sie redet, schöpft sie eine Suppe aus dem Topf, die ich, bis ich die Erbsen entdecke, für einen Borschtsch halte. Obenauf schwimmt, in kleine Quadrate geschnitten, Rote Bete. Kartoffeln und Kraut erkenne ich, kleingeraspelte Möhre. Nastja heißt mich willkommen wie einen Staatsgast. Während sie redet, betrachte ich ihr Gesicht, das unter hundert Gesichtern eindeutig als russisch zu identifizieren ist, ein Puppengesicht, leicht aufgeschwemmt, Wangen wie Milchbrötchen, volle, geschwungene Lippen und Augen, deren Ursprung nicht Europa, nicht Asien ist, sondern ein dritter Raum, in dem sich beides vermischt.

Ich fische nach Erbsen und Kartoffeln, schlürfe. Die mausgrauen Knorpel, die sich auf dem Boden der Suppe abgesetzt haben, versuche ich, bis es nicht mehr anders geht, mit dem Löffel zu umschiffen. Ich hätte es wissen müssen, lacht Nastja: Ich hatte einmal eine Kommilitonin, die als Au-pair nach Deutschland gegangen ist und – weil ihrer Gastfamilie die Küken und Kälber und Lämmer so schrecklich leidgetan haben – mit nichts anderem aufwarten konnte als Piroggen mit Spitzkohl. Oder Wareniki mit Erdbeeren. Oder eingelegten Auberginen. Nastja zählt, als würde sie eine Speisekarte vorlesen, die paar landestypischen Gerichte auf, die ohne Fleisch auskommen. Ich sehe sie in einer geblümten Schürze in der Küche stehen und Möhren schnippeln, der Kohl schmort vor sich hin, eine Pfeffermühle vollführt über der Pfanne Pirouetten. Darf es noch etwas sein? Nastja tunkt hoheitsvoll die Kelle in den duftenden Suppentopf.

Zwei Jahre, erzählt Mischa, wohnen wir schon hier. Nastja bietet: drei Jahre. Der Junge im Trainingsanzug, auf einem Stück Weißbrot herumkauend, erklärt: Nastja wohnt seit drei Jahren hier. Und wir sind vor zwei Jahren dazugekommen. Bleiben werden wir nicht mehr lange. Ich gehe, sagt Nastja, in die USA. Meine Bewerbungen habe ich schon abgeschickt. Kostja geht nach Brasilien. Und ich, lächelt Mischa mir zu, gehe mit dir. Wohin, frage ich, als bestünde die Möglichkeit, nicht mehr dorthin zurückzukehren, woher ich gekommen bin. Nach Berlin. Das ist mein Traum. Die Läden, sagt Nastja, schließen um acht. Und sonntags bleiben sie ganz geschlossen. Außerdem ist das Wetter bei euch genauso grässlich wie bei uns. Da kannst du gleich hierbleiben. Unsinn, widerspricht Mischa. Angenehm legt sich sein Bariton in mein Ohr, gleich einer Welle, die warmes Wasser führt. Die Menschen in Deutschland achten einander. Sie respektieren die Privatsphäre ihres Nachbarn. Eine Unterschrift einzuholen, wird nicht zu einem Akt der Selbsterniedrigung. Und eine abweichende Meinung verlockt keinen Zaren dazu, seine Opritschniki auszusenden.

Wir fliehen wie Ratten von einem sinkenden Schiff. Wir sind an einem Spielplatz vorbeigelaufen, der als Hundetoilette genutzt wird. Und im Hausflur riecht es nach kaltem Rauch. Die Fahrkartenverkäuferin hat heute versucht, mich um fünf Rubel zu betrügen. Kein Wunder, lacht Mischa, dass einen da die Idee packt, nach Deutschland auszureisen. Nastja füllt schweigend unsere Teetassen mit Wodka auf. Manchmal, sage ich, wenn das Leder die Nässe nicht abzuhalten vermag und die Socken erfasst, habe ich den Verdacht, mich nicht vom Fleck bewegt zu haben. Ich bin dreitausend Kilometer gereist, um festzustellen: Ich habe mich nicht verändert. Nichts hat sich getan, seitdem ich von zu Hause weggegangen bin. All die kleinen Probleme, die ich loswerden wollte, Selbstzweifel und Unsicherheiten hängen mir an. Du könntest glücklich sein, du hast einen deutschen Pass, weist Mischa mich lächelnd zurecht. Du kannst, sobald du in deinem Paradies die zerbrochenen Fensterscheiben entdeckst, einfach deine Sachen packen.

Ich schaue, weil Friedrich mich darum gebeten hat, bei seinem österreichischen Stammtisch im Konsulat vorbei. Tschechisches Bier steht auf dem Tisch. Und ein Kuchen, der weder mit Sachertorte noch mit Linzer Torte verwandt ist. Friedrich hält einen Vortrag über die Steiermark. Ein Mann jenseits der vierzig – kahlköpfig, aufgedunsen, mit Schnauzer – bedient, während Friedrich redet, den Laptop. In der ersten Reihe sitzt ein junges Mädchen, das sich Notizen macht. Wir setzen uns neben Mischa in die letzte Reihe. Mitja schaut, obwohl er nicht versteht, statt der Bilder Friedrich an. Um dann zu sagen: Schöner als Berlin.

Im Anschluss an seinen Vortrag stellt Friedrich noch eine Band vor, die er, wie er mir augenzwinkernd gesteht, selbst schrecklich findet, allerdings weniger schrecklich als alle anderen Bands, die beim Singen auf ihren steirischen Dialekt nicht verzichten können. Drei Männer, Kopien von Friedrichs Assistenten, erscheinen auf der Leinwand. Und tragen unglaublich fröhliche Gesichter zur Schau. Eine Freude, die wütend macht. Mischa schlägt vor, dass wir unsere Ohren irgendwo anders reinwaschen. Kaum erklingt der letzte Ton, setzt sich ein Trupp von jungen Menschen in Bewegung.

Mischa springt auf, dabei stößt er sich fast an der merkwürdig niedrigen Decke. Friedrich umschwirren ein paar Mädchen, die – das sieht man sofort – überallhin mitgehen würden, nur um ihm weiter zuzuhören. Mitja verdreht die Augen, als mir, wie immer in seinem karierten Hemd, der Junge aus meinem Filmclub auf die Schulter tippt. Ich stammle: Ich habe, ein Missgeschick, deine Nummer, die hätte ich nie verloren, aber der Wind, quasi, hat sie mir aus den Händen gerissen. Und: Kommst du mit?

Wir sitzen in einer Bar, die mir, obgleich sie auf meinem Weg zur Bibliothek liegt und eine übergroße, purpurne Beere über dem Eingang hängt, bis jetzt nicht aufgefallen ist. Die Bänke und Stühle sind mit schwarzem Leder bezogen; auf silbernen Wänden ineinander verschlungen: fremdländische Schriftzeichen. Über den Boden kriecht Nebel. Und geheizt ist, dass einem schwindelig wird.

Quer über den Tisch verlaufen mehrere Gespräche. Am Kopf des Tisches sitzt Friedrich, um ihn herum, zu einer Traube formiert, die Mädchen, die freundlich lächeln und, an Friedrich und mich gerichtet, Fragen stellen, die wir tausendmal schon – in wie vielen Leben? – beantwortet haben. Spricht Friedrich mich an, antworte ich ihm mit Handzeichen. Woraufhin der österreichische Germane mit einem Organ, das er sich bei seinen heidnischen Göttern geliehen haben muss, alle anderen Gespräche übertönt, sodass für einen Moment vollkommene Stille einkehrt. Mir gegenüber unterhält sich Mitja mit einem Mädchen, das errötet, sobald es aufgefordert wird, sich an einem der Gespräche, die auf Deutsch geführt werden, zu beteiligen. Links von mir sitzt Mischa und unterhält sich mit Sinaida, die, als ich gerade weggeschaut habe, aus seiner Brusttasche geschlüpft sein muss. Mein bevorzugter Gesprächspartner an diesem Abend ist Tolik, mein Liebling aus dem Filmclub, dessen Jungsgesicht ich genüsslich nachgezeichnet habe, als er angestrengt versuchte, Friedrichs Ausführungen zu folgen.

Er hat sich, nach einem flüchtigen Blick auf die Preise, spontan dazu entschieden, einen Saft zu trinken. Ich stelle, ohne dass jemand anderes es bemerkt, meinen Drink auf einem Bierdeckel ab, der genau zwischen uns liegt. Und nicke ihm zu, während er redet, nicht weil er keine Fehler macht, sondern weil ich nicht riskieren möchte, dass er ins Stocken gerät. Ich möchte nicht, dass er Sätze geradebiegt, Ideen zurechtrückt, Geschichten, die holperig hervorgebracht werden müssen. Jede Korrektur, von Verlust begleitet, ist ein ernüchternder Eingriff. Er wohnt, erzählt Tolik, mit seiner Mutter zusammen, die einen Freund hat, der nicht sein Vater ist. Einen größeren Bruder hat er, der in Norilsk lebt, oben im Norden, und bereits ausgezogen ist, als Tolik noch bäuchlings über den Flur robbte. Er möchte Lehrer werden, hat sich gerade eingeschrieben an der Pädagogischen Fakultät. Nachmittags gibt er Nachhilfe, um Neujahr herum spielt er den Weihnachtsmann, und am Wochenende steht er – ob ich das kenne? – im Greenwich und presst Saft. Wenn ich mal Zeit habe…

Mitja stößt mir, mitten im Gespräch, gegen das Schienbein. Bist du noch da, motzt er. Ich habe dich etwas gefragt. Ja, ja, sage ich. Ich habe dem jungen Mann bei der Lösung eines grammatikalischen Problems geholfen. Weißt du, frage ich und rücke mir dabei die Brille zurecht, was ein Plusquamperfekt ist? Etwas, das schon abgeschlossen ist, bevor etwas anderes, das ebenfalls abgeschlossen ist, überhaupt angefangen hat. Eine Vergangenheit, die kein Schlupfloch für Gegenwärtiges lässt. Sinaida, ihrer Schwäche für Garstiges frönend, bricht in Lachen aus. Leicht versetzt steigt auch Tolik ein. Mitja kippt, den knallroten Kopf seiner Gesprächspartnerin zuwendend, sein Bier in einem Zug hinunter. Dann diktiert mir – damit ich sie nicht wieder verliere! – Tolik auch noch seine Nummer.

Am Ende – als Friedrich sich aufgemacht hat, sind auch die jungen Mädchen nach Hause geflattert – sitzen nur noch Mischa, Tolik und ich – und, weil er uns nicht über den Weg traut: auch Mitja – an dem Tisch. Einen noch, lacht Tolik. Und hebt, um zu prüfen, dass er nichts übersehen hat, sein leeres Glas gegen das Licht. Bestell dir, wonach dir ist, kichere ich. Tolik winkt die Kellnerin heran, die sich schlürfenden Schrittes durch den Nebel bewegt. Und Mitja knurrt: Musst du morgen nicht arbeiten? Morgen ist Freitag. Im Deutschen – weißt du das nicht? – bedeutet das, dass der Tag frei ist. Frei von Arbeit, frei von dummen Fragen. Frei heißt frei, und Tag heißt Tag … Ich kenne, mischt Mischa sich ein, da so einen Ort. Einen Ort? Was denn für einen? Lass hören, lacht Tolik.

Der kommt hier nicht rein, raunt die bullige Türsteherin, über meinen geduckten Kopf hinweg, meinen Männern zu. Der Ministerpräsident bietet mir, ein Lächeln auf den Lippen, eine Zigarette an. Und Tolik scharrt mit dem Stiefel etwas Schnee zusammen. Mischa, den Fuß schon auf die unterste Treppenstufe gesetzt, macht auf dem Absatz kehrt: Wie bitte? Unser Freund ist aus Deutschland angereist. Er spricht immer so.

Das ist seine natürliche Art und Weise, sich zu artikulieren. Angereist, um unseren Club zu besuchen? Der Pitbull verwandelt sich in eine Lachmöwe, die mit den Flügeln klatscht: herzlich willkommen.

Benehmt euch, flüstert Mischa uns zu. Das ist nichts Thematisches. Ich gebe ihm, mit einem angedeuteten Nicken, zu verstehen, dass ich verstehe. Ich achte darauf, beim Laufen die Hüfte nicht allzu sehr kreisen zu lassen. Sprechen werde ich erst wieder, wenn wir auf der Tanzfläche stehen und mein Wort, von Takten zerschnitten und Bässen geschluckt, keinen Verrat mehr begehen kann. Mitja ordert Getränke. Und Mischa spricht mit dem DJ. Zwei Männer, beide in Stoffhose und Satinhemd, jeder eine Schönheit an seiner Seite, laufen an uns vorbei. Die Männer mustern uns skeptisch. Ihre Frauen schauen durch uns hindurch, als würden wir gar nicht existieren. Vielleicht liegt das daran, dass wir unangemessen gekleidet sind. Oder daran, dass meine Haare, von der Kapuze geplättet, aussehen, als würde ich einen Helm tragen. Hätte ich gewusst, dass wir ausgehen, errät Tolik meinen Gedanken, dann hätte ich mir etwas anderes angezogen. Unsinn, behaupte ich. Wir sehen – du noch ein klein wenig besser als ich – gut aus. Mitja nehmen wir die Drinks aus der Hand, noch bevor er sie auf dem Tisch abstellen kann. Und trinken, als hätten wir nie einen einzigen Schluck genommen, als wüssten wir mit dieser Materie nicht umzugehen: Nie hat etwas so Herrliches den Körper durchströmt ...

Auf der Tanzfläche fliegen Arme und Beine, wie losgelöst von den Körpern der Tanzenden, um mich herum. Ein Ellenbogen trifft mich in der Seite. Ich nehme davon Notiz wie von etwas, das mich nichts angeht. Dann steht Tolik vor mir, angestrahlt wie eine Statue. Und gibt, das Holzfällerhemd aufgeknöpft und hochgekrempelt, einen Blick auf seine Brust frei. Ich streiche darüber, einem Reflex folgend: Wie man einen Ball fängt, der einem zugeworfen wird. Tolik reißt daraufhin den Mund auf. Und streckt mir die Zunge raus, auf deren Rücken, verlockend wie ein Bonbon, ein Piercing sitzt. Du tanzt, als würdest du eine ganz andere Musik hören. Ich schüttele den Kopf: Ich habe bloß die Kontrolle über meine Beine verloren. Scheiß drauf, lacht Tolik. Und tritt so nah an mich heran, dass seine Lippen fast auf meinem Ohr aufliegen. Ich fahre ihm durch sein kurzes, stoppeliges Haar. Und küsse dieses schöne, in Licht gebadete Wesen auf den Mund. Dann reißt der Film.

Ich wache auf zu einer unmöglichen Zeit, ohne Erinnerung daran, wie ich nach Hause gekommen bin. Die Arme und Beine lassen sich noch bewegen. Flüchtig taste ich mir übers Gesicht. Ich betrachte das Laken, das sich aufbläht und einfällt. Mit der Vorsicht eines Kuckucks, der eines seiner Eier in ein fremdes Nest legt, schlage ich es zurück: Mitja und Mischa liegen, in nassgeschwitzten Shirts und Shorts, die nicht dort sitzen, wo sie hingehören, in meinem Bett. Ich schlüpfe in meine Jeans, dabei werde ich eines Blutergusses auf meinem Oberschenkel gewahr. Ich stehle mich, aus dem eigenen Bett flüchtend, davon.

In der Küche sitzt Tolik. Und schmiert sich ein Brot. In meiner Jogginghose. Ich habe, lächelt er, meine Hose nicht mehr gefunden. Und: Der Kaffee zieht gerade durch. Wo habt ihr den Zucker? Im Schrank habe ich keinen gefunden. Ich trinke, sagt Tolik, meinen Kaffee mit drei Löffeln Zucker. Hier, sage ich. Da springt mir die Tüte aus den Händen. Als sie gegen die Tischkante prallt, schießt der Zucker in hohem Bogen hervor, und rieselt schließlich auf Tisch und Fußboden. Drei Löffel hätten völlig genügt, scherzt Tolik. Ungehalten platzt es aus mir heraus: Sag mal, haben wir gestern – Was, fragt Tolik, den naiven Jungen mimend, nach dem er aussieht, wenn er einem nicht gerade, die Brust entblößt, seine gepiercte Zunge entgegenstreckt und sich provokativ in den Schritt fasst. Keine Sorge. Du bist, sagt Tolik, gleich ins Bett gefallen. Und hast geschlafen wie ein Murmeltier. War übrigens gar nicht leicht, dich nach Hause zu bringen.

Hat dein Mitbewohner nichts gesagt? Mateusz und ich sitzen in der Mensa, in der hintersten Ecke. Der hat gesagt: Nicht schlecht. Hat sich einen Kaffee genommen und sich wieder in sein Zimmer verzogen. Mitja hat verlegen zu Boden geguckt. Zuvor, als ich meine Taschen nach meinem Portemonnaie durchsucht habe, ist mir mein Smartphone in die Hände gefallen. Vier Nachrichten lang hat Mitja mir bittere Vorwürfe gemacht, die fünfte Nachricht enthielt bloß ein einziges Wort. Weil Tolik sich geweigert hat, es mir zu übersetzen – sowas gibt es im Deutschen gar nicht! – habe ich mich ins Netz eingeloggt. Und? Einen Moment lang war ich versucht, mich zurück in mein okkupiertes Zimmer zu schleichen und dem unverschämten Kobold ein Kissen ins Gesicht zu drücken. Dann habe ich gedacht: Eigentlich ist alles ganz gut so.

Mateusz löst, auch am Mittagstisch ein Ästhet, gekonnt die Gräten vom Fisch. Ein blassrosa Viereck, zaghaft in Dillsoße getunkt, verschwindet in seinem Mund. Ich löffle meinen Buchweizenbrei und trinke Moosbeerensaft. Fast schon ein richtiger Russe, scherzt mein polnischer Kollege. Da taucht –

erst erkenne ich sie gar nicht, will sie wahrscheinlich gar nicht erkennen – im Türrahmen die Leiterin des Instituts für Politik- und Sozialwissenschaften auf. Marfa Jakowlena, ruft ihr Mateusz zu. Und hebt – nein, nein, flüstere ich – seine Hand zum Gruß. Die Muskeln in meinem Gesicht – reine Schutzfunktion! – formieren sich. Ich lächle, während Marfa Jakowlena sich unserem Tisch nähert, mein Kleine-Jungs-Lächeln, dieses aus Hausfrauenzeitschriften abgepauste Lächeln, dem jemand, der Herz hat, alles vergeben mag. Für Situationen, in denen mir nicht zum Lächeln zumute ist, habe ich es vor langer Zeit eingeübt. Und nun stellt es sich automatisch ein. Ich hole mir, ruft Marfa Jakowlena, nur eben eine Kleinigkeit.

Schön, Sie zu sehen. Ich bin leider in der letzten Zeit sehr beschäftigt gewesen, auf Dienstreise in den Staaten, in Singapur, Kontakte zu einer Universität knüpfen … Ein türkischer Kollege, ein – das dürfte Sie interessieren – Literat vom Bosporus, ist letzte Woche zu uns gestoßen … Von Ihnen – Marfa Jakowlena wendet sich mir zu – hört man nur Gutes. Die Studenten würden freiwillig ihren Club besuchen. Und bei den Kolleginnen haben sie ohnehin einen Stein im Brett. Ich war mir, behauptet Marfa Jakowlena mit einer Stimme, die kaum zum Widerspruch einlädt, schon bei unserer ersten Begegnung sicher, dass Sie uns nicht enttäuschen würden. Schön, dass wir Sie hier haben! Ich sage: Vielen Dank. Und denke: Irgendwie wollen Ton und Bild nicht recht zusammenpassen. Das ist das Gesicht einer Frau, die zu früh zu viel Erfolg hatte, ein Gesicht, das sich an den Erfolg gewöhnt hat oder in dem sich der Erfolg eingerichtet hat. Ein klobiges, holzschnittartiges Gesicht, dem es an Feinem fehlt.

Sinaida steht an der Haltestelle. Der Pony, behelfsmäßig mit Haarklammern gebändigt, gibt den Blick auf ihr drittes Auge frei. Ich sage: Schön, dich zu sehen. Sinaida spricht meine Worte nach. Wie geht's dir, frage ich. Normal. Normal? Normal, wiederholt Sinaida ein wenig lauter.

In der Marschrutka stehe ich zwischen drei Halbwüchsigen. Bei jeder Kurve streift mich ein Ranzen. Eine Tasche baumelt gegen mein Schienbein. Es gibt sie einfach, sage ich mir. Es gibt Menschen, die kein Gefühl für den eigenen Körper haben und sich im Raum fortbewegen, als wäre alle Materie durchlässig für Kurven und Kanten, Ranzen und Ellenbogen, eine Art Äther, der keinerlei Grenzen aufzeigt. Und dann gibt es Menschen, die gänzlich festgelegt sind auf ihren Körper, die in der Marschrutka stehen, eingequetscht, zwischen Regenmänteln und Daunenjacken, und sich in ihren Grenzen bedroht fühlen, die ein physisches Unwohlsein erfasst, wenn sie bloß den Atem des Hintermannes im Nacken spüren. Ich zähle mich ganz eindeutig zu letzterer Sorte, anders als die Halbwüchsigen um mich herum: Nichts in ihrem Verhalten lässt vermuten, dass ich existieren könnte.

Der Schnee, schlammbesprenkelt, bildet entlang des Bürgersteigs ein Gebirge. Um auf die andere Straßenseite zu gelangen, muss ich einen weiten Umweg laufen. Ich tippe Mitjas Nummer ein. Der schlägt mit schläfriger Stimme vor, ins MEGA zu fahren. Dort gebe es all die Geschäfte, die ich von zu Hause kennen würde: H&M und Zara, Stockmann und IKEA… Außerdem – falls ich mal einen kulinarischen Wunsch der besonderen Art hätte – den Hypermarkt Aschan.

Von getrockneten Feigen über Babyananas und Sojaschnitzel würde ich dort alles bekommen … Am Wochenende könne es sehr voll werden. Donnerstag, schlage ich vor. Da muss ich erst Ljoscha – es macht dir, fragt Mitja, doch sicherlich nichts aus, wenn ich meinen Freund mitbringe? Nicht doch. Keineswegs, sage ich, überrascht, wie leicht mir diese Worte über die Lippen gehen. Dann bis Donnerstag, verabschiedet sich Mitja. Im Hupkonzert an der Kreuzung erstickt meine Frage: Du hast einen neuen Freund?

Schalte mal die Nachrichten ein. Ich kann jetzt nicht, wehre ich ab. Ich stehe gerade am Herd. Der Teig über dem Fett hebt sich. Im Zentrum ist er goldbraun, in den Randbereichen noch mehlig weiß. Mach schon. Mischa besteht darauf, dass ich den ersten Kanal einschalte. Seine Worte überschlagen sich, sodass ich Mühe habe, ihn zu verstehen. Was ist los, frage ich. Und Mischa weist mich zurecht: Nun mach schon. Ein kahler Nachrichtensprecher berichtet davon, dass vierzig Prozent der Kinder, die in homosexuell geführten Haushalten aufwachsen, sexuell übertragbare Krankheiten hätten und dass neunundsiebzig – siebenundneunzig? – Prozent der Homosexuellen in Frankreich ausschließlich sexuelle Kontakte zu Unbekannten pflegen würden. Was ist das für eine Sendung? Was heißt das, frage ich irritiert. Was das heißt, brüllt Mischa unbeherrscht in den Hörer. Ich habe den Anfang verpasst. Ich weiß nicht, schreie ich zurück, ob ich alles richtig verstanden habe. Und ob du richtig verstanden hast! Da öffnet sich die Tür zu Friedrichs Zimmer: Alles in Ordnung? Und etwas später: Was stinkt denn hier so?

Ohne gegessen zu haben, räume ich den Tisch ab. Ich

kratze die Pfanne aus, erledige den Abwasch. Dann stelle ich die Waschmaschine an, mache alles Mögliche, um mich zu beschäftigen, alles, was Lärm verursacht.

Nastja, eine Zigarette im Mundwinkel, öffnet mir im Nachthemd die Tür. Mischa nimmt gerade eine Dusche. Haben ihn, sagt sie, ziemlich aufgewühlt, diese sogenannten Nachrichten. Nastja macht eine wegwerfende Bewegung, dann verschwindet sie in die Küche, um kurz darauf mit einer Platte sogenannter Butterbrote wiederzukommen, Brotscheiben, die, obwohl sie Butterbrote heißen, mit Käse und Wurst belegt sind, manchmal sogar mit einem Salatblatt garniert, einem Scheibchen Gurke, einer Tomatenspalte.

Dann steht Mischa vor mir, ein Bär von einem Mann, so viel Fleisch, dass sich zwei Männer daraus formen ließen, ein Handtuch um die Hüften gelegt, die Augen gerötet, in seinem Brusthaar hängen, wie gläserne Kokons, Wassertropfen. Ohne mich zu begrüßen, sagt er in demselben emotionslosen Ton wie der Nachrichtensprecher vom ersten Kanal: Die bereiten unser Ende vor. Die stimmen das Volk auf die Gesetze ein, die es unmöglich machen, sich in der Öffentlichkeit wertfrei oder gar positiv über Homosexualität zu äußern. Gesetze, die sie, bevor sie den landesweiten Entwurf nachlegen, in einzelnen Regionen bereits testen. Mach dir keine Sorgen, sage ich. Russland steht nicht isoliert da. Russland unterhält vielfältige Wirtschaftsbeziehungen mit Europa. Das kann sich Putin keinesfalls erlauben, schon gar nicht vor den Olympischen Spielen. Schaust du, fragt Mischa tonlos, denn keine Nachrichten? Mir ist bekannt, dass es Andersdenkende hierzulande nicht unbedingt leicht haben. Ja, ja, fällt Mischa mir ins Wort. Bestimmt hast du Solschenizyn gelesen. Und Politkowskaja? Hast du mitbekommen, wie Grosny dem Erdboden gleichgemacht worden ist? Erinnerst du dich an den Einmarsch der russischen Armee in Georgien? Nein? Kein Wunder. Ich weiß nicht, flüstere ich, worauf er hinauswill. Nastja lächelt müde, nimmt einen kräftigen Zug und reicht mir den Joint, den sie seelenruhig gedreht hat. Ich meine, sagt Mischa, dass wir handeln müssen. Wie sollen wir uns zur Wehr setzen, wenn sie uns erst einmal das Wort verboten haben? Einen Sprengsatz zünden auf der Wajnera? Wenn dieses Gesetz verabschiedet wird, bin ich weg. Wolltest du, frage ich, nicht ohnehin dein Land verlassen? Ja, sagt Mischa. Aber ich wollte es nicht verlassen müssen. Ich mache mal etwas Musik an, schlägt Nastja vor.

Es gibt Tage, da könnte ich ununterbrochen trinken. Ich trinke in einem Zug ein Glas Wasser leer. Und fülle es gleich wieder auf. Ich weiß nicht genau, woher dieser Durst kommt, der nicht menschlich ist. Ich weiß nicht, was es ist. Vielleicht ist etwas in dieser Luft, das ich nicht vertrage. Etwas, das austrocknet. Da wächst eine Wüste in dir heran. Und du kannst nichts dagegen machen. Vergeblich versuchst du, dagegen anzutrinken. Heute jedenfalls ist einer dieser Tage. Wenn es stimmt, was Mischa gesagt hat, gibt es hierzulande keine Perspektive für uns. Wir werden enteignet. Legen wir nicht freiwillig ein Schweigegelübde ab, reißt man uns die Zunge raus. Ein Puttendasein ist für uns vorgesehen. Ständig muss ich an die griechischen Gottheiten im Potsdamer Schlosspark denken, mit den frommen Gesichtern und abgeschlagenen Genitalien. Ich trinke fünf Gläser Wasser auf einmal.

Ich schlüpfe in einen schwarzen Pelz, der mich in einen Adligen – mindestens: einen Fürsten – verwandelt. Dir fehlt nur noch ein Gehstock. Großspurige Stiefel, lächelt Ljoscha. In diesem Aufzug würde ich in der Straßenbahn, wenn die Omis, mit Einkaufstüten beladen, vom Markt kommen, schlichtweg stecken bleiben. Ljoscha begutachtet die silbernen Knöpfe. Was ist das? Schneeleoparden. In der Bahn schwitzt du dich tot, auf der Straße pfeift dir der Wind durch die Schlaufen.

Ich probiere einen Mantel von der Farbe frisch gefallenen Laubs an. Dazu einen Hut, dem bloß eine Feder fehlt, um aus mir einen Förster zu machen. Sieht gut aus, sagt Mitja. Und hält sich die Hand vor den Mund. Ljoscha schüttelt energisch den Kopf: No way. Also trenne ich mich wieder von dem Mantel, von dem ich nicht sagen kann, ob er Charakter besitzt oder einfach lächerlich ist. Als ich mir das nächste Mal im Spiegel begegne, breche ich, so als hätte die Person, die mir entgegenblickt, nichts mehr mit mir zu tun, in schallendes Gelächter aus: Ich bin der Marshmallow Man, auf Stelzen zwar, doch besteht kein Zweifel daran, ich bin der Marshmallow Man, mit nach hinten gegeltem Haar. Mitja versteht meine Reaktion nicht. Und Ljoscha befreit mich von dem Ungetüm. Komm mit, sagt er. Ich kenne einen guten Laden.

Ljoscha weiß auf den ersten Blick, was kleidet, welcher Stoff, für sich genommen, schön ist, aber unvereinbar mit meinem Typ. Ljoscha sieht Fehler im Muster, Fäden, bevor sie sich lösen. Er weiß, wie Kragen und Mütze sich vertragen. Erschöpft davon, nicht zu sehen, was Ljoscha sieht, zieht Mitja sich zurück, lässt sich auf einer Holzbank nieder, in unmittelbarer Nachbarschaft eines dickbäuchigen Papatiers, das, zum Einkaufsbummel verurteilt, ergeben darauf wartet, dass sein Weib rotwangig und mit leuchtenden Augen aus der Kabine tritt und ihn zur Kasse bittet. Ljoscha reicht mir eine Daunenjacke, von der er – noch bevor ich drinstecke – weiß, dass sie es ist. Der Yeti, der mir im Spiegel begegnet, befremdet mich zwar, gleichzeitig ist mir klar, dass Identitäten – sind sie einmal in Erscheinung getreten – sich nicht ungefragt zurück auf einen Kleiderbügel hängen lassen. Das Grau eines trüben Novembertages – ist das meine Farbe? Der körperbetonte Schnitt, die Kapuze, die sich wie ein Scheunentor schließen lässt, mit einem Vorhang aus Waschbärfell … Ich bin ein Yeti, sage ich. Ist das eine neue Erkenntnis, lächelt mein Shopping Guide.

Wir stehen vor dem MEGA, Mitja läuft von Marschrutka zu Marschrutka und studiert die Routen, die, auf einem A4-Papier ausgedruckt, im Fenster des Beifahrers kleben, um dann doch noch, sicherheitshalber, den Kopf in den Kleinbus zu strecken und nach dem Weg zu fragen. Ich ziehe währenddessen mein Filzmäntelchen aus und schlüpfe in die Umarmung meiner Daunenjacke. Mir ist, sage ich zu Ljoscha, als würde ich eine beheizte Stube betreten. Als würde ich die Kälte einfach abschütteln. Hat Kleidung, fragt Ljoscha, in Deutschland viel mit dem Wetter zu tun? Was ist dein persönlicher Kälterekord? Ich überlege. Ljoscha erzählt: Es gibt Tage, da frieren dir die Nasenschleimhäute an. Die Obdachlosen verziehen sich in die Kanalisation. Autofahrer lassen, während sie ihre Einkäufe erledigen, den Schlüssel stecken, aus der begründeten Angst, der Motor springt nicht mehr an.

Ljoscha redet, ohne von sich zu erzählen. Was ich über ihn

weiß, hat Mitja mir erzählt – in demselben überschwänglichen Ton, in dem er, als ich gerade erst angekommen war, jedem, der es nicht wissen wollte, von seinem deutschen Freund erzählt hat, mit dem er gerade in einem Café sitzt oder auf einem – irgendeinem – Korridor der Staatlich Föderalen Universität rumhockt und darauf wartet, dass mir ein als Schwester kostümiertes Mädchen den Ausweis aushändigt, der alle Türen öffnet. Von Ljoscha hat Mitja erzählt, dass er, gerade einmal dreiundzwanzig, vor Kurzem sein Studium abgeschlossen habe, mit der Bestnote, ein aufstrebender Architekt sei, der – bei einer Kammer, deren offizielle Bezeichnung nur so von Genitiven wimmelt – ein Projekt eingereicht habe, um irgendein Objekt, Spielplatz oder Hinterhof, anwohnerfreundlicher zu gestalten, ein helles Köpfchen sei er, tadellos gekleidet, gut bestückt, ein fantastischer Küsser.

Ich hatte einen selbstverliebten Schnösel erwartet. Und mir gleichzeitig vorgenommen, Ljoscha nicht anders als reizend zu finden. Dass es so leicht würde, hatte ich nicht gedacht. Während Mitja hinter den ausladenden Kurven einer Matroschka verschwindet, blättern Ljoscha und ich uns durch ein buntes Prospekt, bewerten Mode und Modells. Brüderlich teilen wir uns einen Favoriten, ganz unähnlich unserem Ministerpräsidenten. Wir tuscheln und kichern. Der junge Mann auf dem Sitz vor Ljoscha bekommt lange Ohren. Heute, flüstere ich, bin ich Adliger, Förster und Marshmallow Man gewesen. Und jetzt bin ich – in einem, versteht sich – Yeti und Schulmädchen auf Klassenausflug. Ljoscha prustet. Die Oma am Fenster räuspert sich effektvoll. Und Mitja schaut verunsichert hinter den Kurven seiner Sitznachbarin hervor.

Den ganzen Tag habe ich dafür aufgewendet, die Wohnung herzurichten. Friedrich hat eine Bierkiste angeschleppt für die Herren der Schöpfung und für die Damen lieblichen Weißwein, der auf den Blusen garantiert keine Flecken hinterlässt, zum Anstoßen Wodka, zum Mixen Rum. Ich habe Salate geschnippelt, Dill und Petersilie fein gehackt und in den Schmand untergerührt. Die letzten kahlen Stellen auf dem Flur habe ich mit Postern verkleidet, die ich Jugendzeitschriften entnommen habe. Neben den drei Recken macht Julia Wolkowa Werbung für plastische Chirurgie, die drei Schlampen von VIA Gra geben so tiefe Einblicke, dass für Fantasie nichts übrig bleibt. Fünf Mal bin ich aus dem Bad geeilt, um einem Gast die Tür zu öffnen, weil unsere Gegensprechanlage nicht funktioniert und der Stein, den ich in die Tür gelegt habe, immer wieder zurück in den Seitengraben gehüpft ist.

Die Schönheiten aus dem Konsulat sitzen, wie für einen Empfang zurechtgemacht, in schicken Cocktailkleidern um den Küchentisch, auf dem – gefüllt nicht mit Weißwein, sondern Orangensaft – ihre Gläser stehen. Aus der Tasse vor Sofia schaut ein Teebeutelchen. Im Raum verteilt, am Fenster, vor dem Herd, mit Blick auf die kunstvoll frisierten Haare von Friedrichs Kolleginnen, stehen, jeder ein Bier in der Hand, die Männer, die ich in den letzten Monaten gesammelt habe: Mitja, Goscha und Ljoscha, Schurik, Mischa, alle überragend, und schließlich Tolik, anders als die anderen nicht in Jeans und Pullover, sondern in Muskelshirt und Trainingshose, kein Bier in der Hand, sondern eine Cola, wer weiß, womit gemischt. Friedrich spricht einen Toast. Und reihum wird uns zugeprostet. Ich war mir sicher, höre ich mich sagen, wundervolle Menschen zu finden. Ich war mir sicher, noch bevor ich dieses Land betreten habe, dass es gar nicht anders sein kann. Die Gespräche, die unter dem konstanten Zustrom von Bier zu einem zaghaften Gemurmel angewachsen sind, verstummen schlagartig, als Katja, ermuntert durch mein sentimentales Geschwätz, anhebt, ein Gedicht zu rezitieren, das mir bekannt vorkommt, aus Studienzeiten, aber abgesackt ist in die unteren Schichten meines Bewusstseins. Verse, die aus einzelnen, aneinandergereihten Worten bestehen, nichts Verbindendes, Versöhnliches, allein der Bruch, der jedem Wort folgt, fungiert als Fuge, ein Schweigen, das den Hörer gefangennimmt, dazu dieser Ton, den die Russen erfunden haben, Melancholie als Artikulationsmodus. Ich würde mich gerne nach dem Verfasser des Gedichtes erkundigen, aber Sofia spricht stumm die Worte mit, Mischa hat seine Augen geschlossen, als könnte er dadurch besser hören, und Schurik segnet jeden Vers mit einem Nicken ab. Sofia schließt sich Katja mit einem selbstgeschriebenen Poem an, das nicht weniger getragen daherkommt, aber – mit Pointen versehen – Lacher erntet. Als die Fräulein vom Konsulat ihren Vortrag abgeschlossen haben, stellen meine gesammelten Männer ihr Bier ab und applaudieren. Friedrich reicht Schnapsgläser. Ich gehe mit dem Gurkenfässchen herum. Die Fräulein vom österreichischen Konsulat, die bis jetzt bloß an ihrem Saft genippt haben, kippen den Wodka hinunter, ohne eine Miene zu verziehen. Die Sauferei nimmt ihren Lauf.

Goscha ist, aus einer Laune heraus, auf einen Stuhl gesprungen. Und findet nicht mehr hinunter. Er schimpft auf seine Arbeit, die irgendwas mit der Stadtverwaltung zu tun hat, schimpft auf das Wetter, Glätte und Schnee, schimpft auf den Bierdeckel, der im hohen Bogen durch das Zimmer fliegt. Er lacht und wütet, verwüstet die Küche allein kraft seiner Stimme. Schurik bittet seinen Freund, sich etwas zurückzunehmen. Die Fräulein, als geschlossene Gruppe, wandern indessen in Friedrichs Zimmer ab, wo es Couchgarnituren gibt und einen Schreibtisch, auf dem sich Gläser abstellen lassen. Mitja und Ljoscha haben sich in mein Zimmer verzogen, das Fenster aufgerissen und machen sich, während sie ungeduldig eine Papirossa drehen, wahrscheinlich gerade vor, dass ein Sternenhimmel etwas Romantisches wäre und eine gewisse Atmosphäre kreierte. Irgendwann steht Mateusz, eine Flasche Rotwein in der Hand, im Hausflur, neben ihm Sinaida, in einem Cape, das dem Gefieder eines Raben gleicht. Kostja treffe ich, als ich mich auf dem Flur in die Schlange zur Toilette einreihe. Ist, frage ich, Nastja auch da? Der Brasilianer lacht. Ich glaube, die hat Gefallen an dem Jungen in der Trainingshose gefunden. Nicht gut, sage ich. Und Kostja, die Toilettentür zuziehend, erwidert: Der ist doch nicht etwa auch –?

Irgendwann holt einer von Friedrichs Kollegen, der später gekommen ist, eine Gitarre hervor. Sofort sammeln sich ein paar Gäste um ihn. Ein Fräulein stimmt in seinen Gesang ein. Sinaida prostet mir zu. Katja und Sofia, sage ich, haben Gedichte rezitiert. Und jetzt spielt Vlad – oder Dima? – Gitarre, spielt, als würde er nie etwas anderes machen. Ich hatte das immer für ein Klischee gehalten: Wodka, Gesang und Gedichte. Sinaida lacht. Lacht mich aus oder an, bei solchen Charakteren ist die Grenze fließend. Wie feiert man denn bei euch, fragt Tolik. Wir trinken. Wir trinken auch, lacht Tolik. Und erhebt sein Glas, das nach Cola aussieht und nach Rum riecht. Was noch? Ich überlege. Friedrich sagt: Wir trinken und reden. Und manchmal gehen wir auch, wenn wir uns genügend Mut angetrunken haben, anschließend tanzen.

Warum meine Kolleginnen vom Institut nicht da sind, fragt mich Sofia. Ich sage: Wir hätten gern noch viel mehr Menschen eingeladen. Und rede von Kapazitäten. Etwas später sagt mir ein anderes Fräulein, dass sie erwartet hätte, Shanna Nikolajewna hier zu treffen. Oder Shenja. Ein anderes Mal, behaupte ich, wird auch Shanna Nikolajewna dabei sein. Man müsse klein anfangen. Und erst einmal sehen, wie sich die Gäste vertragen. Noch ein Glas Weißwein? Wodka? In der Küche dominiert – noch oder wieder? – Goscha das Geschehen, die Arme erhoben. Und redet, ohne Luft zu holen. Schurik steht neben ihm, hört zu oder weg, Ljoscha grinst vor sich hin, Mitja – die Tür hat er nicht rechtzeitig zubekommen – hält seinen Kopf über die Kloschüssel. Nicht einmal zufällig, denke ich, würden sich ihre Hände berühren. Nacken, Stirn, Mund – alles Tabuzonen. Was hier für Distanzen zwischen den Liebenden liegen! Mitja, obwohl sturzbetrunken, würde nicht einmal auf die Idee kommen, seinem Freund über die Wange zu streichen. Ich möchte Shanna Nikolajewna nicht einladen. Denn: Wenn es einer weiß, wissen es alle. Und: Wenn es alle wissen, ist es für jeden Einzelnen schwer, so zu tun, als wisse man es nicht. Zehn Jahre lang war ich nicht mehr ungeoutet. Mit sechzehn bin ich aus dem Schrank gekommen. Und nun kehre ich dorthin zurück. In einen Schrank, der mir zu eng geworden ist.

Ich sitze mit Mateusz in der Mensa. Mateusz erzählt mir, dass er genug hat. Dass er, in seinem Alter, nicht länger in einem Studentenwohnheim leben möchte. Dass er nicht diskutieren will, wenn er fünf nach zwölf ins Wohnheim kommt und der Hauswart ihn mit erhobenem Finger darauf hinweist, dass er ihn nicht mehr hereinlassen müsse und ja wohl ein Recht auf seinen Feierabend habe. Dass sich dieser Aufwand nicht lohnt für zwei, drei Studenten. Ich werde, sagt er, zurück nach Polen gehen. Ich knabbere an einem Teilchen, das zu hundert Prozent aus Zucker zu bestehen scheint. Und weiß nicht, was ich sagen soll, außer: dass ich verstehe. Die Russen sagen, wenn es nichts hinzuzufügen gibt: Jasno. Oder: Ponjatno. Alles klar, verstanden. Dann erhält der Leidklagende noch einmal Gelegenheit, sein Leid auszuführen, die Ungerechtig-keit – im konkreten Fall oder im Allgemeinen – anzupran-gern, sich zu suhlen in seinem alltäglichen Elend. Der Zuhörer wiederholt abschließend einige Male: Alles klar, verstanden. Dann, wenn alles verschmerzt und verstanden ist, kann das Gespräch einen neuen Kurs aufnehmen. Dabei kommt es vor, dass das Folgegespräch, obgleich einem anderen Thema ge-widmet, nach demselben Muster verläuft.

Seitdem ich meine Daunenjacke trage, habe ich einen Traum, der sich mir, wenn ich auf der Straße laufe oder an der Ampel stehe, aufdrängt, kein wirklicher Traum, eher ein Bild oder eine Folge von Bildern, die vor meinem inneren Auge abläuft. Mein Blick ist dann, wenn auch nur für wenige Sekunden, getrübt: Es ist Nacht. Ich laufe ohne Begleitung die Plotinka entlang. Und lasse meine Daunenjacke fallen, den Schal, die Handschuhe. Ich bleibe stehen, steige aus den langen Unter-hosen. Und werfe meinen Pass in die Isset. Das nächste Bild, das sich einstellt, kennt keine Fußspuren. Drei Knöpfe lie-gen im Schnee.

Was ist mit Mitja los? Zweimal hat er mich weggedrückt. Ljoscha wendet seinen Blick nicht von dem Triptychon ab, vor dem wir stehen. Der hat, sagt er, Probleme mit seiner Mutter. Am besten fragst du ihn, sobald er wieder abnimmt, selbst, was los ist. Es war – Ljoscha macht ein paar Schritte zur Seite – nicht viel aus ihm rauszukriegen. Ich kann, sage ich, nichts damit anfangen. Ich weiß nicht einmal, ob es mir gefällt oder nicht. Die Muttergottes verzerrt das Gesicht, als sei ihr jemand auf den Fuß getreten. Das Jesuskind, das sie im Arm hält, gleicht einem Greis. Links führen Schnellstraßen, aufgenommen aus der Vogelperspektive, in einen flammenden Himmel. Das rechte Bild ist mit Lurchen und Kröten bevölkert. Warum die Kröten Kronen tragen, die Lurche Heiligenscheine, ist mir ein Rätsel. Lass es, sagt Ljoscha, ruhig Rätsel bleiben. Oder meinst du, ein Bild wird umso schöner, je mehr du verstehst? Eine Blume finden wir schön, auch wenn wir keinen Namen für sie haben. Der Künstler wird sich doch aber etwas dabei gedacht haben! Was gehen mich, fragt Ljoscha, denn die Gedanken des Künstlers an?

Ich denke: Wo habe ich das nur her, dieses Bedürfnis, alles bis ins kleinste Detail zu durchleuchten, Ideen entkleiden zu wollen, bis nichts als ein dürres Gerüst übrig bleibt, Ästhetik, auf Zahlen und Formeln reduziert?

Wie sollte ich Nein sagen, wenn Walentina Stepanowna, die Grande Dame des Philologischen Instituts, mich darum bittet, auf dem vom akademischen Lehrpersonal organisierten Adventsmarkt den deutschen Nikolaus zu mimen? Also stehe ich, am Sonntag um zehn, im Reschetnikow-Museum unweit der Kathedrale auf dem Blut, in einem Zimmer, das festlich geschmückt ist, mit Weihnachtsbäumen aus Hartteignudeln und Lebkuchenhäuschen, Adventskränzen, Äpfeln, Nüssen, Orangen. Die Leiterin des Museums klebt mir einen Bart auf und reicht mir einen Umhang aus rotem Samt. Sie sind, sagt sie kritisch, zu schlank. Also muss ein Kissen her. Ein rotes Band, um meine Hüfte gebunden, verteilt das Volumen. Bevor sie verschwindet, stellt mir die Frau einen Engel an die Seite. Der richtet die Mitra, die bei jeder Bewegung von meinem Kopf zu fallen droht. Ich heiße Lisa, sagt das Mädchen mit engelsgleicher Stimme. Der perfekte Cast, denke ich. Der Engel wird den Nikolaus übersetzen, der – weil er ja deutsch ist – zu den Kindern deutsch sprechen soll. Vor den Kindern dann gerate ich prompt ins Stammeln. Hohoho? Nein, das war der Weihnachtsmann. Wart ihr das Jahr über auch alle schön brav gewesen? Ich schlage das goldene Buch auf, in dem die Namen der Kinder stehen. Hast du dir, frage ich Ilja, auch immer artig die Zähne geputzt? Keine Antwort. Ilja gibt sich nicht zu erkennen. Und du, sage ich, und deute auf einen etwas größerer Jungen in der ersten Reihe, hast du immer fleißig deine Hausaufgaben gemacht? Der Junge schaut mich mit großen, wässrigen Augen an. Ich befürchte Schreckliches, aber der Junge deutet bloß zaghaft ein Nicken an. Als ich, nachdem ich mein Programm abgespult habe, Adventskalender an die Kinder verteile, zupft ein kleines Mädchen an meinem Umhang. Sollte, fragt mich das Mädchen mit der Stimme einer Lehrerin, der Nikolaus nicht eigentlich Türkisch sprechen? Ein Fall für den Geheimdienst, flüstere ich meinem Engel zu, der den Witz nicht verstehen will. Oder einfach nicht witzig findet. Und zu dem Mädchen: Weißt du denn nicht, dass der Nikolaus alle Sprachen spricht?

Ich befreie mich von dem Bart, der fürchterlich kratzt, ziehe mir meine Daunenjacke über und trete hinaus auf den Hof. Die Kinder verteilen sich auf die Stände. Mit großen Augen bleiben sie an den Brezeln kleben, atmen Süßwaren ein, bohren ihre kleinen, neugierigen Finger in Körbe voll Murmeln, entführen – in unbeaufsichtigten Momenten – Stofftiere, lieben auf Probe. Ich stecke mir eine Zigarette an, da tippt mir ein junger Mann auf die Schulter. Doch nicht vor den Kindern, ermahnt mich Tolik. Ich nehme eilig ein paar Züge, dann trete ich den Stummel aus. Wie war es, fragt er. Meine neue Profession habe ich nicht gefunden. Ich befürchte, den Kindern eher Angst gemacht zu haben. Tolik geht in der Vorweihnachtszeit, verkleidet als Väterchen Frost, von Kindergarten zu Kindergarten, besucht Schulen oder lässt sich privat buchen. Ich hatte ihn gebeten, mich ein wenig zu coachen. Im Museum – der Engel liest der nächsten Gruppe gerade die Nikolausgeschichte vor – gesteht mir Tolik, wie es ihn als kleinen Jungen angemacht hat, beim Väterchen Frost auf dem Schoß zu sitzen.

Anshelika Efimowna stellt mir einen duftenden Tee auf den Schreibtisch. Meine Kolleginnen klauben ihre Papiere zusammen und verschwinden, lösen sich, ohne dass ich einen Guten Tag! wünschen kann, in Luft auf. Die reinsten Lehrstuhlinsassen, denke ich. Und blättere träumerisch in einem Buch. Anshelika Efimowna fertigt, weil ich nicht befugt bin, mit dem Gerät umzugehen, Kopien für mich an. Sergej, mein junger Kollege, betritt das Institut, nickt mir zu. Und setzt sich ans andere Ende des Schreibtischs. Mir fällt nichts ein, das ich sagen könnte. Sein demonstrativ ausgestelltes Desinteresse lähmt meine Zunge. Ich frage mich, ob ihm einfach nicht daran gelegen ist, mit mir ins Gespräch zu kommen. Oder ob er, aus reinem Kalkül, beschlossen hat, keine Annäherung zuzulassen. Damit man ihn nicht mit mir in Verbindung bringt. Platzt die Bombe, zerfetzt es ihm vielleicht einen Arm. Ich werde zurück nach Deutschland gehen. Aber an welchen Lehrstuhl soll mein thematischer Kollege dann wechseln?

Ich darf, sagt Mitja, als er unangekündigt vor der Tür steht, eigentlich gar nicht hier sein. Er sieht, obgleich er sich zurechtgemacht hat, abgespannt aus, ein Ministerpräsident auf Schlafentzug. Als ich ihm ein Glas Wein anbiete, winkt er entschieden ab. O-Saft täte es auch.

Mitja schaltet Musik ein, Lieder, die einen nur treffen können, wenn man betroffen ist, sonst eher seicht dahinplätschern. Ich frage ihn, wie es ihm geht. Und er schaut aus dem Fenster. Ich setze Wasser auf. Und sage: Du hast bestimmt noch nicht zu Abend gegessen. Und Mitja sagt: Zwei, drei Pelmeni, mehr schaffe ich heute nicht. Wareniki, korrigiere ich. Und Mitja nickt gleichgültig: Hauptsache nicht zu viel. Nach dem Essen, als ich gerade den Abwasch mache, sagt Mitja ganz unvermittelt: Ich habe meinen Job verloren. Erinnerst du dich, letzten Monat, als ich mich habe krankschreiben lassen, das war nicht ganz legal. Gestern, ich stand gerade unter der Dusche, klingelte die Polizei bei mir. Und wollte wissen, woher ich meine Krankschreibung habe. Meine Mutter hat Tee serviert und Gebäck gereicht. Und mir anschließend die Hölle heißgemacht. Einen Drogentest hat sie von mir verlangt. Und meinen Wohnungsschlüssel. Mitja stockt. Dann fängt er zu schluchzen an. Ich drehe den

Wasserhahn zu und gehe auf ihn zu, ziehe ihn, die klammen Hände in der Luft, zu mir herüber. Wird alles gut, sage ich. Und Mitja, als verließen ihn seine Kräfte, lässt sich zu Boden sinken. Und hält sich, laut schluchzend, die Hände vors Gesicht. Das wird schon wieder, versuche ich es. Du wirst – ich bin mir ganz sicher – schon etwas finden. Ich streichle ihm über den Kopf, nehme, auf ihn einredend, seine Hände in meine Hände. Endlich beruhigt er sich. Doch anstatt aufzustehen, langt er nach meinem Gürtel, löst die Schnalle. Das sollten wir besser nicht tun, flüstere ich. Und lasse zu, dass er mir die Hose hinunterzieht. Und halte seinen Kopf, während ich in den offenstehenden Mund ziele. Sein kummervolles Gesicht, von Tränen verwüstet, blass und ungesund, gefällt mir – ich kann mir nicht helfen – irgendwie besser als sein Alltagsgesicht, dieses koboldhafte, leicht holzschnittartige.

Lina zieht sich gerade noch die Lippen nach. Lara und Inna begrüßen mich schüchtern. Sie tragen Kleider, die vielleicht einmal ihre Mütter getragen haben, schön, gleichzeitig aber schrecklich altbacken, grober Stoff, Blümchen, ein Schnitt, der die Figur verleugnet. Meine Studentinnen hatten mich am Ende der Stunde gefragt, was ich denn von der Stadt mittlerweile gesehen hätte. Und schließlich vorgeschlagen, mit ihnen in die Oper zu gehen. Die Karten hatten sie schon besorgt.

Nun stehen sie vor mir und wissen nicht, worüber sie mit ihrem Lehrer sprechen sollen. Es entsteht eine Pause, die ich fülle, indem ich behaupte, von Opern keinen blassen Schimmer zu haben. Den Text würde ich in keiner Sprache verstehen. Und: Worum gehe es überhaupt in der Oper? Lina und Alisa schauen sich unsicher an. Dann sagt Alisa: Puschkin hat das geschrieben. Dem Libretto, korrigiert Lara, liegt ein Drama von Puschkin zugrunde. Worum geht es in der Oper, begrüßt Alisa ihre Freundin. Asja, lächelt sie, ist unsere Spezialistin. Worum es geht? Ruslan macht sich auf die Suche nach seiner entführten Braut. Wie das nun einmal so ist: Ein böser Zauberer hat sie am Tag ihrer Hochzeit einkassiert. Und ihr Vater, anstatt sich selbst auf den Weg zu machen, verspricht Tochter und Reichtum jenem Verehrer, dem es gelingt, sie wohlbehalten zurückzuführen.

Der Festsaal leuchtet wie ein Lampenladen. Ljudmila, als das Licht, von einem Donner begleitet, plötzlich erlischt, tänzelt benommen von der Bühne, ein paralysiertes Glühwürmchen. In der Höhle des guten Zauberers, der dem liebestollen Ruslan verrät, wie dem bösen Zauberer beizukommen ist, fließt kein Wasser die Felswände entlang. Weder Echsen noch Salamander schnellen unter glitschigen Steinen hervor. Die Behausung des Einsiedlers erinnert mich an das Wohnzimmer meiner Berliner Tuntenfreunde. Nervös zucken, am Ende des dritten Aktes, meine Augen. Inna und Asja sprechen anerkennend von den originellen Kostümen und dem farbenfrohen Bühnenbild. Asja gibt uns eine Führung durch das Opernhaus. Wir beschauen Requisiten, die in Glasvitrinen ausliegen. Und nach etwas aussehen. Wir betrachten Porträts von Opernstars, die es nach Moskau oder Amerika geschafft haben, dabei aber – so versichert uns der Text – ihrer Heimatbühne inniglich verbunden blieben. Mein Blick fliegt, ohne sich irgendwo lange niederzulassen, an Gesichtern und Namen vorüber. Ich frage mich: Worüber würden wir uns unterhalten, wenn ich nicht ihr Dozent wäre?

Ein dürres Weib unbestimmten Alters nimmt meine Rubel entgegen. Und reicht mir dafür einen Papierfetzen, den sie von ihrer Rolle abreißt. Unter ihrer schmutzigen Mütze schauen gelbliche Strähnen hervor, die aussehen, als seien sie von Mäusen angeknabbert. Das Weib redet, während sie die Fahrkarten verkauft, ununterbrochen, ohne dabei einen bestimmten Fahrgast anzusprechen. Davon, dass sie redet, scheint sie selbst nicht Notiz zu nehmen. Ungehemmt sprudeln die Worte aus ihrem Mund hervor und verhallen, im Lautspektrum von den Gesprächen der Passagiere und der Haltestellenauskunft, nahezu ungehört, ein permanentes Gemurmel, dem niemand viel Achtung schenkt, das Summen einer Fliege um einen gammligen Apfel.

Es ist diese halbe Stunde, in der Tag und Nacht nicht zu unterscheiden sind. Gleich gehen die Lichter an. Sinaida fängt mich vor der geschlossenen Tür des Blumenladens auf der Leninallee ab: Möchtest du Blumen kaufen? Nein, behaupte ich. Weil ich nicht verraten will, für wen ich Blumen kaufen möchte. Zehn Minuten später stehen wir auf der Aussichtsplattform des Wysotski-Towers. Ich wollte, sagt Sinaida, schon ewig mal hier hoch. Du warst noch nie oben? Wenn etwas allzeit verfügbar ist, schiebt man es nur zu gern auf. Kennst du das nicht? Die Straßenlaternen entzünden sich. Der Funke springt, Richtung Peripherie, von einer Laterne auf die nächste über. Spielzeugautos bilden eine Lichterkette. Straßenbahnen bummeln. Menschen, winzige Punkte, stapfen durch den Schnee. Mir war bewusst, dass diese Stadt über die Leninallee hinausreicht, dass es noch etwas geben muss hinter dem Parkhaus. Diese neue Perspektive aber erschüttert mich, weil sie die Bilder infrage stellt, an die ich mich gewöhnt habe. Vielleicht würde ich ruhigen Blutes auf diese Stadt niederblicken, hätte ich mir mehr Mühe gegeben, auch jene Orte aufzusuchen, die einem nicht von wohlmeinenden Freunden und Kollegen empfohlen werden. Ich fühle mich betrogen, nicht schmerzlich, aber wahrnehmbar. Was ist das, frage ich und zeige auf ein riesiges Gewässer am Stadtrand. Der Schartasch, sagt Sinaida. Und erklärt, noch bevor ich nachfragen kann, dass man, so schön das umliegende Waldstück sei, dort unmöglich baden könne. Die Fabriken pumpen munter ihr Abwasser in den See. Die Fische schwimmen vornehmlich mit dem Bauch nach oben. Bei Vögeln, die von ihnen essen, weiten sich die Pupillen. Stimmt das? Sinaida lacht. Und was ist das? Ich zeige auf ein Gebäude, das von hier oben wie die Schale einer Walnuss aussieht. Keine Ahnung, sagt Sinaida. Und weist mich stattdessen auf einen Schriftzug hin, der sich über die gesamte Breite eines der benachbarten Hausdächer zieht: Tanja, ich liebe dich! Solltest du dich jemals in eine Tanja verlieben, weißt du jetzt, wohin du sie führen musst. Wer weiß, wie viele Tanjas genau hier weiche Knie bekommen haben? Oder wie viele Männer sich, wenn auch womöglich nur kurzzeitig, aufgrund dieses Schriftzugs für eine Tanja entschieden haben? Sinaida, anstatt darauf einzugehen, fragt unvermittelt: Wann gewöhnst du dir eigentlich ab, mich Sinaida zu nennen? Alle anderen sagen doch auch Sina zu mir. Das klingt, weißt du, irgendwie viel freundlicher.

Kaum schalte ich meinen PC ein, ploppt ein Fenster auf. Ich klicke den Link an, den Mischa mir gerade geschickt hat. Zwei Glaubensschwestern – das Haar keusch unter einem Tuch verborgen, silberne Kreuze über der abgebundenen Brust – halten ein Papier hoch: 41 Prozent der amerikanischen Homosexualisten haben sich dazu bekannt, auf öffentlichen Toiletten mit Unbekannten sexuellen Verkehr gehabt zu haben. Ein User kommentiert: Die beiden Unbefleckten sehen mir nicht gerade so aus, als seien sie nach Amerika gereist und hätten in Schwulenclubs und Toilettenhäuschen Umfragen durchgeführt. Ein anderer schreibt: Wie viele der Freizeitgeliebten wohl Schwulenhass predigende Ehemänner sind? Ansonsten ist viel von Schande zu lesen. Moral wird schmerzlich vermisst. Todesstrafe und Höllenfeuer werden gefordert. Jemand sorgt sich – nach dem Motto: die ficken bestimmt auch kleine Kinder! – um seinen Nachwuchs. Dummes Geschwätz, schreibe ich. Ähnliche Kommentare liest du auch in deutschen Foren. Mischa schreibt, korrigiert, schreibt: Siehst du denn nicht, wie die sich bemühen, uns abzuschaffen? Früher hat man über uns nicht berichtet. Wir haben gar nicht existiert. Ist das besser gewesen, schreibe ich, zweifelnd, ob Mischa die Ironie in meiner Frage herausliest, zweifelnd, wie viel Ironie übrig bleibt, wenn ich die Nachricht erst einmal abgeschickt habe. Dass wir gesehen werden, macht uns angreifbar, aber es stattet uns auch mit einer gewissen Macht aus. Macht? Wir sind, schreibt Mischa, keine Fliegen, die sich gemütlich zwischen Daumen und Zeigefinger zerquetschen lassen. Angriff und Macht? Du redest wie ein Agitator, tippe ich. Und formuliere dann um: Die Nacht ist noch jung. Hast du Lust, tanzen zu gehen?

Im Palau stürzen wir zwei Bier hinunter. Mischa begrüßt zwei Jungs, die mich – wahrscheinlich weil Mischa mich gleich als Deutschen vorgestellt hat – auf Englisch begrüßen. Ich spiele das Spiel mit. Einer der Jungs übersetzt dem anderen, was der nicht versteht. Schließlich lasse ich ein paar russische Vokabeln fallen, allesamt falsch betont. Die Jungs lachen. Und machen mir trotzdem – anstandshalber – Komplimente. Mischa schüttelt den Kopf und besorgt Nachschub. Dann tanzen wir, im Dunkeln, zu Liedern, die kaum tanzbar sind. Ich drängle mich zwischen die beiden Jungs, einer – ich kann gar nicht erkennen, wer – legt mir den Arm um die Hüfte. Wie schön es ist, flüstere ich Mischa zu, sich ein wenig zu vergessen. Ich nippe von dem Bier, das Mischa mir gibt und reiche es weiter. Irgendwann erwische ich mich dabei, wie ich mit Alla Pugatschowa im Duett singe. Dem Jungen, dessen Arme sich um meine Hüfte wie ein Seil zusammenziehen, scheint es nicht aufzufallen, wie schnell ich mich seiner Sprache bemächtigt habe. Vielleicht macht es ihm auch einfach nichts aus, belogen zu werden.

Friedrich klopft vorsichtshalber, bevor er die Küche betritt. Ob ich meinen Schülern nun auch Privatunterricht gäbe? Ich habe die Tür bloß geschlossen, damit keine Küchendämpfe in unsere Zimmer ziehen. Mein Mitbewohner belegt sich ein Brot und schließt, ein Grinsen auf seinem Gesicht, hinter sich die Tür. Nur den schönen, lächele ich Tolik zu, der am Küchentisch sitzt und seinen Aufsatz korrigiert. Während ich Rote Bete kleinraspele, liest Tolik mir vor, dann korrigiert er, um mir alles noch einmal vorzulesen. Ich habe, entschuldigt er sich, in letzter Zeit zu viel arbeiten müssen. Er kaut, während ich seine Syntax zerlege, auf seinem Bleistift herum. Die wird mich durchfallen lassen, jammert er. Meine Dozentin hasst mich. Neulich hat sie mich nach Hause geschickt, weil ich fünf Minuten zu spät war … Ich bin versucht, ihm über sein Haar zu streichen, die Haare zu glätten, wo sie abstehen. Um sie dann erneut aufzurichten. Tolik wiederholt die Wörter, die ich ihm in den Mund lege. Verstehst du, was ich dir diktiert habe? Tolik seufzt: Für sich genommen verstehe ich die Wörter, aber in langen Ketten kann ich sie nicht mehr auseinanderhalten. Das große Ganze versperrt sich. Erzähl mir, bittet Tolik, von deinen Studenten. Gibt es noch andere wie mich?

Nikita, erzähle ich, hat sich einen kleinen Wortschatz angeeignet, mit dem er sich erfinderisch, jedoch ohne grammatisches Grundverständnis, von Lektion zu Lektion hangelt. Nikita ist ein wahres Goldstück, aber für Sprache interessiert er sich nicht. Neulich – die anderen Studenten üben gerade ihre Dialoge – kommt er mal wieder viel zu spät zum Unterricht. Und anstatt sich auf Zehenspitzen in die letzte Reihe zu begeben, präsentiert Nikita stolz seine Medaille, die er für herausragende sportliche Leistungen erhalten hat. Nikita ist durch und durch Sportler, hochgewachsen, breitschultrig, die Frauen liegen ihm zu Füßen, ein Diplomatensohn, der – dabei resistent gegen jeglichen fremdsprachlichen Einfluss – schon an den unterschiedlichsten Orten gelebt hat. Habe ich Sohn gesagt? Eher Söhnchen: Die Pappteller, die er zum Adventsfrühstück hatte mitbringen sollen, hat – so hat sich Nikita entschuldigt – seine Mutter vergessen einzukaufen. Böse sein kann ich ihm nicht. Mich behandelt er wie das zurückgelassene Mitglied einer Delegation hochehrwürdiger Staatsmänner. Die Sehenswürdigkeiten der Stadt preist er mir an, als wolle er mir seine aus Kindertagen emporsteigenden Kirchen und Plätze zum Geschenk machen.

Nina käme nicht auf die Idee, ungefragt das Wort zu ergreifen. Ist sie an der Reihe, murmelt sie, bevor sie zur Klasse spricht, leise vor sich hin, probiert, bevor sie sich festlegt, die ihrer Zunge ungewohnten Laute erst einmal aus. Nina ist ein Herzchen, ein sanftes, bescheidenes Geschöpf, frisch verheiratet. Kaum bitte ich meine Studenten, mir eine leichte Lektüre zu empfehlen, liegt schon ein Buch auf meinem Pult. Auf seinem Cover sammelt ein Mädchen Sterne ein. Aus Prag hat mir Nina einen gläsernen Engel mitgebracht, der auf einer Harfe spielt. Und auch einen Bären habe ich bekommen: Bei nämlichem Adventsfrühstück erzählt mir Nina davon, wie der bestochene Förster den Onkel winters zur Bärenhöhle führt, damit dieser das Tier mit dem Lauf seines Jagdgewehrs wachkitzeln kann. Das Tier krümmt sich und schnaubt. Noch bevor es zu vollem Bewusstsein gelangt ist, hat sich das Blei in sein Fleisch gebohrt. Nina, noch ein Kind, war von ihrem Vater mit auf die Jagd genommen worden. Sobald sie ein Eichhörnchen entdeckt hat, ist sie – hoppla! – auf einen Ast getreten. Beim Anblick einer Ente hat sie nießen müssen. Ihr Vater hatte daraufhin beschlossen, die Jagd sei nichts für Mädchen.

Als ich am nächsten Morgen aus dem Haus trete, drischt der kleine Stjopa gerade mit einem Stock auf eine entsorgte Matratze ein, die wohl ein Anwohner vor unserem Eingang abgeladen hat. Seine Mutter, eine junge Frau, tritt, ein Einkaufswägelchen nachziehend, aus dem Haus. Eine angenehme Schlampigkeit geht von ihr aus – die Augen behelfsmäßig getuscht, Haar wie Zuckerwatte, eine Haut ohne Haut, fast transparent, dazu diese Stimme, die an das Mahlen von

Kaffeebohnen erinnert: Stjopa, genug jetzt! Mir nickt sie unbestimmt zu. Ein Nicken, das unverfänglich ist, nicht zu einem Gespräch einlädt, das sich im Notfall auch als pure Einbildung abtun lässt.

Ihr Mann, je nach Laune, grüßt oder grüßt nicht. Wenn er gerade einmal grüßt, dann verspätet, so als bräuchte er einen Moment, um zu verstehen, welche Reaktion solch eine Situation verlangt. Mitja hat gleich zu Beginn behauptet, dass sich unsere Nachbarn sicherlich wundern würden, warum hier zwei Männer zusammenwohnen. Unsinn, meint Sina. Warum sollten sich eure Nachbarn für euch interessieren. Sie grüßen nicht, weil sie euch nicht kennen. Sie erkennen euch nicht. Bereits in dem Moment, wo sie ihre Wohnung betreten, zerfällt das Gesicht, in welches sie im Hausflur – aus dem Augenwinkel! – geschaut haben. Stjopas Vater jedenfalls ist einer der Männer, die abends, nachdem sie von der Arbeit heimgekehrt sind, im Hof herumlungern, die Zeit totschlagen, ein Shiguli oder Kuler in der Hand, zwischen den Lippen eine Kippe, die immer kleiner wird und auch noch geraucht wird, wenn sie schon gar nicht mehr zu sehen ist. Noch vor Kurzem haben die Männer die gehörnte Eidechse auf dem Kinderspielplatz besetzt. Jetzt sieht man den Vater nur noch ab und zu im Hof an einem alten Lada herumschrauben.

Wera Eduardowna liegt krank im Bett. Am Telefon hat sie mir eine halbe Stunde die Ohren zugeheult. Sie könne es sich wirklich nicht leisten, ausgerechnet jetzt schlappzumachen. Sie müsse ihre Studenten auf den TestDaF vorbereiten. Davon hinge die Zukunft ihrer Schützlinge ab. Davon hinge ab, ob sie nach Deutschland kämen, hinaus in die weite Welt ziehen würden oder ihr Leben lang in der Provinz – hat sie Provinz gesagt? – verharren würden.

Vor mir auf dem Tisch liegen zwei aufgeschlagene Lehrbücher sowie die Papiersammlung von Wera Eduardowna, die Shanna Nikolajewna mir vorbeigebracht hat. Ich klicke, eher gelangweilt als interessiert, durch Galerien halbnackter Typen, die es unbedingt brauchen, und tausche, wann immer das Feld aufleuchtet, Nachrichten mit Mateusz. Kennst du das: Du sitzt in einer Bar. Du denkst, du solltest deinen Unterricht vorbereiten. Deine Studenten brauchen dich. Du sitzt auf dem Schoß eines Mannes, irgendeines Mannes. Dein Zeigefinger fährt seine Wange entlang, misst geduldig den Widerstand seiner Bartstoppeln, verweilt in der Mulde zwischen Oberlippe und Nasenspitze, bleibt stehen, ganz plötzlich, als ob es dort etwas zu entdecken gäbe.

Mach die Augen zu, fordert Tolik. Und streck die Hände aus. Zusammen, befiehlt er. Und ich forme eine Schaufel. Darauf plumpsen lautlos kleine Kügelchen. Ich tippe, weil es unangenehm kitzelt, auf Insekten, Käfer mit Chitinpanzern und abgeknickten Fühlern. Unsinn, lacht Tolik: Beeren. Auf der Ecke, unten vor dem Haus, steht eine Eberesche. Ich weiß, sage ich. Stjopa, der kleine Bastard, hat ihr neulich einen Ast abgerissen. Was hast du damit vor? Tolik zieht aus seinem Rucksack eine Wodkaflasche. Dann legt er eine Zitrone auf den Tisch, schließlich eine Vanilleschote. Aus dem Küchenschrank nimmt er eine Dose. Zucker, fragt er. Und tippt – ja, sage ich – seinen angefeuchteten Finger hinein. Noch zwei, drei Lavendelblätter. Hast du Anis? Anis? Ich weiß gar nicht, wofür man das gebrauchen könnte. Für Vogelbeerenlikör!

Ich hatte die Dinger für giftig gehalten. Als Kind habe ich einmal drei Handvoll davon geschafft. Weil ich sauer auf meine Eltern war, habe ich mich zur Strafe umbringen wollen. Sie würden schon sehen, wie trostlos das Leben ohne mich wäre. Dann habe ich mich übergeben. Und musste den Fußboden wischen. Tolik lacht. Der Winter, sagt er, nimmt den Beeren die Säure. Die Vögel wissen das und fressen die Bäume kahl. Deshalb kochen unsere Großmütter beim ersten Schneefall die Beeren ein oder machen Likör daraus. Der steht dann auf dem Tisch, wann immer sich Besuch aus der Stadt ankündigt. In meinem Dorf, erzählt Tolik, stehen diese Bäume überall. Am schönsten ist es, wenn die reifen Beeren weiße Häubchen tragen. Das sieht dann aus, als hätte sich jemand die Mühe gemacht, die Beeren mit Puderzucker zu bestäuben. Weißt du, meine Schulfreundin hat in der Rjabinowaja Ulitza, der Vogelbeerenstraße, gewohnt, wir bei den Kastanien.

Mischa schreibt, Schurik sei vor dem Chance ausgeraubt worden. Zwei Männer hätten ihm aufgelauert. Als er sich weit genug vom Chance entfernt hatte, hätten sie Portemonnaie und Mobiltelefon von ihm verlangt. Und ihn zu Boden gestoßen. Sofort tippe ich Schuriks Nummer ein, die Taste mit dem grünen Hörer betätige ich dann aber doch nicht. Stattdessen rufe ich Mischa an: Du hast recht. Wir sollten uns sehen, wir alle, meine ich.

Friedrich schaut, als ich meinen Kopf in sein Zimmer stecke, von seinen Papieren auf. Überall liegen Kopien, Bildkärtchen, Klebeband, Stifte. Weißt du noch, am Anfang hatten wir uns geschworen, es mit dem Unterrichten nicht zu übertreiben. Sagt der Richtige, lacht Friedrich. Dich erwische ich tief in der Nacht dabei, wie du in der Küche hockst und Videoclips didaktisierst und Powerpoint-Präsentationen vorbereitest. Ich habe, verteidige ich mich, ein Lehrbuch, das so langweilig ist, dass mir die Studenten bereits bei der Lektüre der Aufgabenstellung regelmäßig wegnicken. Ein pfeifender Kessel ruft mich in die Küche zurück. Ich gieße Kaffee auf. Und lange – Friedrich schaut mich herausfordernd an – ins Gemüsefach. Kurz darauf ploppen die Flaschen. Ich lasse mich auf meinem Fensterplatz nieder, Friedrich mir gegenüber. Ich erinnere mich an unseren ersten Abend: Ich habe es kaum gewagt, die Gardine zu berühren, aus Angst, die Eiskristalle würden bei der bloßen Berührung herausfallen. Kein Staubkorn habe ich ausmachen können. Heute stapelt sich der Abwasch in der Spüle. Es riecht nach Kaffee und verkochten Bohnen. Wir reden, ohne allzu viel zu sagen, zwei Wasserfälle, lebhaft sprudelnd, die sich kaum unter Kontrolle bringen lassen. Irgendwann – als ich endlich darauf zu sprechen komme, scheint es mir merkwürdig, warum ich mein Anliegen so lange zurückgehalten habe – erzähle ich ihm, dass Schurik überfallen wurde. Und dass wir beschlossen haben, aktiv zu werden. Aktiv? Was habt ihr euch vorgestellt, unterbricht mich Friedrich. Einen CSD auf der Leninallee organisieren? Ich weiß nicht genau, sage ich. Das gilt es noch zu besprechen. Du kommst, unterbricht mich Friedrich erneut, mit deiner Idee von Toleranz und Freiheit hierher und verlangst von Menschen, die noch nie in ihrem Leben einen Homosexuellen gesehen haben, Verständnis für einen Lebensstil, der mit dem ihren nichts gemein hat. Ich verlange, widerspreche ich, gar nichts. Und die Menschen hier – das weißt du genauso gut wie ich! – leben mit Homosexuellen zusammen. Jeder, der mich kennt, kennt einen Homosexuellen. Mitjas Kollegen – ob sie es nun wissen oder nicht – kennen einen Homosexuellen. Nein, wehrt Friedrich ab. Seine Kollegen kennen ihn nicht als Homosexuellen. In dir sieht man den Ausländer. Uns schaut man allein, weil wir eine andere Sprache sprechen, schräg an. Mit Homosexualität werden die Menschen hier in ihrem Alltag nicht konfrontiert. Wie viele deiner Freunde sind geoutet? Es wird sich, sage ich, in der Gesellschaft erst etwas ändern müssen, bevor sie sich outen können. Friedrich kippt, in einem Zug, sein Bier hinunter. Hast du mal darüber nachgedacht, dass du die Menschen um dich herum mit solchen Aktionen in Gefahr bringen kannst? Dich identifiziert man im Handumdrehen. Und deine Freunde stehen unter Generalverdacht, nur weil sie auf einem Foto neben dir posieren. Weil sie, einen Arm um dich gelegt, in eine Kamera lächeln. Welche Aktion denn, frage ich. Und schließe: Also bist du nicht dabei. Nein, sagt Friedrich.

Wera Eduardowna, obgleich noch ein wenig wackelig auf den Beinen, legt ihre schwabbelige Hand auf meine Schulter und steuert mich, wie einen Roboter, durch den Korridor. Ich komme mir wie ein Objekt vor, das man ausstellt, eine Büste, Torso, ohne Arme und Beine, aus weißem Marmor. Ihre Mädchen, ruft meine Kollegin, seien bestimmt schon ganz aufgeregt. Sie würden Deutsch als zweite Fremdsprache lernen, seien eigentlich Anglisten. Und einen richtigen Deutschen, lacht Wera Eduardowna und schnappt dabei nach Luft, hätten die wenigsten in ihrem jungen Leben gesehen. Ob ich mir meiner Verantwortung bewusst sei?

Eines der Mädchen hat einen Kuchen gebacken. Der steht in der Mitte des Tisches, angerichtet auf einer Decke mit Seerosenmotiv, und duftet wie frisch aus dem Ofen geholt, nach Äpfeln, Mandeln und Zimt. Auf dem Lehrertisch zieht der Kaffee durch, auch ein Samowar wurde angeschleppt, keiner der bunten, handbemalten, sondern ein silbriger, der sich hervorragend mit gutem Besteck vertragen würde. Wera Eduardowna stellt mich vor der Tafel ab und moderiert mich an: Zwei Universitätsabschlüsse, 26, ledig. Vielleicht weil die Angebote ausbleiben, schreibt sie einen Satz an die Tafel. Die Mädchen deklinieren reihum ein Verb. Und erzählen mir dann, natürlich im Konjunktiv, von ihren Träumen, die ich, so scheint mir, alle schon einmal in einem früheren Leben geträumt habe: Haus, Familie, Karriere. Wann immer sich ein Mädchen im Stammvokal vertut, schlägt Wera Eduardowna a) die Hände über dem Kopf zusammen, b) verfällt japsend in ein hysterisches Gelächter oder c) ruft in einem Ton halb dramatisch, halb komödiantisch aus: Blamieren Sie mich doch bitte nicht so unverschämt vor meinem jungen Kollegen! Der muss ja denken, wir würden bloß hierherkommen, um gemütlich Kuchen zu essen.

Die Mädchen singen ein Weihnachtslied, das sie einstudiert haben. Ich singe mit, um ihnen einen Gefallen zu tun, verheddere mich aber gleich in der zweiten Strophe und beschränke mich fortan darauf, den Mund zu bewegen. Wera Eduardowna bittet mich, ein Gedicht aufzusagen. Und ich trage, so festlich wie möglich, Goethes Heidenröschen vor. Den Mädchen gefällt es. Zum Abschied überreichen sie mir eine Christbaumkugel: Vor einem Lebkuchenhäuschen steht eine Eberesche, die prallen, roten Beeren mit weißem Häubchen. Ich bedanke mich. Und denke: Die zweite Begegnung mit einer Eberesche, in so kurzer Zeit – Zufall oder Schicksal? Von Tolik und davon, wie wir uns am Sonntag mit Likör abgeschossen haben, erzähle ich nichts. Tolik, beschließe ich, gehört mir allein. Die Mädchen versprechen, fleißig Deutsch zu lernen. Und Wera Eduardowna entlässt, mit vor Stolz geschwellter Brust, ihre Schützlinge mit einem Vermerk auf die Klausur kommende Woche.

Die Mittagspause verbringe ich in meinem Lieblingscafé, beim französischen Bäcker, Perwomajskaja, Ecke Mamin-Sibirjak-Straße. Meine Unterlagen habe ich um mich verteilt. Ich sitze im Erkerfenster und schaue, anstatt mich auf die nächste Stunde vorzubereiten, auf die Straße. Eine Frau in einem ausladenden Mantel stapft durch den Schnee, in einer pelzverkleideten Tasche trägt sie ein Hündchen spazieren. Ein ältliches Paar verschwindet, als der Schneefall stärker wird, hinter einem Vorhang aus Puderzucker. Die Häuser, die Autos, der Druckerladen, alles verschwindet.

Vielleicht, denke ich, hat er recht. Vielleicht hat Friedrich recht damit, dass ich ein Minenfeld hinterlasse, in das Freunde und Kollegen treten werden, während ich, bereits wieder in Berlin, außer Reichweite für blöde Anmachen und Rüpeleien, in einem schicken Café im Prenzlauer Berg sitze. Während ein Schlag Ljoscha auf den Hinterkopf trifft, rühre ich in meinem Espresso oder schnipse einem Spatz einen Splitter meines Croissants zu. Auf meiner Zunge zergeht ein Hauch Zitronen-parfait. Mitja liegt währenddessen am Boden und klaubt zusammen, was die Rowdys ihm gelassen haben.

Rauchen, sage ich, können wir nur im Hausflur. Borja drückt seine Zigarette am Herd aus und schenkt mir ein entwaffnendes Lächeln. Tolik schneidet die Plastiktüte auf und lässt die Pelmeni ins kochende Wasser plumpsen. Salz, bittet er. Mischa legt, als er die Küche betritt, einen doppelten Liter Kuler kühl. Und Nastja, die blonde Mähne noch unter einer Propellermütze verborgen, zaubert aus ihrer Tragetasche eine Schüssel hervor: Mischa hat mir gesagt, dass man in Deutschland ohne Nudelsalat kaum empfangen wird. Zum Glück, scherzt Tolik, sind wir in Russland. Da mischt sich Mischa ein: Zum Glück? Wären wir in Deutschland, hätten wir uns aus gegebenem Anlass nicht zusammenfinden müssen. Unbeteiligt am Fenster steht Rustam und tippt, fast als würde er gar nicht in diese Gruppe gehören, in sein Smartphone.

Wir reden, während wir essen und trinken, über alles Mögliche, nur nicht über das, was uns zu Betroffenen macht. Tolik erzählt davon, auf welche Prüfungen er sich vorzubereiten hat. Und Borja loggt sich auf seiner Seite ein und zeigt uns das Bild, an dem er gerade arbeitet. Schuriks Überfall wird – vielleicht weil die Schramme in seinem Gesicht zu unverhohlen davon kündet – von niemandem erwähnt, ohnehin hat jeder hier aus erster oder zweiter Hand davon erfahren. Die Duma, sagt Mischa, als Borja und Tolik gerade vom Rauchen zurückkehren und lachend die Küchentür aufreißen, die Duma tüftelt gerade an einem Gesetz, das es verbieten soll, sich in irgendeiner Weise positiv zum Thema Homosexualität zu äußern. Offiziell – Mischa liest von seinem Kärtchen ab – heißt es: Zum Schutze der Kinder vor Informationen, die ihrer Gesundheit und Entwicklung Schaden zufügen. Süß, quakt Borja dazwischen. Mütterchen Russland sorgt sich um seine Kinder. Und Rustam, mit einer Stimme, die keine Emotion kennt, kommentiert: Väterchen Russland ist auf Stimmenfang. Und Stimmung macht man am bequemsten, indem man eine Minderheit an den Pranger stellt, die in der Gesellschaft wenig Rückhalt genießt. Deshalb, sagt Mischa, müssen wir uns beraten, was wir machen können. Mein sanfter Riese mit dem Groll in der Stimme bäumt sich auf, der Oberkörper wächst an Umfang, die rechte Hand, zur Faust geballt, landet auf dem Küchentisch.

Wir müssen sprechen, solange wir sprechen können. Solange, sagt Tolik, uns das Wort noch nicht verboten ist. Sprechen sollte, haut Rustam dazwischen, nur, wer etwas zu sagen hat. Wir müssen – Tolik fährt unbeirrt fort – sichtbar sein. Und denen im Kreml klarmachen, dass wir zu viele sind, um uns mundtot machen zu lassen. Dass wir dieses Gesetz nicht akzeptieren. Glaubst du, fragt Nastja, dieses Gesetz lässt sich durch eine eurer komischen Paraden verhindern? Ist euch einmal der Gedanke gekommen, sich etwas weniger frivol zu präsentieren? Es liegt doch auf der Hand, dass die Großmutter aus der 52 oder der sonst so fürsorgliche Familienvater nichts mit den Gestalten aus euren Lokalen anfangen können. Woher auch? Tolik blickt Nastja herausfordernd an. Und Mischa, zu seiner Mitbewohnerin gewandt, zischelt: Muss das sein? Da steht Nastja, ein Lächeln auf den Lippen, auf und tritt an Tolik heran, ihr Busen wogt gefährlich nah an seinem Gesicht. Sie streicht ihm über das raspelkurze Haar und flüstert: Kein Grund, sich aufzuregen. Ich bin eine von euch. Zwei von euch beherberge ich in meiner Wohnung.

Ljoscha sagt: Nastja hat recht. Uns ist nicht damit geholfen, wenn Nikolai Alexejew in einem Hochzeitskleid über den Roten Platz stöckelt und sich verprügeln lässt. Es berührt mich peinlich, die Aktivisten auf der Straße zu sehen, auf der Straße im Fernsehen, wenn meine Eltern auf der Couch sitzen, mein Vater sich an einem Bissen verschluckt und die Nadel, den Strumpf verfehlend, meiner Mutter unter die Haut gleitet. Es wäre mir lieber, wenn darüber nicht ständig berichtet würde. Mich macht das, stimmt Rustam ein, auch nicht gerade an, Jungs, die sich in den höchsten Tonlagen artikulieren, mit absurden Frisuren und gebrochenen Handgelenken. Rustam schaut, als er spricht, den doppelten Mann an der Wand an, den sozialistischen Traummann und sein verkommen-heiteres Ebenbild. Borjas gezupfte Brauen machen einen Sprung: Was gehen euch die gebrochenen Handgelenke und Frisuren anderer Personen an? Wir dürfen einander nicht genauso oberflächlich betrachten wie jene, die uns wegsperren wollen.

Ein Schweigen breitet sich aus, auf dreizehn, vierzehn Quadratmetern. Vielleicht ist das zu wenig Raum für brillante Einfälle? Vielleicht liegt zu viel Luft dazwischen: Der Weg von einem Gedanken zum nächsten nimmt gar kein Ende. Ich habe Angst, dass dieses Schweigen, so umfassend, alles verzehrend, für meine Freunde, die kaum gelernt haben, von ihrer Stimme Gebrauch zu machen, zu einer Hymne wird …

Ich gehe in die USA, sagt Nastja. Und ich, sagt Mischa, werde in Deutschland studieren. Ich habe mich als Au-pair beworben, sagt Tolik. Ich dachte, sagt Rustam, dass wir uns getroffen haben, weil wir etwas verändern wollen. Nicht, weil wir beschließen, abzuhauen? Ich bin, sagt Mischa, so lange dabei, wie ich hier bin. Wenn dieses Gesetz verabschiedet wird, bin ich weg. Ich lasse mich nicht entrechten. Ich lasse mich nicht als Perversen abstempeln oder als Bürger zweiter Klasse behandeln. Da ist es die logische Konsequenz, dieses Land zu verlassen. Rustam schüttelt den Kopf. Keine Regung zeigt sich auf seinem Gesicht. Was dir fehlt, sagt er, ist Geduld. Meine Eltern haben als Ingenieure in Taschkent ein lächerliches Gehalt eingestrichen. Hier, auf dem Tschkalowsker Markt, hat mein Vater dann Schlösser repariert und Schlüssel gefertigt. Und meine Mutter schrubbt sich bis heute im MEGA ihren Buckel krumm. Ihr Sohn aber – Rustam gibt nicht preis, ob er von sich oder von einem Bruder spricht – wird in einer Kanzlei sitzen, einen hübsch verzierten Füllfederhalter über Verträge von äußerster Wichtigkeit führen und sich von einer Sekretärin Tee servieren lassen. Mischa verdreht die Augen. Borja lächelt herablassend. Ich halte es für verfrüht, für verfrüht und feige, um über eine Emigration nachzudenken. Außerdem habt ihr keine Ahnung davon, was es bedeutet, seine Heimat aufzugeben.

Warum hast du, fragt Ljoscha, den ganzen Abend nichts gesagt? Ich stehe am Waschbecken. Das heiße Wasser rinnt mir über die Hände. Ljoscha steht neben mir und wischt mit dem Küchentuch über die Teller, die Gläser poliert er mit Papier. Ich weiß nicht, sage ich. Ich war mir auf einmal nicht mehr sicher, ob ich ein Recht darauf habe, mich einzumischen. Ich hatte irgendwie das Gefühl, nicht ganz dazuzugehören. Warum nicht? Du lebst hier. Du arbeitest hier. Du gehst im Megamart oder im Karussell einkaufen, die gleichen Lebensmittel, wie Schurik, Mischa oder ich.

Die Straßenbahnen fahren längst nicht mehr. Als eine Kurznachricht Ljoscha über die Ankunft eines roten Hyundai mit dem Kennzeichen E171-MN informiert, begleite ich ihn zum Fahrstuhl. Ljoscha umarmt mich zum Abschied, wie er es bei Mischa und Tolik gesehen hat, die sich längst an dieses merkwürdige Ritual gewöhnt haben. Warum, frage ich, als der Fahrstuhl gerade ankommt, ist Mitja denn nicht gekommen? Ich weiß nicht, sagt Ljoscha. Da schließt sich polternd die Tür.

Haben Sie jemanden kennengelernt? Ich habe, sage ich, viele Menschen kennengelernt. Nein, nein. Anshelika Efimowna deutet auf den silbernen Ring an meinem Finger. Oder sind Sie – Anshelika Efimowna kneift ihre Augen zusammen – zum orthodoxen Glauben übergetreten? Den Ring hatte ich bei Borja gesehen. Meine Finger haben sich, wie von allein, danach ausgestreckt. Borja ist leicht zusammengezuckt, als ich, vor versammelter Mannschaft, seine Hand genommen habe. Dann hat er erzählt: Er hatte – das sei nun zwei Jahre her – gerade erst seinen Führerschein gemacht. Mit dem alten Lada seiner Mutter habe er seine Großmutter in Tscheljabinsk besuchen wollen. Die Löcher in den Straßen waren mit Schnee gefüllt. Und der Lada glitt sanft hinüber. Ihm war es vorgekommen, als würde er fliegen. Als er dann im Krankenhaus aufwachte, hatte er diesen Ring an seinem Finger. Seine Schwester, die zwei Tage an seinem Bett über ihn gewacht hat, habe ihm den Ring angesteckt. Noch kaum bei Bewusstsein, habe er gelesen: Gott, schütze und bewahre mich! Sein Mund, als hätte er mit dem schlaffen, im Krankenhausbett liegenden Körper nichts zu tun, hat die Worte ganz deutlich artikuliert. Ich habe mir, sage ich, in der Unterführung der Geologischen Station für ein paar Rubel einen mitgenommen. Zwischen handbemalten Holzlöffeln und gebrauchten Mobiltelefonen lag mein Ring in allen denkbaren Variationen aus. Ein knittriges Muttchen hat ihn mir zum Anprobieren durch das Kioskfenster gereicht. Vom Finger habe ich ihn nicht mehr runterbekommen. Da hat sie gelacht: Der Ring sucht sich seinen Träger aus, nicht umgekehrt. Sie müssen ihn nehmen.

Meine Tochter, sagt Anshelika Efimowna, trägt auch solch einen Ring. Viele junge Menschen haben, als die Partei zum Anbeten nicht mehr getaugt hat, zum Glauben zurückgefunden. Sind Sie schon in Ganina Jama gewesen? Nein? Dahin pilgern Gläubige und Anhänger der alten Ordnung. Die Zarenfamilie hat man dort verscharrt. Sie stellt mir, während sie von der Zeit redet, in der es kein Ostern gab, einen Kaffee auf den Tisch, der duftet, als seien die Bohnen frisch gemahlen. Nehmen Sie einen Schluck, lächelt mein bleichgesichtiger Engel. Lieber nicht, wehre ich ab. Da füllt Anshelika Efimowna meine Tasse bereits mit Likör auf. Umso lustiger wird der Unterricht, Sie werden sehen.

Ljoscha steht, in einen langen, schwarzen Mantel gehüllt, vor dem Eingang, eine schlanke Gestalt, die – mit Zylinder und Gehstock – gut in eine andere Zeit gepasst hätte. Sein blasser Teint hebt sich gegen Mantel und Mütze ab, sein Blick ist, obwohl ich ihn fast erreicht habe, in die Ferne gerichtet. Seine Augen – warum ist mir das früher nicht aufgefallen? – sind die eines Huskys, von durchdringendem Blau, das, je nach Lichteinfall, ins Weiße hinüberspielt. Ljoscha streift sich die Handschuhe ab, reicht mir die Hand und zieht mich an sich heran. Ich werde ihn fragen, ob er Verwandte in Sibirien hat.

Die Kathedrale auf dem Blut ist so etwas wie das Wahrzeichen von Jekaterinburg. Zweimal bin ich dort gewesen, ganz am Anfang mit Mitja und etwas später, als ich mich verlaufen hatte, da habe ich über den Umweg zu den goldenen Kuppeln der Kathedrale wieder nach Hause gefunden. Die Gottesmutter von Kasan – mit einem Heiligenschein aus Blattgold – und eine Sammlung historischer Postkarten habe ich mitgenommen. Auf die Idee, einen Gottesdienst zu besuchen, bin ich nicht von allein gekommen. Ich folge Ljoscha, vorbei an dem Ikonengeschäft und dem Stand, an dem ein Muttchen schweigend Gehäkeltes und Gestricktes, Socken und Plüschtiere anbietet. Wir laufen nicht Richtung Altar. Der Gottesdienst wird, solange Bauarbeiten stattfinden, auf der oberen Ebene abgehalten. Wir drängeln uns an den Schäfchen vorbei, die dem Singsang ihres Hirten lauschen, der sich hier irgendwo versteckt hält. Ganz außen, unter dem Porträt eines Mannes, der einen rubinbestickten Strahlenkranz auf seinem Kopf trägt, finden wir gerade genug Platz, die Arme anzuwinkeln, um die oberen Mantelknöpfe zu öffnen. Verstehst du etwas, flüstere ich. Ljoscha hört angespannt zu, dann antwortet er: Das ist altes Russisch. Der körperlose Geistliche rezitiert einen Psalm. Seine Stimme, aufgeplustert wie das Federkleid eines Vogels, erfüllt jeden Winkel dieses Gotteshauses. Sie fliegt auf zu den Engeln, die auf dem Kuppelinneren kopfüber Trompete spielen und zu den hundert Jesuskindern, deren Porträts die Wände pflastern. Es riecht nach Weihrauch und ein bisschen so, als befänden wir uns in der Metro. Die Stimme – nach der wievielten Schlaufe? – versiegt. Und der Geistliche tritt an den Altar und lässt sich von allen küssen. Die Muttchen und Mädchen, das Haar unter Tüchern verborgen, reihen sich ein. Ljoscha verschwindet kurz, dann kehrt er zurück. Er hat vier langstielige, honigfarbene Kerzen gekauft. Zwei davon gibt er mir. Eine, sagt er, ist für die Gesundheit, eine fürs Glück. Möchtest du dich auch segnen lassen? Ich möchte, flüstere ich, den Popen doch nicht besudeln. Ich will ihm mit meinen Lippen nicht die Hand verbrennen. Ljoscha versteht nicht. Na, wenn er wüsste…

Wir sitzen im dritten Stock der Stadtbibliothek, im hinteren, abgedunkelten Zimmer. Mischa hat mir geschrieben, dass er arbeiten muss. Mitja ist spurlos verschwunden. Und jene meiner Studenten, die sich ab und an haben blicken lassen, entschuldigen sich damit, dass sie für Prüfungen lernen müssen, die genau dann zu absolvieren sind, wenn man in Deutschland den Stern auf den Baum setzt. Daran, dass die Besucherzahlen meines Filmclubs in den letzten Wochen zurückgegangen sind, ist allein Til Schweiger schuld. Weil er nie einen guten Film gemacht hat. Die meisten meiner Studenten erwarten von einem guten deutschen Film, dass Til Schweiger mitspielt. Ich habe überlegt, ob ich ihnen den Gefallen tun kann. Ich habe gedacht: Es dürfte wohl zu schaffen sein, irgendeinen beliebigen Film auszuwählen, eine Rundmail zu schreiben und auf Play zu drücken. Ich würde so lange im Hof stehen, eine Zigarette nach der anderen rauchen und Telefonate führen, die ich seit Längerem aufgeschoben habe. Stattdessen zeige ich nun Wim Wenders' Biopic über Pina Bausch. Ljoscha freut sich, dass der Film fast ohne Text auskommt. Tolik sitzt neben mir. Als Sina sich zu uns auf die Couch setzt, rückt Tolik auf, sein Bein an meines gelehnt.

Im Flüstern der Dächer stellt uns eine burschikose Lesbe Bier auf den Tisch. Sina trinkt einen Orangensaft. Die Mädchen, die sich als Freundinnen von Tolik herausstellen, trinken bunte Cocktails. Ich habe, flüstere ich Ljoscha mit Blick auf den Tresen zu, gar nicht gemerkt, dass dieser Laden in der Hand unserer kämpferischen Schwestern ist. Wir sitzen in einem Separee, leicht erhöht. Eines der Mädchen fragt mich, warum ich ausgerechnet nach Russland gekommen sei. Ich behaupte, auf Mission zu sein. Man hat mich geschickt, die aufständischen Pussys zu befreien. Hysterische Buhrufe seitens der Mädchen. Diese Monster haben bekommen, was ihnen zusteht. Zweiter Versuch: Ich habe mich schon immer für Russland interessiert, für dieses herrliche, genieverwöhnte Land, das reich an Fläche und schönen Mädchen ist. Die Mädchen nicken verständig. Dann zieht eine den Vorhang zu. Das macht es exklusiver. Und weniger peinlich, wenn wir uns gleich Papierfetzen auf die Stirn kleben. Jeder schreibt den Namen eines Prominenten auf sein Zettelchen und befestigt ihn mit etwas Spucke auf der Stirn seines Nachbarn. Ich bringe zwar schnell in Erfahrung, dass ich weiblichen Geschlechts bin, ein fiktiver Charakter und kleine Rollen im Fernsehen habe, doch dann verliert sich auch schon die Spur. Nach mehreren Nullrunden gebe ich entnervt auf. Und lese, dass ich Snegurotschka bin, die kleine Helferin von Väterchen Frost, die Tinkerbell des Ostens, das liebliche Schneemädchen. Sina, hast du mir das angetan?

Friedrich ist über die Festtage nach Hause geflogen. Und ich habe ein paar Freunde eingeladen. Weil sich die Menschen hierzulande zum Neujahr beschenken und die frommeren unter ihnen – ein Erbe Julius Caesars – erst am siebten Januar in die Kirche pilgern, konnten es meine Freunde einrichten, sich den Heiligen Abend für mich freizuhalten. Ich habe extra eine Tischdecke gekauft. Darauf stelle ich: fünf Schälchen, gefüllt mit Borschtsch, für meine Gäste mit Rindfleisch versehen, dazu Knoblauchbrötchen, als zweiten Gang Wirsingrouladen in Erdnusssoße und abschließend eine Crème catalana. Die Löcher in der kupferbraunen Zuckerdecke sind mit Vanillesoße ausgebessert. Das isst man, fragt Schurik, bei euch zu Weihnachten? Zu Weihnachten, antwortet Mischa an meiner Stelle, isst man in Deutschland Würstchen mit Kartoffelsalat. Das glaube ich nicht, sagt Ljoscha. Manche, sage ich, essen Karpfen. Und an den Festtagen Geflügel, Gans oder Pute. Und die Vegetarier schauen zu? Ich zucke mit den Schultern: Wie immer. Letztes Jahr habe ich einfach eine Pizza in den Ofen geschoben.

Ljoscha und ich stehen im Hausflur. Die Konservendose, die mit einem Draht am Treppengeländer befestigt ist und von sämtlichen Nachbarn der Etage als Aschenbecher benutzt wird, quillt bereits über. Tolik, druckst Ljoscha herum, den magst du schon sehr? Du etwa nicht, frage ich. Doch, doch. Ich korrigiere ihm seine Aufsätze. Und helfe ihm dabei, seinen Text zu üben. Er spielt Theater. Wir schauen Filme, hören Musik. Wir kochen viel. Ständig – ich überlege einen Moment, ob Ljoscha der Typ ist, dem das Offensichtliche auszusprechen Unbehagen bereitet – machen wir miteinander rum. Dann seid ihr, fragt Ljoscha, ein Paar? Er wohnt, sage ich, ein paar Tage bei mir, dann geht er zu seiner Mutter zurück. Ljoscha reicht mir eine wohlgeformte Selbstgedrehte: Was sagt seine Mutter dazu? Die warnt ihn, dass er bloß niemandem ein Kindchen macht. Und Tolik, fragt Ljoscha, macht der sich keine Hoffnung auf ein Leben mit dir? Nein, sage ich. Schau ihn dir an. Tolik genießt seine Freiheit. Er würde seine Freiheit nicht aufgeben wollen. Tolik, sage ich, ist ein Vogel. Und du, sagt Ljoscha, du bist eine Katze.

Wir gehen hinter dem Parkhaus spazieren. Der Winter hat diesen Ort verwandelt: Die Scherben, die im Herbst überall unter den Laternen im Schlamm lagen, sind verschwunden. Nirgends spritzt es. Der Weg ist gefroren. Und um die Sitzbänke ragen Flaschenhälse wie gläserne Blumen aus dem Schnee hervor. Wir laufen am Berg vorbei, dorthin, wo der Weg aufhört und ein Wäldchen beginnt. Birken, fein wie Pinselstriche, Ahorn und Eichen, bis auf die Äste entkleidet, ich bin im Herbst, den Blick zu Boden gerichtet, daran vorbeigelaufen, ohne etwas zu sehen.

Zwei Kinder in bunten Skianzügen bauen einen Schneemann. Das größere Kind weist das kleinere an, Kugeln zu formen. Es weiß, welcher Schnee brauchbar ist und welcher zu Puder zerfällt. Als dem Schneemann wiederholt die Nase abfällt, fängt das kleinere Kind an zu weinen. Die Mutter, die ein wenig abseits bei den geparkten Schlitten steht, unterbricht ihr Gespräch einen Moment, um laut Sascha! zu rufen, dann führt sie ihr Handy ans Ohr und spricht weiter. Tolik geht zu den Kindern, hilft dem kleinen, das sich entmutigt in den Schnee hat fallen lassen, wieder auf die Beine. Er zieht sich die Handschuhe aus und taucht seine Hände in den Schnee. Komm her, ruft er mir über die Schulter zu. Und ich trete zögerlich näher. Ich kann mich, sage ich, gar nicht daran erinnern, jemals einen Schneemann gebaut zu haben. Jedes Kind hat doch irgendwann einmal einen Schneemann gebaut, sagt Tolik. Die Mutter schaut zu uns hinüber. Und telefoniert ungestört weiter. Dann entschuldigt sich Tolik. Wo gehst du hin? Gleich wieder da… Die Kinder plaudern unbeschwert. Der Große erklärt mir, was ich falsch mache. Und fragt mich, als ich Einspruch erhebe, warum ich so komisch spreche. Ich sage, dass ich von weit weg komme. Und das Kind fragt, als gäbe es keine Alternative: Aus Moskau?

Ein Schneemann, der sich von Zweigen und Blattwerk ernährt, begrüßt Tolik, als der endlich zurückkehrt. Eicheln haben die Kinder ihm als Augen eingesetzt. Und Steine halten den Mantel zusammen. Tolik drückt dem Schneemann vorsichtig eine Karotte ins Gesicht. Die Kinder wären begeistert gewesen. Hoffentlich besuchen sie ihren kaltblütigen Freund einmal! Bevor wir gehen, machen wir noch ein Selfie: Tolik, der Schneemann und ich.

Ganina Jama, ein von Mönchen errichtetes Ensemble aus sieben Holzkirchen, liegt eine halbe Stunde außerhalb von Jekaterinburg. Hier hat man 1979 die Gebeine des letzten russischen Zaren, seiner Frau Alexandra Fjodorowna und ihrer fünf Kinder gefunden. Wir waten, die Kapuzen tief ins Gesicht gezogen, durch den Schnee und machen halt vor der Grube, wo man die Überreste der Zarenfamilie nach der Erschießung verbrannt und verscharrt haben soll. Ich wehre erst ab, dann mache ich – Ljoscha lässt nicht locker – doch ein Bild, zur Erinnerung. Auf dem Bild: Nichts als Schnee. Und ein Schild, das sagt: Hier.

In einer der Kirchen wärmen wir uns die klammen Glieder. Dann folgen wir den Bildern entlang eines Weges. Allein um den Zarewitsch ist es schade. Der hatte Charisma, sagt Ljoscha. Der wäre bestimmt ein guter Zar geworden. Der sieht aus, als würde er sich für Literatur und Theater begeistern können. Der hat etwas Feines, Einfühlsames. Ja, stimme ich zu. Die Mädchen – leere, langgezogene Gesichter, Haare, von denen unklar ist, ob es Perücken sind – sehen aus, als verstünden sie nichts von der Liebe.

Ich muss ein ratloses Gesicht gemacht haben, als Tolik mich, quasi aus dem Nichts heraus, gefragt hat, ob ich nicht Lust hätte, ihn zu besuchen und mit seiner Mutter und ihm ins neue Jahr hineinzufeiern. Ich würde gerne, habe ich meinen Satz angefangen, um – bevor ich schließlich ablehnen würde – zu betonen, wie sehr ich diese Geste zu schätzen wisse. Noch auf der Suche nach der geeigneten Ausrede, hat Tolik mich unterbrochen: Ich habe ihr von dir erzählt. Sie würde sich sehr freuen, einen jungen Mann aus Deutschland als ihren Gast zu begrüßen.

Die Tür öffnet sich, noch bevor ich die Klingel betätigt habe. Zu meiner Überraschung steht vor mir eine Frau, die so aussieht, wie man sich wohl als Schulkind seine Mutter wünscht, das blühende Leben, eine Frau, die sich kaum jenseits der vierzig befinden kann, adrett gekleidet, mit wachen Augen, rotflammendem Haar. Ich reiße in aller Eile das Papier vom Strauß. Und Raisa Wasiljewna reißt ihren brombeerfarbenen Mund auf: Genauso habe ich Sie mir vorgestellt! Anatoli hat Sie vortrefflich beschrieben! Ich möchte wissen, was genau sie meint. Wie denn? Die Frau sagt: Genau so. Sie lacht aus vollem Hals. Und ich lache mit, nicht aus Verlegenheit, sondern angesteckt von einem Lachen, das guttut. Ich habe, erklärt sie, einen wohlerzogenen jungen Mann aus Deutschland erwartet. Und hier ist er. Glauben Sie, fragt sie, die russischen

Freunde meines Sohnes wären jemals auf die Idee gekommen, mir ein Blümchen mitzubringen? Ich denke: Wie viele seiner sogenannten Freunde haben sich Hoffnungen gemacht, mehr als nur Freund zu sein? Raisa Wasiljewna führt mich ins Wohnzimmer und verschwindet in der Küche. Ich bleibe auf halbem Weg zum Sofa stehen. Und schaue mich ein wenig im Zimmer um. Ich habe mir vorgenommen, nicht allzu genau hinzuschauen, ich möchte gar nicht zu viel erfahren, nichts, was ich nicht schon weiß. Und was mir ohnehin in den Kram passt. Die Tapete ist gut zwanzig Jahre alt, ein unausrottbares Muster, doch wenigstens hängt keines dieser geschmacklosen Gemälde hier herum, röhrende Hirsche oder ruhende Rehkitze, Sonnenstrahlen, die sanft durch einen Birkenhain fallen … Die Wände entlang stehen klotzige Möbel, unverrückbar, die nichts mit Ikea zu tun haben. Auf dem Tisch, unter einem Baumwolltuch, schlummert ein Flachbildfernseher.

Irgendwo öffnet sich eine Tür und Tolik kommt die Treppe heruntergelaufen. Er sieht, in schwarzer Anzughose und einem grauen Satinhemd, wie verwandelt aus. Die Haare hat er sich, seitdem er sich bei mir einquartiert hat, nicht mehr rasiert. Gut siehst du aus, sagt er. Und gibt mir die Hand. Ich wage es – Raisa Wasiljewna fuhrwerkt in der Küche herum –, Tolik an mich heranzuziehen. Und Tolik, leicht überrumpelt, lässt es geschehen. Mein Zeigefinger folgt der Naht seiner Hose, gräbt sich unbeherrscht in die Spalte seines Hinterteils. Spinnst du, fährt er mich an. Und weicht einen Schritt zurück. Was soll das? Schau mal, was unser Gast mitgebracht hat, ruft Raisa Wasiljewna, ins Zimmer tretend, ihrem Sohn zu. Tolik wendet sich ab von mir und steckt seine Nase in den Blumenstrauß. Schön, sagt er. Aber: Ohne Geruch.

Der Tisch ist für drei Menschen gedeckt. Tolik hat auch nicht erwähnt, dass noch jemand kommen würde. Weil mir die Massen an Aufgetischtem nicht geheuer vorkommen, frage ich, bevor ich Platz nehme, ob wir nicht vielleicht auf die anderen Gäste warten sollten. Welche anderen Gäste? Bei uns, lächelt Raisa Wasiljewna, wird jeder Gast verköstigt, als handele es sich um den Zaren höchstpersönlich. Sie hätten, sage ich, sich meinetwegen nicht solch eine Arbeit aufhalsen müssen. Das macht doch keine Mühe, lächelt die Hausherrin. Die kleinen Schatten, die sich unter ihren Augen befinden müssen, sind mit einer ordentlichen Schicht Puder zugedeckt. Außerdem, sagt sie, hat Anatoli mir erzählt, dass Sie etwas von gutem Essen verstehen. Traditionsgemäß gibt es Salat Olivje, einen Salat in Form eines Würfels, der aus hunderten kleinen Würfeln zusammengesetzt ist, aus Kartoffeln, Möhre, Eiern, Gewürzgurken, dazu eine ordentliche Portion Mayonnaise. Das Fleisch, beruhigt mich Raisa Wasiljewna, habe ich weggelassen. Anatoli hat mir gesagt, es bekäme Ihnen nicht gut. Außerdem gibt es einen Strudel mit Krautfüllung, dessen Rücken ein goldbraunes Kleeblatt ziert, Ananasringe in Teig ausgebacken, ein Joghurtdessert im Glas mit Mandarinen, Kiwi und Nüssen. Die Eier, sagt Raisa Wasiljewna, hat Anatoli selbst gemacht. Dotterfarbene Cremehäubchen ragen aus den weißen Eihälften. Ein Fächer aus Dill, mit roten Kügelchen auf den Spitzen, sitzt schräg darauf.

Tolik füllt – wir haben den zweiten Nachtisch erreicht – unsere Gläser auf. Seine Mutter hält ihre Hand über das Glas: Trinken ist nichts für Frauen. Noch ein Gläschen um Mitternacht, das soll dann genug sein. Tolik überlässt, das Gesicht auf den Teller gerichtet, seiner Mutter das Wort. Raisa Wasiljewna richtet wohlwollend Fragen an mich, gibt mir Vorlagen, mich im besten Licht darzustellen. Ich breite mein Leben aus, bis es mir selbst groß vorkommt, etwas Tolles und Wunderbares, auf das ich nicht mehr verzichten möchte. Ich erzähle von meiner Arbeit, von der Literatur – wie ein richtiger Professor, sagt sie – und von Deutschland, das gerecht ist und sich für das Wohl seiner Bürger interessiert. Das Leben in Deutschland, sinniert Raisa Wasiljewna, ist bestimmt weniger entbehrungsreich als bei uns, aber Tolik – sie erkennt die Gefahr, die von ihrem Gast ausgeht – gehört nun einmal nach Russland. Vielleicht, lenkt sie ein, sei das ein wenig egoistisch, aber könne man es ihr verdenken? Jede Mutter will doch ihre Kinder um sich haben. Sie lächelt mild, um Nachsicht buhlend. Und auch Tolik gibt sich Mühe, einvernehmlich zu lächeln. Ich nicke verständnisvoll: Begreift er, dass gerade in diesem Moment, an dem reichgedeckten Neujahrstisch, über seine Zukunft verhandelt wird?

Nach ihrem Lebensgefährten – auf gar keinen Fall! – darf ich mich nicht erkundigen. Meine Mutter, hat Tolik mich vorgewarnt, ist gerade dabei, ihren Freund auszutauschen. Und auch auf ihren ältesten Sohn ist sie nicht gut zu sprechen: ein Schmarotzer und Taugenichts, der gerade sein Auto zu Schrott gefahren hat und nun – weil er sich zu fein ist, mit der Marschrutka in die Stadt zu fahren! – die Hand aufhält. Weil ich nicht weiß, was ich fragen kann, beschränke ich mich darauf, Raisa Wasiljewna zuzuhören und, wenn es sich anbietet, eine Frage zu stellen, die am Gesagten anknüpft ... Sie wissen gar nicht, beschließt Raisa Wasiljewna ihren Monolog, wie sehr ich Ihnen verbunden bin, dass Sie meinen Sohn zusätzlich fördern. Ich habe gar keine Zweifel mehr daran, dass Anatoli seine Prüfungen bestehen wird. Raisa Wasiljewna legt ihre perfekt maniкürten Hände auf meine Hand und beschließt, dass es für uns nun Zeit sei, aufzubrechen. Sie wollen sich doch sicherlich das Feuerwerk nicht entgehen lassen? Sie selbst werde in das Fernsehprogramm hineinschauen. Fejerwerk, sagt Tolik, ist ein deutsches Wort. Seine Mutter, bereits auf dem zweiten Kanal klebengeblieben, antwortet: Ach ja?

Vom Zentrum steigen Raketen auf. Hier aber ist es so ruhig, dass es mir vorkommt, als hätten die Menschen vergessen, welcher Tag heute ist. Wir befinden uns hinter dem Schartasch, unweit der Steinzelte, in einem besseren Schlafbezirk. Wo sind all die Menschen, frage ich. Die stoßen mit Freunden zu Hause an. Tolik und ich laufen zum Marktplatz. Auf dem Weg dahin leeren wir die Flasche, die wir zum Abfeuern der Raketen benötigen.

Der Marktplatz ist, als wir ankommen, zu meiner Verblüffung dann doch recht gut besucht. Ganze Familien haben sich zusammengefunden. Und aus den umliegenden Kasernen strömen noch mehr Menschen hierher. Die Stimmung ist gelöst. Ein junger Mann, gut angeheitert, begrüßt uns mit Handschlag und beglückwünscht uns, bevor er in die Nacht verschwindet, zum Feiertag. Am Rande, natürlich, gibt es auch eine kleine Schlägerei. Eine junge Frau ruft vollkommen außer sich: Maxim! Maxim! Ein Muttchen ätzt: Das geht ja gut los! Tolik zündet, eine nach der anderen, die Raketen an. Ich zünde mir eine Zigarette an und schaue ihm zu. Dann holt er aus seinem Rucksack ein knisterndes Päckchen hervor. Für dich, sagt er. Ich löse das Band und zerreiße das Papier: Ein

Pullover kommt zum Vorschein, eidottergelb und flauschig wie ein Küken. Dann stecke ich ihm einen Umschlag zu, mit Konzerttickets für Pelageja. Tolik macht einen kleinen Luftsprung. Dann umarmt er mich, wie Männer sich hierzulande umarmen, flüchtig und kraftvoll, ohne den Kopf aufzulegen. Die flache Hand schlägt, als würde sie Schnee abklopfen, auf das hohle Kreuz.

Friedrich hat eingeladen. Wir sitzen in einem großen Kreis auf dem Fußboden. In der Mitte ist ein Spielfeld ausgebreitet, ein Parcours mit Start und Ziel, in den Quadraten dazwischen sind unsere Figuren aufgestellt. Meine Figur hat sich drei Runden lang nicht bewegt. Wer an der Reihe ist, wählt von einem Kärtchen mit fünf Fragen eine aus. Die Fragen zielen zumeist darauf ab, den Spielern auf diskrete Weise Geheimnisse zu entlocken und den hinter schicken Kleidern und Diplomen verborgenen Abgründen unserer Seele nachzuspüren: Wer aus der Gruppe seinen Partner schon einmal betrogen hat oder seine Großmutter getrost ins Altersheim schicken würde, ist allenfalls an der spontanen Färbung der Wangenpartie oder einem nervösen Hüsteln zu erahnen. Denn jeder beantwortet die Frage geheim, indem er ein Steinchen in einen samtenen Beutel fallen lässt. Das schwarze Steinchen sagt nein, das weiße bejaht. Am Ende einer Runde gilt es zu raten, wie viele weiße Steinchen im Beutel klappern. Wer komplett richtig getippt hat, darf seine Figur drei Felder vorwärts rücken; wer annähernd richtig liegt, gibt seinem Spielstein nur einen kleinen Schups.

Jemand verliest die Frage: Bist du der/die Schönste im Raum? Die österreichischen Fräulein kichern. Jemand fragt:

Schaust du dich gerne nackt im Spiegel an? Und Friedrich macht einen Scherz auf meine Kosten: Er würde – ohne dass er sich dafür interessiert hätte! – jeden Zentimeter meines Körpers kennen. Das liegt daran, rechtfertige ich mich, dass ich ständig vergesse, ein frisches Handtuch aus dem Schrank zu nehmen. Jemand fragt: Hast du einmal mit dem Gedanken gespielt, deinem besten Freund/deiner besten Freundin den Partner auszuspannen? Am Ende der Runde kullern zwei weiße Steinchen aus dem samtenen Beutel. Sowas, kommentiert Ljoscha, gehört sich nicht. Das ist einfach unanständig. Ja, sage ich. Und frage mich, wer hier zu meinen Verbündeten zählt. Erstaunlich, denke ich, dass kaum einer nackt schläft und gut die Hälfte nicht einmal auf zehn Sexualpartner kommt. Kaum jemand hat schon einmal Getränke oder andere Nahrungsmittel von Mund zu Mund weitergereicht oder sich einen Gegenstand – zweckentfremdet, versteht sich – einführen lassen. Als mir die weißen Steinchen ausgehen, beschließe ich, in den Hausflur zu verschwinden.

Später dann wird über die Homo-Ehe abgestimmt. Ich ziehe, so unauffällig wie möglich, den Vorratsbeutel zu mir herüber und entnehme ihm, in weiser Voraussicht, eine Handvoll weißer Steinchen. Dann schaue ich mich in der Runde um: Ljoscha, Friedrich, Nastja sind bestimmt dafür, die österreichischen Fräulein, obzwar orthodox, sind alle schon in Berlin gewesen. Friedrichs männliche Kollegen weiß ich nicht einzuschätzen. Ich sage: zehn. Ein optimistisches Voting. Ljoscha, der auf fünf Ja-Stimmen getippt hat, ist näher an der Wahrheit und darf seine Figur ein Feld vorwärts rücken. Ich denke: Warum verwehren mir diese Menschen, die auch meine Gäste sind, was sie für sich in Anspruch nehmen? Warum soll die Ehe ein Privileg sein, das einige Menschen mit ihrer Geburt erworben haben und andere nicht? Ich richte mich auf, schwungvoll und ungelenk, fast stoße ich das Glas meines Sitznachbarn um. In der Küche mische ich Wodka mit Saft. Die Tränen – peinlich, peinlich! – tupfe ich mir mit einem Stück Küchenrolle ab.

Mach dir nichts draus, sagt Nastja. Sieben Stimmen, das ist gar nicht schlecht. Was glaubst du, was eine Umfrage auf der Straße ergeben hätte? Ich hatte mir, sage ich, erhofft, dass meine Gäste ein wenig toleranter sein würden. Das braucht seine Zeit. Federnden Schritts bewegt sich Nastja auf mich zu, legt mir den Arm um die Schulter und flüstert, während sie ihre Lippen auf mein Ohr legt: Dem einen fehlt die Erfahrung. Du bist der erste Schwule in seinem Leben. Der andere ist beim Durchzappen neulich auf dem ersten Kanal hängengeblieben. Wieder ein anderer hat sich mit dieser Frage noch nie beschäftigt. Und, mal ganz ehrlich, glaubst du nicht auch, die Schwulen in diesem Land haben momentan ganz andere Probleme, als sich über Möglichkeiten den Kopf zu zerbrechen, die am fernen Himmel schweben wie Luftballons?

Katja wendet sich mir, als ich wiederkomme, aufgeregt zu. Sie hätten beschlossen, nächstes Wochenende Schlittschuh laufen zu gehen. Es gäbe nahe Newjansk, am Rand eines Waldes, einen See, der sich hervorragend dafür eigne. Ob ich nicht Lust hätte, mitzukommen? Schlittschuhe könne ich ausleihen. Welche Schuhgröße ich hätte? Vielleicht – sie werde fragen – habe Dima sogar ein zweites Paar. Lust hätte ich schon, behaupte ich. Allerdings könne ich nicht definitiv zusagen. Ich müsse erst noch den Anruf einer Kollegin abwarten …

Mitten in der Nacht, die Gäste sind längst gegangen, stehe ich am offenen Fenster und schaue in einen schwarzen, sternenlosen Himmel. Und ziehe an einer Zigarette. Ich denke ausführlich nichts. Und etwas später: Ich möchte mich nicht verschließen. Ich möchte jedem Einzelnen zuprosten. Ich möchte, bei der Frage nach meinem Befinden, nicht daran denken müssen, welche Rechte mir diese Person zugestehen würde, wenn sie wüsste. Offen möchte ich sagen, wie es mir geht und was in mir vorgeht. Das Interesse an meiner Person möchte ich nicht dadurch verspielen, dass ich verletzt bin. Die Chance, einander zu begegnen.

Dienstag, 26. Januar. Die Duma hat das Gesetz in der ersten Lesung angenommen. Welches Gesetz, frage ich. Welches Gesetz? Das Gesetz. Mischa breitet die *Nowaja Gazeta* auf dem Tisch aus. Ich lese – mein Zeigefinger hilft mir dabei – für uns beide, erst laut und dann immer leiser werdend. Das junge Paar am Nebentisch guckt neugierig zu uns herüber: Was tuscheln die?

Wir verlassen den Imbiss und laufen Richtung Plotinka. Lass uns, schlägt Mischa vor, die Abkürzung über den Stadtteich nehmen. Was, wenn wir einbrechen? Mischa zuckt mit den Schultern. Wir steigen, vorbei an Verbotsschildern, das Ufer hinab und folgen dem Pfad, der über die gesamte Breite des Stadtteichs direkt zu Lenin führt. Der Pfad erlaubt es nicht, nebeneinander zu laufen. Ich laufe in Mischas Windschatten. Jeder Schritt, der den Pfad verfehlt, landet im Schnee. Zweimal sinke ich bis zu den Knien ein. Ich humpele, ein verhinderter Yeti, dem russischen Bären hinterher. Auf meine Zurufe reagiert Mischa nicht. Der Wind schneidet mir das Wort ab. Für die nächste halbe Stunde bin ich mit meinen Gedanken ganz allein. Vielleicht ist das gefährlicher, als einen gefrorenen Teich zu überqueren oder auf einem Seil, dünn wie der Hals eines Gänseblümchens, in zehn Metern Höhe zu balancieren. Was, wenn wir heil drüben ankommen? Wir werden uns, wohl oder übel, der Realität zu stellen haben.

Drüben gleiten meine Fingerkuppen über das Eis: fünf Eiskunstläufer. Bist du schon einmal hier gewesen? Mit Tolik und Ljoscha, sage ich, am zweiten Weihnachtsfeiertag. Über Nacht wurde hier eine gläserne Stadt errichtet. Mit den Augen eines Kindes bin ich dem Torbogen des Palastes gefolgt. Ins Bernsteinzimmer bin ich hineingekrochen. Und die Rutsche bin ich, Tolik mir hinterher, auf einer Pappe hinuntergerutscht. Ljoscha hat sich ein wenig abseits gestellt, zu den Erwachsenen, aber das Grinsen konnte er sich nicht verkneifen. Ich habe so etwas nie gesehen. In meiner Kindheit gab es so etwas nicht. Wie auch, lacht Mischa. Ihr kennt keinen Winter. Vor dem Musiktheater gegenüber der Universität stehen Ballerinen, Don Juan flirtet mit Carmen. Die Schneekönigin höchstpersönlich empfängt mit strengem Blick.

Ich bin ein Mensch und keine Propaganda. Mein Freund ist ein Mensch und keine Propaganda. Meine Freundin ist ein Mensch und keine Propaganda. Meine Schwester ist ein Mensch und keine Propaganda. Mein Vater, meine Mutter, mein Bruder …

Das steht auf den Plakaten, die in die Kamera gehalten werden, an unterschiedlichsten Orten, im privaten wie im öffentlichen Raum, auf der Arbeit, der Rolltreppe, im Bus. Nastja belegt die Brotscheiben mit Wurst und Käse, gießt kochendes Wasser in die Gläser. Wir stehen in der Küche um meinen Laptop herum und klicken uns durch die Bildergalerie. Wir überlegen, wie unser Beitrag zu dieser Aktion aussehen könnte. Mischa starrt auf die Fotos wie ein Passant, der Zeuge eines Unfalls wird. Ljoscha verschwindet für ein paar Minuten auf der Toilette. Tolik sagt: Das müssen wir auch machen. Unbedingt. Das müssen wir machen. Ja, sage ich. Meine Hand legt sich auf seine Schulter. Tolik lächelt mir zu. Unbedingt. Wir sind fähig zu handeln. Unverwundbar, wie wir so beieinanderstehen, in meiner Küche, immun gegen Schimpf und Schande. Blödsinnig glücklich sind wir.

Wir inszenieren einen Akt der Liebe: Sechs Männer in einem Bett, so wie der Gott, der die Schwulenclubs schließt, sie geschaffen hat. Mischas Lippen stranden in Borjas Nacken. Und Toliks Kopf ruht in meinem Schoß. Eine Zunge bohrt sich in einen Bauchnabel. Irgendwo verhaken sich Schenkel. Zwei, drei Münder treffen aufeinander. Was für ein Unsinn, funkt Rustam dazwischen. Nastja stellt wortlos die belegten Brote auf den Tisch. Tolik rechtfertigt seine Fantasie: Wenn man uns schon der Propaganda bezichtigt, können wir auch mitspielen. Er streicht, während er spricht, mit dem Zeigefinger über den Flaum zwischen Oberlippe und Nasenspitze. Ich stehe vor der Kathedrale auf dem Blut. Dort, wo artige Kirchgänger ihre Kreuze schlagen, knöpfe ich mir den Mantel auf. Auf meinem T-Shirt steht: Ich bin siebzehn Jahre alt und ich bin schwul. Ihr wollt mich aus eurer Gesellschaft ausschließen? Ihr wollt mir verbieten, mich meinen Freunden anzuvertrauen? Ihr wollt meinen Lehrern untersagen, mir beizustehen? Ich bin ein Mensch und keine Propaganda.

Zu viel Text, meint Nastja. Rustam steckt sich eine Zigarette an: Eine bescheuerte Idee. Ausgerechnet vor der Kirche, wo die Zarenfamilie ermordet wurde? Die aufständischen Pussys lassen grüßen. Am besten, du zündest gleich noch die russische Flagge an. Und trampelst auf ihr herum. Nur um sicherzugehen, dass die dich auch wegsperren … Ljoscha sagt: Es kann uns nicht darum gehen, zu provozieren. Was nützt es, die Menschen vor den Kopf zu stoßen? Ich dachte, wir würden für Verständnis werben. Toleranz, knurrt Rustam, kannst du nicht von Menschen erwarten, denen schwindelig wird, wenn sich zwei Männer bloß umarmen, von Menschen, bei denen Herpes blüht, als Antwort auf einen winzigen Kuss. Ich schlage vor: Einer von uns kommt aus der Metro. Mit der einen Hand hält er einer Oma die zentnerschwere Tür auf, in die Kamera hält er ein Plakat. Darauf steht in den Farben des Regenbogens: Vielleicht war ich es, der dir heute die Tür aufgehalten hat. Ich bin ein Mensch und keine Propaganda. Borja zuckt mit den Schultern: Was soll das beweisen? Dass wir nicht mit Kinderschändern und Drogenopfern auf eine Stufe zu stellen sind? Rustam nickt zustimmend. Ljoscha spielt verlegen mit dem Reißverschluss seiner Strickjacke: Dann müssen wir nur noch die Rollen aufteilen. Ich könnte, mit Perücke und reichlich Schminke, die Oma spielen, schlägt Nastja vor.

Shenja reißt die Folie von der Keksdose und platziert sie auf dem Schreibtisch genau in der Mitte zwischen unseren Unterlagen. Ob ich mehr Glück gehabt hätte mit meinen Stunden? Ich habe mir ein paar Bücher besorgt, damit sei die Vorbereitung fürs neue Semester so gut wie erledigt. Am Donnerstag habe ich erst abends einen Kurs. Die Nächte von Mittwoch zu Donnerstag werde ich mir die Füße im Babylon wund tanzen. Ich sage: Ich bin ganz zufrieden.

Ich laufe die leeren Korridore der Universität entlang. Niemand zu sehen, vom Sicherheitspersonal und den zentralasiatischen Putzfrauen abgesehen. Die schrubben unermüdlich den Boden entlang. Der gleicht einem Spiegel. Das Preisschild auf der Schuhsohle kann ich deutlich erkennen: tausendachthundert Rubel. An der Haltestelle gefrieren mir die Nasenschleimhäute. Ein Kleinkind lässt sich von seiner Mutter auf einem Schlitten ziehen. Eine Großmutter vertreibt einen bettelnden Hund. Der Himmel hängt tief. Laut Prognose zerflockt er am Nachmittag. Ich werde in meinem Bett liegen und Isaac Babel lesen und nicht akzeptieren, dass es ein Leben außerhalb meiner vier Wände gibt. Es wird alles da sein, schwarz auf weiß, auf diesem Papier, durch das man fast hindurchsehen kann, Blätter so dünn wie die Flügel eines Insekts.

Wie gefällt dir das: die deutsche Kuschelgesellschaft. Ich weiß nicht mehr, wo ich dieses Wort gelesen habe, aber ich habe sofort an Konstanz denken müssen. Dieses Wort beschreibt genau, wie ich mich gefühlt habe, als ich dort war. Auf Russland, schreibt Mischa, ist es jedenfalls nicht anwendbar. Und schickt einen traurigen Smiley hinterher. Gestolpert bin ich auch über: Speichellecker, Hosenscheißer und Zimtzicke. Eingebildete Zimtzicke, das hat mir gefallen, noch bevor ich verstanden habe, was es damit auf sich hat. Das muss, habe ich mir gedacht, eine Zicke sein, die sich ausschließlich von Zimt ernährt. Daher ihr würziger Lebkuchenatem. Ihr Fell ist in dem einzigartigen Ton zwischen Kupfer und Lehm gehalten, den man auf der Palette am besten hinkriegt, wenn man eine Winzigkeit Zimtzickenmist beimischt. Und eingebildet ist sie, weil es sie gar nicht gibt.

Ich schreibe: Mit dem Russischen ging es mir anfangs ähnlich. Du schlägst ein Lehrbuch auf und es kommt dir vor, als würdest du einen Süßwarenladen betreten. Mittlerweile merke ich gar nicht mehr, wie ich was sage. Viel zu kurz ist die Halbwertszeit von Lieblingsworten. Genau deshalb, antwortet Mischa, bin ich stets auf der Suche.

Im Posteingang liegen Nachrichten meiner Freunde. Aufgeregte Majuskeln springen mir, kaum dass ich mich einlogge, ins Auge, Ausrufe- und Fragezeichen. Meine Freunde machen sich ernsthaft Sorgen, dass mich ein Bär gefressen haben könnte. Stefan vermutet, dass ich längst, hinter Sibirien, in einem Arbeitslager sitze und Kohlengruben mit einem Esslöffel bearbeite. Und dass mein Kopf von Läusen kahlgefressen ist. Einem Freund schreibe ich: Ich habe dir unzählige Briefe geschrieben, aber der Geheimdienst hat sie allesamt abgefangen. Ich hätte weder die Wiederwahl des Zaren in Frage stellen noch eine Lanze für die aufständischen Pussys brechen dürfen. Einem anderen Freund schreibe ich: Für das, was ich erlebt habe, werde ich erst eine Sprache erfinden müssen. Was wirst du damit anfangen können, wenn ich dir schreibe, dass ich Babel gelesen habe und dass Sina ein drittes Auge hat?

Wir brauchen Pelmeni, Schmand, saure Gurken, Wodka, Brot, Tomaten, Bier. Was noch? Zigaretten. Orangensaft, Toilettenpapier, Mayonnaise. Erdnüsse. Oder Sonnenblumenkerne? Wir sind auf dem Weg zum Megamart, auf der Höhe der

Obdachlosenkolonie. Friedrich stapft voran, Ljoscha und ich trotten hinterher.

Ljoscha sagt: Ich habe ja nichts gegen niemanden, aber so zu leben, das kann ich mir beim besten Willen nicht vorstellen. Die Obdachlosen sitzen um eine Feuerstelle. Und unterhalten sich in Lauten, die nicht menschlich sind. Ich verstehe kein Wort. Du? Ein einziges Gekläff. Ein Rudel Hunde bemüht sich um eine Konversation. Wie man in so einem Dreck überhaupt leben kann? Matratzen stapeln sich hinter ihrem Rücken zu Türmen. Unrat liegt verstreut über den gefrorenen Boden. Diese Menschen leben nicht besser als das Getier um sie herum. Aus Abfall haben sie sich ein Nest gebaut. Meine Tante ist einmal im Hausflur über solch einen Penner gestolpert. Hätte sich fast das Bein gebrochen. Und der Mann? Erfroren, sagt Ljoscha. Fühlst du dich selbst wie Dreck, nimmst du vielleicht keinen Anstoß mehr an dem Abfall um dich herum. Mich beschämen diese Menschen, sage ich. Ich weiche ihren Blicken aus. Glaubst du, fragt Ljoscha, du könntest enden wie sie? Warum nicht, sage ich. Du hast einen Abschluss. Und den deutschen Pass. Glaubst du, bei uns gibt es keine Obdachlosen? Solche, fragt Ljoscha skeptisch. Manchmal bedarf es nur eines kleinen Unglücks, um jemand zum Straucheln zu bringen. Kann sein, sagt Ljoscha. Und beschleunigt seinen Schritt.

Friedrich hat ein Mädchen eingeladen. Unter der Bedingung, ihre beste Freundin mitbringen zu dürfen, hat das Mädchen die Einladung angenommen. Ein Männerhaushalt. Zwei ledige Männer im besten Alter? Er müsse verstehen: Ohne ihre Freundin müsse sie seine Einladung aus nachvollziehbaren

Gründen ausschlagen. Friedrich versteht, aber ich protestiere. Ein Doppeldate? Kommt gar nicht in Frage. Also entscheiden wir uns für ein volles Haus.

Was Friedrich erzählt, muss ungemein spannend sein. Die Augen des Mädchens kleben an seinen Lippen. Weil ich es hasse, ein schlechter Gastgeber zu sein, und weil ich meine, mich in der Person zu meiner Rechten irgendwie wiederzuerkennen, beschäftige ich mich mit der Freundin, mit der sonst niemand etwas anfangen kann. Meine Jungs sind in die Küche abgewandert. Und auch die Fräulein vom Konsulat ignorieren Irina so gut es geht. Bestimmt fühlen sie sich provoziert. Mit einem Wesen, von der Natur so ungemein reich beschenkt wie Irina, wollen sie nichts zu tun haben. Irina erzählt, dass sie auf das neunte Gymnasium gegangen sei, an der Plotinka, gegenüber dem Gouverneurssitz. Die beste Schule. Egal: eine schreckliche Zeit. Ob ich wisse, dass die Schüler hier in Schichten zur Schule geschickt würden? Nein? Aus Platz- und Lehrermangel. Sie sei in der Dunkelheit nach Hause gefahren. Jungen Mädchen – sie schaut mich mit einem Blick an, den sie sich bei einer übergeschnappten Filmdiva abgeguckt haben muss – könne man so etwas doch wohl kaum zumuten. Bei all dem Gesocks auf der Straße. Ich stimme stumm in Schimpf und Klage ein. Irina nippt an ihrer Apfelschorle. Ich sage: Wir hätten auch Wodka. Und leere mein Glas. Irina lächelt ein leeres Lächeln. Warum ich nach Russland gekommen sei? Ich wolle ein Buch schreiben, behaupte ich. Und sei auf der Suche nach Stoff. Da weiten sich Irinas Pupillen. Als hätte sie eine Pille auf ihrer Zunge zergehen lassen. Sie flüstert mir zu: Vergiss alles, was ich dir erzählt habe. Das Leben, besonders in Russland, ist schön. Die Menschen sind glücklich. Arbeit finde, wer Arbeit wolle. Ich würde schon sehen: Noch ein paar Jahre und Russland würde wieder ganz oben mitspielen. Sotschi sei erst der Anfang.

Nach knapp einer Stunde haben sich die Freundinnen bereits aus dem Staub gemacht. Ich denke: Sollte ich jemals ein Buch schreiben, werde ich darin genau dokumentieren, welche tiefvertraulichen Staatsgeheimnisse die kühle Schönheit unbedacht ausgeplaudert hat. Ich kippe den Schnaps runter, den sie nicht angerührt hat, und folge dem Gelächter, das aus der Küche herüberschwappt. Im Türrahmen bleibe ich stehen: Borja küsst ein Mädchen, das ich nie zuvor gesehen habe. Ausgerechnet Borja – dem hätte ich das am wenigsten zugetraut! Ich bin Dascha, lacht die Blondine. Dabei fällt ihr ein Eiswürfel aus dem Mund. Meine Freundin, erklärt Tolik lakonisch. Schön, dich endlich kennenzulernen, sage ich. Und stelle mich vor: als ein Freund und als Hausherr. Tolik lacht. Und Rustam macht mich mit seiner Frau bekannt, einem burschikosen Wesen ohne jegliche Kurven, dafür mit wachen, herausfordernden Augen. Wir spielen, sagt Tolik, ein Spiel. Soll ich dir zeigen, wie es geht?

Mein liebster Triebgefährte zieht mich zu sich heran. Ich möchte sagen: Das Spiel gefällt mir. Da bohrt sich bereits seine Zunge in meinen Mund. Kurz darauf folgt etwas Kaltes, Feuchtes. Wer ihn verliert, erklärt Borja, muss trinken. Ohne abzusetzen, ohne Gewürzgurke. Ohne das Gesicht zu verziehen. Ich gebe, meine Lippen auf Rustams Lippen pressend, den klein gelutschten Eiswürfel weiter. Da steht plötzlich, in Jeans und Kapuzenshirt, ein junger Mann in der Küchentür. Tolik fragt: Willst du mitspielen? Der Junge schaut irritiert. Keines unserer Gesichter ist ihm bekannt: Wohnt nicht Friedrich hier?

Auf dem Weg in mein Zimmer fängt mich Schurik ab. Besetzt. Besetzt? Mischa und Ljoscha. Ich laufe, der Tür einen leichten Tritt versetzend, an meinem Zimmer vorbei Richtung Hausflur, da legt mir der österreichische Germane seinen Arm um den Hals, und ich gehorche, ein kleiner Bruder, Friedrichs Willen, lasse mich bereitwillig in den Fahrstuhl schieben. Ohne Mantel und Schal treten wir vor das Haus. Ich stecke mir eine Zigarette an. Friedrich pflückt sie von meinen Lippen, nimmt einen ordentlichen Zug, verschluckt sich am Rauch, hustet. Ich möchte, sagt er, diese Person hier nie wieder sehen. Ich denke: Wen meint er? Und sage: Du hast recht. Vollkommen inakzeptabel solch ein Verhalten. Wie man sich bloß so vergessen kann?

Friedrich legt mir, wieder der große Bruder, seine Hände auf die Schultern und erzählt mir, wie Sina ihm ihren Respekt bekundet habe: Ohne ihn sonderlich zu mögen, schätze sie Friedrich sehr, weil er es aushalte, mit einem Menschen wie mir unter einem Dach zusammenzuwohnen. Sie bewundere seine Kraft, sich all dem auszusetzen. Widernatürlich sei so etwas. Ekelhaft. Pervers. Langsam begreife ich, wovon Friedrich spricht. Er lockert seinen Griff. Ich werfe den Zigarettenstummel in den Schnee. Dich, sagt Friedrich, mag sie mehr als mich. Abartig findet sie dich trotzdem. Das hat sie gesagt. Und du? Ich war so kurz davor, sie rauszuschmeißen. Wozu? Wieder in der Küche angekommen, stoßen wir an. Friedrich fragt: Wie viele Biere zählt unsere Freundschaft?

Es ist die dritte Woche des Semesters. Ich sitze allein in einem Raum, der sich mit jeder Minute auszudehnen scheint: sechs, sieben, acht leere Reihen. Ein Lehrertisch mit einem Pult, auf dem man seine Unterlagen ausbreiten könnte, ein Fenster, auf dem ein Zettel klebt: Defekt! Nackte, beigefarbene Wände. Kein Bild, ausgenommen der Fotografie des ehemaligen Dekans, dem zu Ehren dieser Raum seinen Namen trägt.

Ich verlasse den Raum, schaue mich auf dem Korridor nach meinen Studenten um. Graue Eminenzen blicken – weil man, um sie anzuschauen, gezwungen ist, aufzuschauen – auf ihre Betrachter hinab. Mit allerlei Orden sind ihre Uniformen geschmückt. Rotglühende Sternenhimmel, Ährenfelder. Ich werfe ein paar Rubel in den Automaten ein. Ein Plastikbecher füllt sich mit einer braunen Flüssigkeit. Ich denke: Wenn ich einmal tot bin, möchte ich aus dieser Welt gründlich ausradiert sein.

Fünfzehn Minuten nach Unterrichtsbeginn ruft mich – keine Ahnung, woher er meine Nummer hat – mein Primus an und erkundigt sich, immerhin in passablem Deutsch, in welchem Raum unsere Dienstagssitzungen stattfinden würden. Weil meine Studenten nach und nach eintrudeln, rede ich mir an einer einzigen Aufgabe den Mund fusselig. Ich bitte, schon leicht ungehalten, mit zittriger Stimme, die Hausaufgaben vorzunehmen. Jemand hat die Hausaufgaben missverstanden. Jemand hat seine Hausaufgaben auf den Knien geschrieben, in einer lustig ruckelnden Tram, zwischen feixenden Schulkindern. Und kann nichts mehr lesen. Jemand kann sich erinnern, dass es Hausaufgaben gab. Jemand war ganz kurz davor, sie zu machen. Satz für Satz lasse ich vorlesen, aber die Wörter stellen sich meinen Studenten in den Weg. Feinde, Ganoven. Die Kärtchen, die ich in vorabendlicher Euphorie ausgeschnitten habe, rascheln in meinen Händen wie welkes Laub. Ich teile sie in der Hoffnung aus, Domino übersteige die intellektuelle Begabung meiner Schützlinge nicht. Und erkläre ein Spiel, das jedem bekannt ist.

Lida tippt eifrig in ihr Mobiltelefon ein. Schon fertig? Schon fertig. Nikita bastelt sich aus den Karten ein Haus. Wika legt ihren Kopf, der plötzlich sehr schwer geworden ist, auf den Tisch. Sie habe bestimmt keinen Fehler gemacht, könne sich jedenfalls – und wende sie dazu ihre gesamte Fantasie auf! – nicht vorstellen, einen Fehler gemacht zu haben. Es lohne sich gar nicht, zu kontrollieren. Und Sewa? Domino, sagt er, ja, jetzt, wo Sie es sagen! Ein Kärtchen führt zu einem anderen. Unbeirrt reiht Sewa Verb an Verb. Beim Vorlesen seines Satzes pinkelt er sich fast in die Hose. Ich sage: Wir sind hier doch nicht im Kindergarten. Und: Sie sind unvorbereitet in meinen Unterricht gekommen. Sie arbeiten unkonzentriert. Sie ignorieren meine Arbeitsaufträge. Und: Ich erkläre die Stunde für beendet. Mit großen Augen blicken mich meine Schützlinge an. Ich übersetze ins Russische: Hätten Sie immer fleißig Ihre Hausaufgaben gemacht, müsste ich Ihnen nicht in zwei Sprachen erklären, dass Sie Ihre Sachen einpacken können. Die Stunde ist beendet.

Ich bleibe sitzen und blättere lustlos im Lehrbuch. Die Tür öffnet sich. Und mein Primus schlüpft in den Raum. Arkadi entschuldigt sich, gebeugten Hauptes und mit auf dem Rücken verschränkten Armen, auch im Namen derer, die sich über den freien Nachmittag freuen und bereits vor dem heimischen Computer sitzen oder in der Umkleide stehen und ein Ledermäntelchen anprobieren. Ich solle nicht traurig sein. Ich sage: Ich bin nicht traurig. Mit mir hat das nichts zu tun. Wirklich. Und: Um euretwillen tut es mir leid.

Im Lehrerzimmer teilt Shanna Nikolajewna ihr Teilchen mit mir. Die süße Füllung quillt aus meiner Hälfte hervor. Machen Sie sich nichts draus. Ich sage: Das Lehrbuch und ich hatten eine Glanzstunde des Fremdsprachenunterrichts konzipiert. Shanna Nikolajewna lächelt müde. Sie tunkt ihr Teilchen in den Tee ein, sagt: Sie wollen zu viel in zu kurzer Zeit. Ihre Innovationen überfordern unsere Studenten. Sprachspiele und Gruppenarbeit? Warum haben Sie nicht erst mal ein Beispiel an die Tafel geschrieben?

Mateusz tupft sich die Mundwinkel mit einer Serviette ab. Und schiebt den Teller von sich. In Erwartung einer Geschichte wendet er sich seinem jungen Kollegen zu. Was gibt es Neues? Ich erzähle: Heute bin ich wieder mit der Verrückten gefahren. Ich hatte sie erst für böswillig gehalten, ein verhärmtes Weib, ganz in seinem Hass auf die Welt eingerichtet. Heute weiß ich, dass mich damals, Ende September, eine Verrückte zum Teufel geschickt hat: Eine Alte erkundigt sich nach dem Weg. Die Verrückte drückt ihr einen Fahrschein in die Hand, kassiert, ununterbrochen vor sich hinredend, eine junge Mutter ab, dann kehrt sie zurück, um in aller Ausführlichkeit zu erklären, dass die Alte an der überübernächsten Haltestelle, der Straße der Lehrer, in die 20, 22, 23 oder 32 umsteigen und bis zur Straße des achten März fahren müsse, wo sich ihr Ziel in unmittelbarer Reichweite befände. Natürlich müsse sie, vom Majakowski-Ring kommend, noch in das Gässchen einbiegen, das von der Kathedrale wegführt, Blok oder Gumiljow, jedenfalls irgendein Schriftsteller. Das Postgebäude, mit seinem übergeschnappten Giebel, auf der gegenüberliegenden Straßenseite, müsse sie von Weitem sehen.

Die Alte, offensichtlich schwerhörig, schaut die brabbelnde Fahrkartenverkäuferin mit großen, fragenden Augen an. Die wiederholt auf Bitte der Alten ihre Wegbeschreibung, zunächst routiniert, doch schon am Majakowski-Ring reißt ihr der Geduldsfaden. Ihr Plauderton weicht einem Gezeter, das alle anderen Gespräche in der Tram verstummen lässt. Als es die Alte kurz darauf wagt, sich bei einer Passagierin erneut nach dem Weg zu erkundigen, explodiert die Fahrkartenverkäuferin. Aufgebracht schreit sie durch die ganze Tram: Leute wie sie müsse man doch erschlagen! Krepieren, jawohl, krepieren solle sie! Und: Dass es so etwas gibt! Die schwerhörige Alte, von der Güte des Menschen überzeugt, bedankt sich noch einmal aufrichtig, bevor sie die Tram eine Station zu früh verlässt.

Man sagt, du hast einen Freund gefunden. Sagt man das? Der Ministerpräsident grinst mich an. Offensichtlich gefällt ihm, was man sich über ihn erzählt. Ich hatte über das Wetter reden wollen, zunächst einmal, über die Nachrichten, irgendetwas, das weit weg ist und uns nichts angeht. Nun ist es aus mir herausgeplatzt: Man sagt, du hast einen Freund gefunden.

Wir sitzen im Parkhaus, in dem überteuerten Café im Erdgeschoss. Mitja löffelt, trotz der Temperaturen, einen Eisbecher, marmorne Kugeln, die in einem See von Schokoladensoße schwimmen. Ich esse ein Stück Torte. Mitja erzählt: Ich habe im Internet einen Mann kennengelernt, der mich heiraten will. Er ist attraktiv und hat einen guten Job. Er ist vor dreizehn Jahren mit seiner Familie nach Deutschland ausgewandert. Er lebt in Berlin. Und versteht mich. Das ist gut, behaupte ich. Mitja – warum eigentlich? – versucht mich von seinen Vorzügen zu überzeugen, erzählt Dinge, von denen ich gar nichts wissen will. Ich verkrieche mich, solange er redet, in ein Schweigen. Ganz am Ende frage ich: Wovon wirst du leben? Ich finde schon etwas, sagt Mitja. So lange mache ich Jegor den Haushalt. Den Haushalt? Liebt er dich so sehr, dass er bereit ist, dich durchzufüttern? Meine Rettung, sagt Mitja, betrachtet er als einen humanitären Akt. Verstehst du? Rettung? Der Ministerpräsident lächelt vor sich hin, wie ein Schüler am Ende eines gelungenen Vortrags, in freudiger Erwartung seines Beifalls. Ich frage: Liebst du ihn? Die Liebe stellt sich noch ein, sagt Mitja. Und lächelt kalt. Hast du weiter Deutsch gelernt? In dem Ton eines genervten Kindes, dem jemand sein neues Spielzeug madig redet, antwortet Mitja: Deutsch lerne ich, wenn ich da bin. Wissenschaftler, erklärt er, haben herausgefunden, dass man eine Fremdsprache am besten im Land lernt. Dann hast du ja alles bedacht, sage ich. Und: Mein Glückwunsch. Wie lange bist du noch hier? Bis August. Und du? Vier Monate zähle ich an meinen Fingern ab.

Mucksmäuschenstill erwarten mich am Freitag meine Studenten. Ich lasse meine Tasche, lauter als sonst, auf den Lehrertisch fallen. Dann schaue ich mich um: In Reih und Glied sitzen meine Studenten, Lara und Wika, Arkadi und Nikita, Anjuta und Sewa, das Totenkopfmädchen und Nina, Schutzpatronin der Enten und Eichhörnchen und – aufrechter als ihre Kommilitonen, mit durchgestrecktem Rücken – die Dame mit dem Blaufuchs. Sie alle halten den Atem an. Erwarten vielleicht, dass ich etwas sage. Ich lasse zwei Minuten vergehen, dann schreibe ich wortlos die Aufgabe an die Tafel. Prompt melden sich Freiwillige zum Vorlesen. Paare finden wie die Teile eines Puzzles zusammen. Hände werden in die Luft gerissen, noch bevor eine Frage gestellt ist.

Auf der Straße kommen mir zwei junge Mädchen entgegen, in voluminösen Mänteln, Pelz oder Kunstpelz, die Gesichter in flauschige Mützen eingefasst. Beide essen ein Eis, während sie auf dünnen Beinen durch den Schnee staksen. Ich bleibe am nächsten Kiosk stehen. Und gebe der Versuchung nach. Verdammt noch mal, denke ich, das Leben ist schön. Wir haben – auf absehbare Zeit zumindest – nur dieses eine. Die Luft ist kalt, aber die Sonne lächelt.

Sonntags, halb zehn, weckt mich mein Smartphone, eine Stimme, die ich öfters mal auf lautlos stellen möchte. Ob ich meinen Vortrag schon fertig hätte? Schon? Uljana Wasiljewna gönnt sich eine Pause. Statt fünf Minuten würde man dem Gastredner aus Deutschland sage und schreibe zwei Stunden Vortragszeit einräumen. Großartig, nicht wahr? Ganz toll, behaupte ich. Und nehme mir vor, angesichts dieses Attentats, meine langweiligste Vorlesung abzuspulen, den Text ins Unendliche zu dehnen, indem ich rhetorische Pausen einbaue und an den unpassendsten Stellen ein affektiertes Hüsteln platziere. Ich beschließe, noch fünf Minuten im Bett liegen zu bleiben. Vom Spiegelschrank blickt mir ein Fremder entgegen. Zerrauftes Haar, spröde Lippen, das Gesicht in sich zusammengefallen.

Das Lehrbuch schlägt vor, einen Stammbaum aufzumalen. Weil ich mit meiner Familie – große Schwester, kleiner Bruder, glückliche, sich treu ergebene Eltern – dem deutschen Ideal zu sehr entspreche, lasse ich meine Mädchen einen

Stammbaum aufzeichnen, der ihren Wünschen entspricht. Im Schnitt wünschen sich meine Mädchen zwei Kinder, Lina – einen kleinen Sohn hat sie schon – kann sich sogar drei Kinder vorstellen. Und – wie Ljuda erklärt – einen liebenden Mann, der nicht allzu viel trinkt, also ein Heim voller Liebe, einen Schrank – es setzt ein kollektives Gekicher ein – voller schöner Kleider und Haar, das in den Spitzen nicht allzu bald spröde wird. Wie wollen Sie, hake ich nach, Familie und Karriere vereinbaren? Sie studieren doch nicht etwa zum Spaß oder aus Langeweile. Wieder wird gekichert. Zuerst möchte ich mich, stottert Inna, auf meine Karriere konzentrieren, aber sobald ein Kind da ist – das ist doch selbstverständlich –, hat das Kind Vorrang. Die Kinder sind das Wichtigste im Leben einer Mutter. Die Kinder sind die Zukunft unseres Landes. Lida und Ljuda stimmen sofort zu. Dann nickt auch Nora. Die Feministin in mir echauffiert sich: Gebärmaschinen mit roten Diplomen. Heimchen, die Goethe lesen und wissen, was ein Bruttosozialprodukt ist. Ich kann mir gerade noch auf die Zunge beißen. Da erhebt Alisa – ihren Beitrag mit einem geräuschvollen Räuspern einleitend – das Wort: Ein Kind allein ist keine Zukunft. Lina wendet sich empört ihrer Kommilitonin zu. Ein Kind, wenn es mit Gabel und Messer nicht umzugehen weiß, ist keine Zukunft. Wenn es nicht liest. Und keine eigene Meinung entwickelt. Lina wirft Alisa einen verständnislosen Blick zu. Man kann nicht, flüstert Ljuda, aus jedem Kind einen Präsidenten machen. Hauptsache, das Kind ist glücklich. Und nimmt keine Drogen. Ich denke: Mein Kind soll Bücher ohne Lektüreschlüssel lesen können und sich selbst aussuchen, ob es an einer Hochschule Deutsch unterrichtet oder sich als Darsteller seinen gezuckerten Hoden lecken lässt.

Nun zeichne ich meine Zukunft. Vom Zentrum aus, in dem mein Name steht, zeigen Pfeile in alle Richtungen. Linien, die sich vielleicht im Unendlichen treffen, nicht aber in diesem Leben. Auf den Pfeilspitzen tanzen Fragezeichen. Sie sind die Sonne im Universum, scherzt Lina. Alisa schüttelt lächelnd den Kopf. Als sich unsere Blicke treffen, nickt sie mir zu. Ich glaube, sie ist die einzige, die versteht.

Ljoscha führt uns zu dem Tisch, den er reserviert hat. Wir lassen uns in die Sessel fallen, verschwinden einen Moment in dem weichen Polster, schon richten wir uns auf: Drei junge Männer in Ausgehlaune, Ljoscha und Serjosha, sehr angenehm!, in weißen Hemden und schwarzen Stoffhosen, auch ich schwarz-weiß, wie aus einem alten Film, nur andersrum, die beiden oberen Knöpfe geöffnet, Spielraum nach unten, die Haare gegelt und gescheitelt.

Eine Karaffe steht schon bereit, darin unser Lieblingsgetränk, ohne Farbe und Geschmack, eiskalt, angeblich vom Baikal und milchfiltriert. Ljoscha gießt großzügig ein. Stoßen wir an. Worauf? Aufs Kennenlernen. Ich kippe den Wodka hinunter, verziehe, auch ohne Essiggurke, keine Miene. Wie lange bist du schon hier, fragt Serjosha. Ljoscha entnimmt einem silbrigen Kübel Eiswürfel. Die knistern lustig, als sie mit Saft übergossen werden. Serjosha erzählt, dass er eigentlich aus Nowosibirsk komme. Dass ihm die riesige Stadt am Ob, bevölkert mit Freundesfreunden und Bekannten, schnell zu klein wurde. Dass er eigentlich, nach seinem Großvater, Michal heiße. Und wahnsinnig glücklich sei, in der Lermontowstraße untergekommen zu sein, bei Ljoscha im Laden. Offiziell angestellt seien sie ja als Innenarchitekten, in Wirklichkeit dekorierten sie bloß um: Ich verrücke Tische und Stühle. Und Ljoscha leuchtet sie aus.

Serjosha entschuldigt sich, entfernt sich: ein Mann wie aus einem Western ... Ljoscha kneift mich in den Oberarm. Und Mischa? Mischa, sagt Ljoscha, da war doch nichts, nichts Ernstes zumindest. Das hier ist ein Mann. Ein richtiger Mann. Stundenlang könnte ich ihn betrachten. Beim Warten auf den Fahrstuhl. Oder wie er von einem Butterbrot abbeißt. Kannst du dir vorstellen, wie er von einem Butterbrot abbeißt? Du darfst ihm nicht so auf den Mund starren, ermahne ich meinen Freund. Ljoscha, ohne darauf einzugehen, füllt nach. Sein Mund ist das Schönste, was ich je gesehen habe. Die kleinen Stoppeln über seinen Lippen, beim Küssen, das muss doch wahnsinnig machen! Meinst du, man kann davon wahnsinnig werden? Ich weiß nicht, sage ich, in der Literatur geht das bestimmt.

Über dem Babylon zieht ein Gewitter auf: Bässe dröhnen. Und Blitze sausen nieder. Laserstrahlen durchschneiden die Luft. Wie in Zeitlupe bewegen sich die Männer um mich herum, jede Bewegung gleicht einem Standbild. Dann wird vorgespult. Wenn jemand unangekündigt Stopp drückt, fallen wir alle hin.

An der Bar hole ich mir ein Bier. Ich halte dem Barkeeper meinen Schein hin, aber ein fülliger Herr kommt mir zuvor. Während ich meinen Schein zurück in die Hosentasche fummele, umfasst er bereits meine Hüfte. Ich löse, sanft über den Handrücken streichend, gleich wieder seinen Griff. Und nehme einige hastige Schlucke. Aus sicherer Entfernung rufe ich meinem Verehrer über die Schulter zu: Warum tanzen Sie nicht?

Ein Junge tritt, als er bemerkt, dass ich ihn bemerkt habe, aus dem Schatten seiner Freunde hervor. Verrenkt sich, als würde er etwas davon verstehen. Als der Takt aussetzt, verharrt er in einer Pose, die vor Selbstbewusstsein nur so strotzt. Ich kann mich nicht beherrschen. Und lache. Der Junge, obwohl kaum zwanzig, sieht merkwürdig antiquiert aus, wie aus einem Schulbuch ausgeschnitten, ein übergeschnappter Pionier.

Dann zieht Rauch von der Bühne herüber. Eine Königin stöckelt ins Licht. Begrüßt mit zwitschernden Lauten ihr jubelndes Volk. Der Junge zieht währenddessen an mir vorüber, dreht sich, bevor er verschwindet, noch einmal um. Eine Einladung? Ich denke nicht lange nach. Und folge ihm einfach. Nicht, dass er mir sonderlich gut gefiele, aber irgendetwas treibt mich. Der Junge, als ich den stillen Ort betrete, steht am Pissoir, den Blick stur auf die gekachelte Wand gerichtet. Ich gehe vorüber. Und nehme die erste Kabine. In Sicherheit, denke ich. Doch bevor ich die Tür verriegeln kann, hat sich bereits ein Fuß hereingeschoben. Gekonnt löst der Junge meine Gürtelschnalle. Und lässt sich lautlos zu Boden gleiten. Ich schließe die Augen und lasse es geschehen. Während er saugt, krallen sich seine Hände in meinen Po. Wortlos fordert mich der Junge auf, ihn in den Mund zu ficken. Ich tue ihm den Gefallen. Und stütze mich dabei auf seinen Schultern ab, die zerbrechlich sind wie die eines Mädchens. Mir dreht sich der Kopf. Was mache ich hier, frage ich. Der Junge antwortet streng: Nicht reden. Ich halte gehorsam drauf, kann mir aber nicht verkneifen, meiner Verwunderung noch einmal Ausdruck zu verleihen. Scheiße, Mann, was machen wir hier? Noch vor dem Ende ist er verschwunden.

Als ich zu unserem Tisch zurückkehre, hält Ljoscha seinem Kollegen gerade ein Taschentuch über das rechte Auge. Die Braue ist aufgeplatzt. Serjosha will meine Wiederkehr nicht bemerken, schaut, ohne zu sehen, Richtung Bühne. Und flucht leise vor sich hin. Alles o.k., fragt Ljoscha. Das sollte ich wohl besser euch fragen, gebe ich zurück. Erst als Serjosha sich fortmacht, erklärt Ljoscha lakonisch: Sein Freund ist plötzlich aufgetaucht. Mir hat er die Hand gegeben. Dann hat er sich Serjosha zugewandt, ihm etwas zugeflüstert. Und gerade noch so seine Antwort abgewartet, bevor er ausgeholt hat. Wusstest du, frage ich, dass er einen Freund hat? Ljoscha löst einen Knopf. Wir haben doch nur getanzt. Und uns unterhalten. Wusstest du, fragt Ljoscha, dass Serjosha der russische Vizemeister im Karate ist? Und dann lässt er sich, wenn er sowieso damit rechnen muss, eine verpassen?

Ich sitze, in prominenter Gesellschaft, in meinem Lieblingscafé. Shenja kommt durch die Tür, klopft sich den Schnee von ihrer Kapuze. Und setzt sich zu mir in den Erker. Die gemalten Brauen drücken ihre Lider zusammen. Mein Lieblingskollege, lächelt sie.

Wie war dein Vortrag? Am Vorabend hat Uljana Wasiljewna mich noch einmal angerufen. Und gebeten – ein Redner sei ausgefallen – doch noch ein Stündchen ranzuhängen. Ich hatte mir felsenfest vorgenommen, die schlechteste Vorstellung meines Lebens zu geben. Und habe mich, wie es aussieht, einmal mehr selbst übertroffen. Shenja verschluckt sich an ihrem Lachen. Blätterteigsplitter fliegen ihr aus dem Mund. Meinst du, jemand hat was verstanden? Glaubst du, jemand hat sich ernsthaft für meinen Vortrag interessiert?

Ich frage mich in solchen Situationen immer, auf welche Gedanken ich stoßen würde, könnte ich in die Köpfe meiner Zuhörer hineinschauen. Jemand glaubt, etwas besser zu können. Oder schaltet ab, weil er sich einredet, sowieso nichts zu verstehen. Jemand überlegt, wie die Blonde von den Gilmore Girls noch gleich hieß. Die Kollegen blättern in ihren Unterlagen wie in Katalogen, die Studenten, Gesichter im Standby-Modus, schauen zum Redner. Ich glaube nicht, dass sich irgendjemand für mein Thema begeistern konnte. Sollte das meine Leistung schmälern? Brillanz zu erkennen, erfordert Einblick. Hat es Fragen gegeben, unterbricht mich Shenja. Es hat keine Fragen gegeben. Wenn es keine Fragen gegeben hat, hat es vermutlich auch keine Meinung gegeben.

15. Februar, 14.27 Uhr. Ich hieve die Einkäufe auf den Küchentisch, lege den Käse, Joghurt, Schmand in den Kühlschrank. Hole den Käse wieder hervor. Reiße die Plastikfolie von den Kirschtomaten. Und bereite mir einen Snack. Ich fahre den Rechner hoch. Microsoft zählt siebzehn neue Nachrichten. Über einer der Betreffzeilen, mit Ausrufezeichen versehen, steht der Name eines guten Freundes. Ich zögere einen Moment, die Nachricht zu öffnen – ich hatte mich so lange nicht bei ihm gemeldet, bis es unmöglich geworden war, einen kurzen Gruß zu schicken.

Ob alles o. k. sei? Ob mir nichts passiert sei? Ich hätte wirklich mal schreiben können. Nachdem ich die dritte Nachricht dieser Art gelesen habe, wird mir komisch zumute. Ich schaue an mir hinunter. Alles dran. Dann drehe ich mich zur Seite, ziehe die Gardine beiseite, schaue aus dem Küchenfenster. Die Wege, noch immer, sind doppelt gefroren, eine

Decke, wie mit Spannhaken befestigt, ist ausgebreitet. Ein Hund trottet Richtung Container. Ein Auto schlittert den Weg entlang. Nichts Verdächtiges. Auf der Ecke steht meine kahlgefressene Eberesche. Ich öffne – die Seite braucht ewig, um zu laden – ein Nachrichtenportal. Reißerisch tönt die erste Zeile: Weltenende. Darunter das Bild eines Feuerballs, vor blaugrauem Hintergrund, den Schweif eines Düsenfliegers hinter sich herziehend. Ein Meteorit ist vom Himmel gefallen. Im russischen Ural, nahe Tscheljabinsk. Eine gigantische Druckwelle hat zahlreiche Schäden verursacht. Das Dach einer Fabrik ist eingestürzt. Tausende Menschen verwundet. Ein Bild zeigt eine Frau mit zerschnittenen Armen. Ein Wohnhaus steht ohne Fenster. Überall zersprungenes Glas.

In den Betreff schreibe ich: Entwarnung. Und in das Nachrichtenfeld: In Jekaterinburg sind wir dem Weltuntergang knapp entgangen. Um 9.20 Uhr örtlicher Zeit habe ich gerade vor meiner Klasse gestanden. Den digitalen Zeigestock habe ich auf die Lücke zwischen zwei Wörtern gehalten. Anjuta hat dann den Satz vorgelesen und dabei das korrekte Partizip eingefügt. Genau, habe ich gesagt. Oder: Sehr gut.

Kostja sitzt auf dem Bett, nicht, weil er sich an irgendeiner Aktion beteiligen will, sondern weil es sein Bett ist. Dass Mischa zum Schlafen die abgewetzte Couch aufklappt, habe ich erst gar nicht verstanden: Zwei Männer in einem Zimmer mit einem Bett, das zu schmal ist, um es mit jemandem zu teilen. Der Bär schläft also mit angewinkelten Beinen. Warum er sich kein Bett kauft? Weil der Platz ohnehin fast ausgeschöpft ist. Und weil er sparen muss. Für Deutschland.

Achttausend Euro muss er vorweisen. Sonst lassen sie einen gar nicht erst rein in ihr schönes, gemütliches Land.

Nastja steht in der Küche und telefoniert seit einer halben Stunde. Rustam und ich sitzen im Schneidersitz auf dem Fußboden. Wie zu Hause, scherzt Rustam. Ljoscha und Schurik schälen sich im Flur aus ihren Mänteln. Allmählich füllt sich die Exilanten-WG. Borja ist arbeiten. Dafür soll noch – der will sich das Ganze mal anschauen – ein Freund von Ljoscha kommen. Nastja stößt mit dem Fuß die Küchentür auf. Und trägt ein Tablett herein: Tee und Gebäck. Rustam zieht ein Täfelchen Schokolade aus seiner Tasche, Ljoscha steuert Kekse bei.

Mischa erzählt: In der Tram unterhalten sich zwei junge Männer über Gott und die Welt, über das Fernsehprogramm oder die Arbeit, jemanden, den du nicht kennst. Du hörst zu, ohne zuzuhören. Da trifft dich, mitten in dem Gespräch, an dem du dich nicht beteiligst, ganz unvorbereitet, ein Satz, der für dich bestimmt ist. Einer der jungen Männer erzählt: Ich weiß gar nicht wie, aber gestern bin ich in so einem Club gelandet. Irgendwo auf dem achten März, hinter der Kirche, ich würde dort allein nie wieder hinfinden. Jedenfalls gehen wir dort rein, meine Süße voran. Ich hole uns Drinks, da bemerke ich, wie sich zwei Typen im Arm haben, ganz ungeniert. Als ich das meiner Süßen erzähle, lacht die bloß. Doch, wirklich! Da stößt sie mich an: Vor uns tanzen zwei Frauen. Nicht wie Freundinnen, wenn du verstehst. Ich habe mich umgeschaut. Da ging mir ein Licht auf. Gestört hat dich das nicht? Der zweite Junge spricht, obgleich nicht unbedingt leise, so doch gedämpft. Wieso, fragt der Erzähler. Die Menschen sind ganz entspannt miteinander umgegangen. Niemand hat sich geprügelt, weil irgendwer irgendwen zu lange angeschaut hat. Sein Freund kommentiert lakonisch: Weiß auch nicht, was alle gegen die haben. Plötzlich entdeckt einer der beiden eine Katze auf einem Hausvorsprung. Und die Unterhaltung schlägt eine andere Richtung ein, galoppiert davon, während du sitzen bleibst, unfähig, dich zu erheben.

Komisch, dass niemand etwas gesagt hat. Ich hätte erwartet, dass jemand den jungen Mann zurechtweist, seine Toleranz verurteilt, die – Rustam atmet aus – nach vorherrschender Meinung eine gewisse Nähe zur Perversion aufweist und die Grenze zur Illegalität bald überschreiten wird. Rustam lächelt. Ich denke: Vielleicht genießt er es, Dinge auszusprechen, die wehtun. Gedanken, die man besser nicht denkt. Komisch, sagt Rustam, dass wir uns darüber freuen müssen, wenn uns mal jemand nicht beleidigt. Mischa, erloschen das Leuchten in seinen Augen, winkelt die Beine an, platziert seinen Kopf auf den Knien. Weiß nicht, wohin mit den Armen.

Wir gucken einen amerikanischen Film: Die Eltern sind aus. Und ein paar Halbwüchsige, gerade erst im kopulierfähigen Alter, planen ihre erste große Party. Sie malen sich Bärte an, um Bier zu kaufen. Und laden die coolen Jungs ein, die schon auf die Highschool gehen, weil sie scharf auf deren Bräute sind. Irgendjemand kommt auf die wahnsinnig originelle Idee, dem niedlichen Wauwau, der ständig ins Bild läuft, heliumgefüllte Luftballons umzubinden. Das Tier steigt in die Luft. Die Mädchen kreischen. Die Jungs kriegen sich gar nicht mehr ein vor Lachen. Dann hat irgendjemand Erbarmen und holt in einer riskanten Rettungsaktion den Hund vom Himmel. Bestimmt würde irgendwann im Film noch ein Geschlechtsverkehr angedeutet werden. Und die Eltern –

gewiss – müssten noch zurückkommen, um sich tierisch aufzuregen. Das kriegen Rustam und ich aber schon nicht mehr mit. Wir stehen, eine letzte Zigarette vor der Heimfahrt, auf der Straße. Ob ich morgen arbeiten muss, fragt Rustam. Und du? Ich werde über das nachdenken, was du gesagt hast. Was denn, fragt er. Da biegt, mit Scheinwerfern, die sich durch den schimmernden Asphalt fräsen, sein silbernes Taxi um die Ecke. Eine Ratte bleibt im Lichtkegel stehen. Dann rennt sie davon. Rustam klopft mir auf die Schulter: Wir sind keine guten Aktivisten.

Ich schlendere, ein letztes Mal, durch die Stadt aus gepresstem Eis. Die Sterne auf der Kuppel der Kathedrale sind zu Butterblumen zusammengeschmolzen. Statt Zacken: Ovale. Und die Torbögen entlang laufen Nasen. Ich bleibe vor der Rutsche stehen, die ohne Spielkameraden nichts ist als eine einfache Rutsche. Kein magischer Ort, an dem sich Verbündete finden. Ein Vater trägt sein Kind auf den Schultern zum Eiffelturm. Das Kind legt eine Münze zwischen die Träger. Kurz darauf – Vater und Kind sind verschwunden – tritt eine junge Frau in schäbigen, zu dünnen Kleidern aus der gläsernen Kathedrale hervor. Sie läuft, sich unruhig umblickend, zum Turm hinüber und löst die festgefrorenen Münzen mit einem Schraubenzieher. Ich laufe, als sie mich bemerkt, schnell vorüber. Vielleicht ist es ihr peinlich, dabei gesehen zu werden, wie sie ein Kind um sein Glück betrügt.

Ich habe die Musik aufgedreht. Und die Gardinen zugezogen. Den Aschenbecher müsste ich dringend einmal leeren, aber ich kann mich nicht recht dazu überwinden, aufzustehen. Da klingelt es an der Wohnungstür. Ich springe aus dem Bett, drehe die Lautstärke runter. Und stelle mich erst einmal tot. Weil das Klingeln nicht aussetzt, schlüpfe ich – falsch herum, wie sich im Laufen herausstellt – in meinen Pyjama. Und eile zur Tür. Während ich das Schloss entriegele, denke ich: Wenn die etwas gegen meine Musik sagen, werde ich sie darauf hinweisen, ihren Krempel aus dem Vorflur zu entfernen.

Vor mir steht, einen Korb vor sich haltend, Sina. Wir setzen uns in die Küche. Ich setze Wasser auf. Und Sina holt, rot wie die Abendsonne, ein paar Äpfel hervor. Ihre Tante habe ihr erstklassige Qualität versprochen. Einen Apfel teilt sie in zwei Hälfen, dann schneidet sie Schiffchen daraus. Was sie – diesen Abend, du weißt schon – da so gesagt habe, das sei dummes Zeug gewesen, geradezu hirnrissig, nun ja, es lohne sich kaum, das groß auszubreiten, nicht wahr? Schwamm drüber, sage ich. Eines musst du mir aber verraten: Wie schaffst du es immer wieder, ungehindert bis zu unserer Wohnungstür vorzudringen?

Wera Eduardowna gegenüber habe ich behauptet, noch in die Bibliothek zu müssen. Über die Judenfrage könne ich leider erst in der kommenden Woche referieren. Und die Wiedervereinigung? Die Wiedervereinigung, sage ich, es ist immer gut, wenn sich Menschen vertragen.

Ich laufe vorbei am Musiktheater und dem Antej-Businesscenter. Dort, wo sich Belinski und Malyschew treffen, steht wie immer um diese Tageszeit der abgehalfterte Weihnachtsmann. Und tänzelt auf einem Bein, tänzelt auf Ort und Stelle. Und kommt nicht vom Fleck. Zitternd hält er den Passanten einen dreckigen Hut hin. Wütend möchte man werden angesichts eines Anblicks, der so erbärmlich ist, dass einem der Appetit auf das Mittagessen vergeht, die Vorfreude auf einen Filmabend verpufft. Ich gehe, den Schritt beschleunigend, vorüber, laufe am Hof vorbei, der zur Stadtbibliothek führt. Und betrete die Berry Bar.

Tolik hat sich in einem Separee versteckt. Vor ihm, in den Farben eines Sonnenuntergangs, flammt ein Cocktail. Tolik umarmt mich, wie ich es ihm beigebracht habe, zur Begrüßung. Dann hält er mir seinen Drink zum Probieren hin: Ich glaube, die haben den Alkohol weggelassen. Die haben mich nach meinem Alter gefragt. Nimm es als Kompliment, sage ich. Und bestelle bei dem Mädchen, das mir lautlos wie ein

Schatten gefolgt ist, ein Bier. Tolik erzählt, dass einer seiner Schüler ihn zum dritten Mal schon versetzt habe. Und dass seine Mutter sich die Haare gefärbt habe. Sie mache nun auf Audrey Hepburn. Ein paar Jahre, behaupte ich, ginge das gut. Dann müsse sie wieder zurück. Ansonsten würde sie bald wie Liz Taylor aussehen. Tolik nickt unsicher. Liz Taylor kennt er nicht. Vor ihrem neuen Geliebten, sagt er, gibt sie vor, einen Mann zu haben. Warum? Damit der sich keine Chancen ausrechnet. Und damit das Feuer nicht versiegt. Sie glaubt, dass Männer Jäger sind. Und Frauen nur so lange als Beute gelten, bis sie erobert sind. Sind sie erobert, haftet ihnen ein süßlicher Aasgeruch an. Hat sie das gesagt? Das. Und noch Schlimmeres.

Nach dir fragt sie immer mal wieder. Ihr habt über mich geredet? Haben wir. Meine Mutter würde dich gern wieder zum Abendessen sehen. Ich frage: Weil sie nicht weiß, was der Lehrer aus Deutschland mit ihrem Sohnemann anstellt oder obwohl sie es weiß? Tolik, ohne den Strohhalm aus dem Mund zu nehmen, antwortet: Ich weiß nicht, ob sie es weiß. Vielleicht ahnt sie es, darüber gesprochen haben wir nicht. Bei Dima – da bin ich mir sicher – hatte sie keinen Verdacht geschöpft. Ich wusste gar nicht, unterbreche ich ihn, dass du schon mal einen Freund gehabt hast. Tolik löst seinen Mund vom Strohhalm. Als ob ich alles von dir wüsste! Im Grunde genommen weiß ich gar nichts von dir. Die Bücher, die du liest, kenne ich nicht. Wo verbringst du deinen Urlaub? Deine Freunde kenne ich nicht. Wie soll ich dir meine Freunde denn vorstellen? Soll ich sie extra nach Jekat einfliegen? Deine Familie kenne ich nicht. Ich habe, sage ich, zwei kleine Schwestern. Bestimmt habe ich von ihnen erzählt.

Tolik beschließt, den seidenen Stoff, der unseren Tisch vom Saal trennt, interessanter zu finden als seinen Geliebten. Ein schönes, bockiges Kind. Ich pflücke die Cap von seinem Kopf und streiche ihm über sein Haar. Tolik wendet sich ab. Sein Lächeln will er nicht mit mir teilen. Zum Glück hält er es nie lange aus, böse zu sein.

Ich liege auf dem Bett. Aus Friedrichs Zimmer, wie aus einem anderen Universum, wehen Stimmen herüber, Laute, die ich nicht verstehe und die mich nichts angehen. An der Decke habe ich siebenundvierzig Risse, fein wie Nadelstiche, gezählt. Das Smartphone klingelt. Ich sage: Ich möchte nicht reden, aber wenn du willst, kannst du mir etwas erzählen. Und Tolik erzählt: Manchmal glaube ich, sie weiß alles. Sie schaut mich an und durchschaut mich. Sie sieht, was ich denke und fühle. Meine Gedanken in Bildern und Worten. Unmöglich bleiben ihr meine Ängste und Hoffnungen verborgen. Glaubst du, Mütter können so etwas?

Die Chinesen nehmen einen winzigen Schluck, dann fallen sie um. Und klein sind die. Anshelika Efimowna, mein leichtfüßiger Engel der ersten Stunde, hält mir eine Tüte mit Bonbons hin, die ihr Sohn aus China mitgebracht hat. Ich kann mir, sage ich, nicht vorstellen, dass die alle klein sind – im Norden oder im Süden, irgendwo muss es Menschen geben, die größer sind. Gewiss nicht, kichert mein anämischer Engel. Sjoma ist überall gewesen. Klein und ungepflegt sind die Chinesen. Kein ansehnliches Volk, aber Geschäfte lassen sich mit ihnen wohl ganz gut machen. Eine eiserne Disziplin haben die. Kleine, flinke Hände. Ich beiße auf einen zitronenfarbenen Bonbon, das geleeartige Innere tritt aus. Und verklebt mir die Zähne.

Anshelika Efimowna läuft, mit einer Sprühflasche in der Hand, die Blumentöpfe ab. Ich trage meinen Namen in eine Liste ein. Das geht nicht. Dieses Buch, sagt sie, können Sie nicht ausleihen. Dann lächelt sie: Walentina Stepanowna wird sicherlich nichts dagegen haben, wenn wir für Sie eine Ausnahme machen. Wenn es doch der Wissenschaft dienlich ist. Man erzählt sich, Sie verstünden etwas von diesen komplizierten Dingen. Wera Eduardowna eines von diesen Büchern mitzugeben, würde sich nicht lohnen.

Der Freund ihres Bruders habe ihr neulich einen Klaps gegeben. Sie habe darüber gelacht. Würde aber einsehen – wenn sie es genau bedenke –, dass er kein Recht dazu gehabt habe. Ljuda lacht: Vielleicht hätte er dich erst fragen sollen, ob er dir einen Klaps geben darf? Oder es einfach sein lassen, mischt sich Alisa ein. Die Frauen in unserem Land, erklärt Lina, achten die Männer sehr hoch. Und sich selbst zu niedrig, ergänzt Alisa. Brüderle – da sind sie sich einig – widert sie an. Vom ehemaligen Verteidigungsminister, lächelt Lina, würde sie sich nach ihrem Alter fragen lassen. Die Mädchen, Inna ausgenommen, lachen. Inna holt bei ihrer Sitznachbarin eine Übersetzung ins Russische ein, dann lacht auch sie. Was sei daran verwerflich, einer Frau ein Kompliment zu machen?

Zu Hause erzähle ich, ohne nachzudenken. Die Wörter sprudeln mir aus dem Mund, ständig wische ich mir mit einem Tuch über das Kinn, weil ich das Gefühl habe, etwas würde hinunterlaufen, ein Speichelfaden. Ich erzähle: Inna ist schwach. Inna hat keine eigene Meinung. Sie weiß sich keine eigene Meinung zu bilden. Sie traut sich – und darin tut sie recht – selbst nicht über den Weg. Doch ist es Alisa, um die ich mir Sorgen mache. Inna wird heiraten und Kinder kriegen. Es wird einen Mann geben, der dem süßlichen Duft, der ihrem Dekolleté entströmt, nicht wird widerstehen können. Aber Alisa? Tolik lacht: Mach dir keine Gedanken. Unsere Frauen sind widerstandsfähiger, als sie aussehen. Und etwas später: Ich habe Mitja getroffen, im Chance. Ich habe ihn gegrüßt, aber er hat getan, als würde er mich nicht kennen. Wann warst du im Chance, frage ich.

Borja verlässt die Autobahn und lenkt den Wagen in ein Waldstück. Bänder in bunten Farben, Schleifen und Krawatten sind um die Holzbalken eines Gerüstes gebunden, flattern müde im Wind. Bestimmt, erklärt Ljoscha, wünscht sich jemand Gesundheit für einen geliebten Menschen. Ich stelle mir einen gebrochenen Mann vor, die Organe vom Krebs zerfressen. Und seine Frau, die ein Band um einen Balken bindet und sich davon verspricht, dass der Krebs zu wachsen vergisst.

Wir haben die Auswahl zwischen einer ganzen Reihe von Stelen, die sich alle ungefähr dort befinden, wo die Grenze zwischen Europa und Asien verlaufen könnte. Die eine wird von zwei Löwen, einer davon beflügelt, flankiert; eine andere ragt spitz aus einem Stein hervor, dessen kindgerechte Öffnung den Eingang eines Fuchsbaus markiert; wieder eine andere fährt in grauem Beton gen Himmel, um mit Hammer und Sichel abzuschließen. Du machst ein Bild davon, wie du mit einem Bein in Europa stehst, mit dem anderen in Asien.

Das schickst du dann, erklärt Borja, deinen Freunden. Oder lädst es auf Facebook hoch. Das finden die alle toll. Und liken und teilen fleißig.

Ich liege zu Hause, in zwei Decken gehüllt, sehe mir, von Anfang bis Ende, alle Folgen von *Türkisch für Anfänger* an, Almodovar und Tarantino, rotze jedes Taschentuch voll, das mir in die Hände fällt. Ich ernähre mich ausschließlich von Strepsils und halte es durch, ganze zwei Tage Nichtraucher zu sein. Und genieße es außerordentlich, meine asoziale Ader ausleben zu können.

Als ich nach anderthalb Wochen wieder auf die Straße trete, fließen feine Rinnsale zwischen meinen Stiefeln hindurch. Von den Tannen tropft es. Der Kinderwagen, den die Babuschka vor sich herschiebt, zieht Schneisen durch den weichen, aufgeweichten Boden. In meiner Daunenjacke schwitze ich mich zu Tode. Wieder zu Hause klatsche ich mir eine Handvoll Wasser ins Gesicht. Friedrich reckt den Kopf aus seinem Zimmer: Widerlich heiß, nicht wahr? Es sind fünf Grad plus. Das ist viel, wenn man daran gewöhnt ist, unter der Jeans Thermohosen zu tragen und Einlagen in den Stiefeln. Ich sage: Eigentlich war der Winter doch gar nicht so schlimm, viel milder als erwartet, geradezu angenehm. Das sagt der Richtige.

Was werden Sie machen, fragt Anshelika Efimowna, wenn Ihre Zeit hier um ist? Sie steht am Fenster und schneidet die gelben Spitzen von den sichelförmigen Blättern ab. Ich weiß nicht, sage ich. Ich habe gerade eine interessante Ausschreibung gelesen. Für Indonesien. Indonesien? Ich glaube,

sagt Anshelika Efimowna, dort gibt es Vulkane. Oder Erd-
beben. Und wie wollen Sie sich dort verständigen? Ich weiß
gar nicht, welche Sprache man dort spricht, aber ich werde
sie lernen.

Diese Frau, ich habe sie oft an unserer Haltestelle gesehen,
beherrschte in sieben Sprachen das Schweigen. Sie stand, in
den drei, vier Schichten warmer Kleidung, die sie bereits im
September trug, ganz ruhig da, den Blick stur auf die Tasche
gerichtet, die zu ihren Füßen lag. Die Gegenstände, die daraus
hervorschauten, sahen aus, als stammten sie aus einer anderen
Zeit – handbeschriebene Kladden, Stoffe, Brokat oder Samt,
in den Farben der Straße. Manchmal, beim Beobachten aus
dem Augenwinkel, befiel mich die Angst, die Frau hätte zu
atmen vergessen und müsste jeden Moment umfallen. Genau
dann, ich war kurz davor, sie am Arm zu packen, brach es
aus ihr heraus: Flüche sprudelten aus ihrem Mund, zunächst
alltägliche und schließlich solche, deren Bedeutung ich mir
kaum mehr zusammenreimen konnte.

Ich hatte es nicht sofort bemerkt, aber eines Tages war die
Frau verschwunden. Ich hatte geglaubt, der kalte Winter hätte
sie geholt, aber heute stand sie wieder an der Haltestelle, in
ihren drei, vier Schichten, eine ausrangierte Plastiktüte an die
Brust gedrückt.

Eilige Blümchen recken aus zu Kübeln umfunktionierten
Autoreifen ihre blassen, grazilen Hälse empor. Spatzen sitzen
auf den Rändern aufgeschnittener Wasserflaschen, picken
Hafer und Kleie auf. Der Schnee ist geschmolzen. Das Eis ist
getaut. Die Ratte, platt wie eine Flunder und das Profil eines

Autoreifens im Fell, ist von der Straße verschwunden. Vielleicht, sagt Tolik, ist sie davongelaufen.

Warwara Filipowna läuft in einem körperbetonten Kostüm den Korridor entlang, als schwebte sie über einen Laufsteg. Sie läuft, weil sie mich nicht gleich erkennt, an mir vorbei, um sich dann umzudrehen: Lange nicht gesehen! Wenn man nichts voneinander hört, behaupte ich, kann man gewiss sein, dass es einem – das heißt, dem einen wie dem anderen – gut geht. Hätte ich wieder ein Formular auszufüllen gehabt, hätten Sie sich doch sicher bei mir gemeldet? Warwara Filipowna lächelt unbestimmt. Dann erzählt sie, recht ungezwungen, wie sie den Winter verbracht hat. Dass sie über die Festtage bei ihrer Familie in Ufa gewesen sei und endlich ihren verdammten Master gemacht habe. Ich denke: Wie unkompliziert Menschen doch sein können, wenn man nichts mehr mit ihnen zu tun hat. Endlich kann ich ihre Taille, die sich fast mit zwei Händen umfassen lässt, bestaunen. Und ihr kupferbraunes Haar schön finden. Als sie, die Hand zum Gruß erhoben, im Auditorium verschwindet, denke ich: Es hat nichts mehr gejuckt. Dieses Gespräch hat sich nicht angefühlt wie ein kratziger Pullover, zwei Nummern zu klein, lauter lose Fäden.

Und, fragt Shanna Nikolajewna, ist es etwas geworden mit Indien? Indien, wieso Indien? Ich werde erst einmal nach Berlin zurückgehen. In Berlin ist der Sommer meine Lieblingsjahreszeit. Wir sitzen in Parks. Tagsüber lesen wir Bücher. Und nachts trinken wir Bier. Oder Rotwein. Bestimmt hat irgendwer seine Boxen dabei. Vielleicht gibt es – ich dämpfe die

Stimme – auch etwas zu rauchen. Shanna Nikolajewna nimmt einen Spiegel aus ihrer Handtasche. Und trägt Lippenstift auf. Dabei biegt sich ihr Mund in alle Richtungen. Wer ist wir, fragt sie. Und: Wovon werdet ihr leben?

Ich mag Deutschland, weil die Deutschen gut Fußball spielen. Ich mag an Deutschland nicht, dass die Geschäfte sonntags geschlossen haben. Ich mag Deutschland. Wegen Mercedes. Ich mag an Deutschland nicht, dass die Frauen sich wie Männer anziehen. Die Dame mit dem Blaufuchs hebt, wie in Zeitlupe, ihre Hand. Sie spricht langsam und akzentuiert, als würde sie ein Gedicht vortragen: Ich mag Deutschland, weil ich eine ethnische Deutsche bin. Ich mag an Deutschland nicht, dass es dort so viele Türken gibt. Das freundliche Totenkopfmädchen nickt zustimmend. Dann antwortet Arkadi: Ich mag Deutschland, weil ich diese Sprache liebe. Ich mag an Deutschland nicht, eigentlich gibt es nichts, das ich nicht an Deutschland mag.

Mittwoch, der 1. Mai. Der Tag, an dem niemand arbeitet. Zwölf Personen quetschen sich in eine gemietete Marschrutka, nehmen Platz zwischen Einkäufen und der technischen Ausrüstung, die man für solch ein Event benötigt. Eine fette Schlange, ein Kabel vom Durchmesser meines Handgelenks, ruht in meinem Schoß. Aus den Tüten schauen grüne, rote, schwarze Flaschenhälse hervor. Kaum fahren wir los, wird eingeschenkt. Man unterhält sich, erst stockend, dann brabbeln zwölf Stimmen durcheinander. Ein Junge reißt mitten im Gespräch das Fenster auf und ruft einem Mädchen etwas zu, das mir als blöde Fotze übersetzt wird.

Das einzige Mädchen in der Runde erklärt mir gelassen: Mädchen, die in pinker Jogginghose die Gehwege entlangstöckeln, achte man hierzulande wenig. Was ist, denke ich, mit den Mädchen in Mini-Mini-Röcken, denen man, ohne sich groß den Hals zu verrenken, problemlos in den Intimbereich hineinschauen kann?

Wir mieten ein schickes Häuschen außerhalb der Stadt, in Syrset, mit Banja, Fitnessraum, Terrasse und Garten. Wir sitzen, jeder einen Plastikbecher in der Hand, auf Stühlen, die wir entlang der Wand aufgestellt haben. Und trinken. Wie heißt du, frage ich meinen Sitznachbar. Alexej, sagt der. Und nimmt einen Schluck. Angenehm, sage ich. Und nehme einen Schluck. Was machst du so, versuche ich es. Lernen, sagt Alexej. Und schaut, weil sich dort ein Gespräch entwickelt, zu den Jungs hinüber, die am Mischpult stehen. Ich stürze meinen Drink hinunter, laufe zum Bierkasten. Und setze mich, die Beine breit, auf die Couch. Mein alter Platz ist bereits okkupiert, von einem Jungen, dem das strähnige Haar an der pickeligen Stirn klebt. Endlich ragt Mischa hinter dem Pult auf: eine göttliche Statue in einem abgetragenen T-Shirt, mit gigantischen, knallroten Kopfhörern auf den Ohren. Mein sanfter Riese legt auf. Der Bass wummert, dass die Fensterscheiben vibrieren. Scheinwerfer verwandeln das Haus in ein Geisterschloss. Der Junge, der während der Hinfahrt das Mädchen beschimpft hat, tritt als Erster in die Zimmermitte. Er nickt im Takt mit dem Kopf und vollführt – egal, wohin die Musik führt – immer wieder dieselben Moves. Ich kippe mein Bier hinunter. Dann, ganz bestimmt, setze ich mich in Bewegung. Heute werde ich im Exil meine babylonischen Tänze aufführen.

Halb drei, der Junge mit dem fettigen Haar liegt zusammengefaltet in einer Zimmerecke. Das Mädchen hat sich auf den Schoß des kleinen Chauvinisten gesetzt und gibt schmatzende Laute von sich. Ein klopsiger Typ steht am Pult. Ich trete auf die Veranda. Dort stehen zwei Jungs, der eine ein wenig untersetzt, in T-Shirt und Trainingshose, der andere wie aus einem sowjetischen Modemagazin, rundes, fast zu weiches Gesicht, tiefblaue, obgleich rot unterlaufene Augen. Die beiden Jungs unterhalten sich mit lahmen Zungen. Ich denke: Wie man einen Joint bastelt, scheint hier niemand zu wissen. Und schnorre sie um eine Zigarette an. Beide halten mir ihre Zigarettenschachteln hin. Diplomatisch nehme ich von dem Attraktiveren die Zigarette an und lasse sie mir vom weniger Attraktiven anzünden. Die Jungs vergessen, was ohnehin uninteressant ist. Und lächeln mich an. Noch bevor es dem Untersetzten gelingt – die Zunge ist ihm dabei hinderlich – seinen Satz zu beenden, antworte ich: Ja. Er dürfe mich ruhig etwas Intimes fragen. Ich denke: Ich weiß ja, was kommt. Und antworte wahrheitsgemäß. Macht nichts, lächelt mir der junge Gagarin zu. Der Untersetzte verlässt urplötzlich die Veranda. Und kommt kurz darauf mit drei Schnapsgläsern zurück: Ich glaube, wir haben noch gar nicht angestoßen.

Kaum treiben die ersten Zweige, fliehen die jungen Mädchen aus den beheizten Stuben. In Schuhen, die keine großen Schritte erlauben, trippeln sie die Plotinka entlang. Oder den Stadtpark. Und nehmen Posen ein, die sie sich von amerikanischen Diven abgeschaut haben. Sie spielen, je nachdem, wie das Licht fällt, Nymphchen oder Prinzessin. Den schmalen Grad von Femme fatale zu Schlampe vermag kaum ein

Mädchen entlangzuwandern, ohne sich dabei einen Absatz abzubrechen. Ein Brautpaar, von drei Fotografen umschwirrt, posiert vor dem Brunnen. Dann bewegt es sich Richtung Pavillon. Die Gäste folgen dem Paar wie ein Schleier.

Wir sitzen abseits, zwischen den alten, verkrüppelten Bäumen. Unweit von uns, auf einer Bank, sitzen Mädchen in Streetwear, die Beine nicht elegant übereinandergeschlagen, die Hände nicht brav gefaltet. Zwei Mädchen – in schlabbrigen Jeans! – richten sich auf, schlurfen Händchen haltend zum Mülleimer. Und wieder zurück. Die Mädchen reden, rauchen und trinken. Nicht anders eigentlich als die Jungs auf der Bank gegenüber, die nicht kapieren, dass ihr Begehren hier ins Leere läuft.

Panzer rollen die Leninallee entlang. Eltern stehen am Straßenrand und halten ihre Kinder zurück, die sich kaum beruhigen lassen. Die laut vor sich hinplappern, in fantastischen Stimmen, Fahnen schwenken, Wimpel in Orange und Schwarz, den Farben des Heiligen Georg. Uniformierte, wie halbe Gottheiten, schreiten einher. Junge Männer mit glatten Gesichtern, die auf Veteranen machen. Grässlich, sagt Mateusz. Die haben sich für die Parade herausgeputzt, mit blinkenden Trophäen, die es – ganz ohne Lazarett und Schützengraben – an jedem Kiosk zu kaufen gibt. Männer, die von Heldentaten träumen. Bestimmt wissen die keine Waschmaschine zu bedienen. Mischa ermahnt uns, das alles doch bitte ernst zu nehmen. Ein Kind fängt vor Aufregung zu kreischen an. Sein Vater setzt es sich auf die Schultern. Und seine Mutter, adrett gekleidet, zückt vergnügt den Fotoapparat. Alle sind zufrieden.

Ich hatte ihn feiern wollen, den Tag des Sieges über den Faschismus. Es war mir ein Anliegen gewesen. Du hast wahrscheinlich gedacht, man würde das Ende des Faschismus feiern. Stattdessen feiert man sich selbst. Die militärische Stärke eines Landes, in dem die Nationalen munter die Straßen entlangmarschieren und ein Reich für sich beanspruchen, das sie einst selbst als Gäste betreten haben. Du musst dich frei machen von diesen Gedanken, sagt Mischa. Warum vermutet ihr hinter jedem Patrioten gleich einen Faschisten? Setzen wir uns in den Park, schlägt Mateusz vor. Dorthin, wo die Apfelbäume blühen. Aus Richtung der Plotinka ertönen zwei Kanonenschüsse. Dann fliegen Tauben auf.

Nimmt man auf der Uralskaja die Rolltreppe in den Untergrund, fällt der Blick vielleicht auf ein verunglücktes, scheinbar aus verschiedenen Tieren zusammengepuzzeltes Geschöpf, das ganz offensichtlich aus den Tropen importiert wurde: Zwischen dickblättrigen, saftgrünen Pflanzen, Lianen und Orchideen sitzen ein lustiges Erdferkel und seine stolze Mutter. Ein was? Ein Erdferkel. Stell dir ein krummbuckliges Schwein vor, dem man zwei Hasenohren und den Schwanz eines Kängurus angeklebt hat. Ein unförmiges Gebilde aus rosigem Fleisch, dessen Extremitäten mit winzigen, schwarzen Härchen bewachsen sind. In der Sprechblase, die aus dem Rüssel des Jungtiers in einen azurblauen Himmel aufsteigt, steht in geschwungenen Buchstaben: Besuchen Sie uns im Zoo!

Eingefasst in hochgezogene Häuserzeilen, befindet sich der zentral gelegene Zoopark in der Mamin-Sibirjak-Straße, benannt nach einem der literarischen Söhne der Region. Man erkennt sofort, dass er zu einer Zeit erbaut wurde, in der sich niemand darum geschert hat, wie viel Platz ein Lebewesen für sich beansprucht: Der Elefant in seinem kahlen Gehege rührt sich nicht vom Fleck, ein ausgestopfter Riese. Den Kaimanen hat man, weil man sie räumlich nicht separieren konnte, die Schnauzen zugebunden. Ihre Gehege sind behelfsmäßig mit Zeitungspapier zugeklebt. Kindern, die sich auf die Fußspitzen stellen, bleibt der Anblick verletzter Münder dennoch nicht erspart. Bei den Schimpansen liegt ein kotbeflecktes Tscheburaschka im Käfig. Der flauschige Kindheitsfreund aus der Orangenkiste, von den nächsten Verwandten verstoßen, blickt traurig drein. Schlaff hängen die riesigen Ohren hinunter, aus der Wunde im Brustkorb quillt Watte. Ein Kind winkt ihm zu, aber die Mutter zieht es beiseite. Ein Gulag für verstümmelte Kuscheltiere. Tolik schüttelt den Kopf. Läuft weiter auf der Suche nach etwas, worüber man sich reinen Gewissens freuen kann. Das Erdferkel, welches als erstes seiner Art das Licht einer 60-Watt-Glühbirne in einem russischen Zoopark erblickt hat, ist mit seiner Mutter in ein kleines, spärlich mit Sägespänen ausgelegtes Gehege gesperrt. Die beiden Ungeheuer liegen, ineinander verknotet, in einer Ecke und bewegen sich nicht.

Schau mal, sagt Tolik endlich. Die Vögel haben orange Wangen. Schminken haben sie bei Lady Gaga gelernt. Oder umkehrt. Und diese dort tragen falsche Wimpern. Welche? Dort, die. Schau doch mal, fordert mein junger Freund ungeduldig. Ich sage: Tut mir leid. Ich sehe hier nichts als gestutzte Flügel. Warum, fragt Tolik, bist du überhaupt mitgekommen?

Unsere Füße baumeln in der Luft, unsere Bierdosen, griffbereit, sind im Gras versteckt. Die Sonne geht unter, aber wir bleiben noch sitzen. Zwei junge Mädchen laufen an uns vorbei, verstummen, als sie auf unserer Höhe sind. Sie nehmen ihr Gespräch erst wieder auf, als sie sich in Sicherheit wähnen. Und werfen uns einen Blick zu. Mischa und ich schauen uns an, lächeln. Wir dippen Weißbrot in Hummus, den wir ganz unverhofft in einem europäischen Delikatessengeschäft gefunden haben.

Mischa erzählt von einem Belgier, den er getroffen hat: Ein großer, stattlicher Typ reist mit dem Rucksack durch Russland, Richtung Japan. Im Hinterhof, nachdem sie sich eigentlich schon verabschiedet hatten, haben sie sich geküsst. Auf dem Nachhauseweg vibrierte es plötzlich in Mischas Hosentasche: Ich wünschte, du würdest mich begleiten. Während Mischa erzählt, verscheucht er die Mücken, die vor seinem Gesicht im Abendlicht tanzen. Der Stadtteich ruht. Die Sonne zieht Fäden. Ich bin, erzählt Mischa, in Europa gewesen. Und habe, wenn auch nur für einen Moment, einen Belgier geliebt. Ich werde hier unmöglich bleiben können. Seit diesem Kuss bekomme ich nicht mehr genug Luft. Ich sage: Du kannst es kaum abwarten, hier rauszukommen, und ich könnte noch etwas Zeit gebrauchen. Ich kann gar nicht glauben, wie schnell dieses Jahr vergangen ist.

Du hast hilflos ausgesehen, erinnert sich Mischa, das erste Mal in dem kleinen, abgedunkelten Raum der Stadtbibliothek. Ein wenig entrückt, als hinge das Wohl der Welt davon ab, dass es zum Film drei Sorten Gebäck gibt, Kaffee und Tee und eine Einführung, erst auf Deutsch und dann in der russischen Übersetzung. Die junge Frau an der Information hatte mich vorgewarnt. Du würdest einen Film zeigen, der nicht jedermanns Geschmack sei. Berlin, das alternative Leben,

Drogen und Musik, sie sei sich nicht sicher, ob man das noch Musik nennen könne. Das hat mir schon Lust gemacht. Dann habe ich dich gesehen. Und konnte es kaum fassen, wie sich jemand wie du nach Jekat hat verirren können. Hat Binotschka das wirklich gesagt, unterbreche ich meinen Freund.

Müsste ich ein Leben für dieses Mädchen erfinden, sähe es vielleicht so aus: Binotschka wird heiraten. Anfangs noch wird sie ein wenig Deutsch unterrichten. Sie wird in eine kleinere Stadt ziehen und schließlich aufs Land. Sie wird Kinder kriegen. Und stricken lernen. Sie wird unendliche Stunden damit zubringen, den Flur zu fegen und Brei zuzubereiten. Ihre Hände aber werden selbst unter dem Abwasch nicht spröde werden. Die Kinder werden längst aus dem Haus sein, als ihr Mann – vielleicht weil sich die Treppe unter seinen Schritten verzieht – unglücklich stürzt. Binotschka wird, aufgeplustert wie ein Sperling, auf der Bank vor ihrem Haus sitzen, Sonnenblumenkerne kauen und darauf warten, dass ein Volkswagen vorfährt, aus dem lärmend die putzigen Enkelkinder hüpfen. Ihre Wangen werden nichts an Frische verloren haben, sie wird aus lebhaften Augen blicken, die Stirn glatt wie ein Spannbettlaken, ein von der Zeit vergessenes Wesen.

Zur eiligen Stunde, Uralskaja, Ecke Smaztschikow: Tolik legt mir die Hand auf die Schulter. Und schaut mir mit verschwörerischem Blick in die Augen. Ein Grinsen kann er sich nicht verkneifen: Wenn wir uns jetzt noch schnell küssen, können sie uns nicht mal verhaften. Nicht auf Grundlage des Gesetzes verurteilen, sage ich. Und denke: Verhaften können sie uns schon. Verhaften, verhören …

Wenn sie uns wenigstens zuhören würden, würde es sich vielleicht lohnen, das Risiko eines Kusses einzugehen. Diese Liebe auszustellen wie feingehobelte, handbemalte Puppen auf einem Jahrmarkt.

Noch einmal eine Berührung, die angenehm benommen macht. Noch ein Film, ein letztes Lied vor dem Heimweg. Einmal noch mit meinen Freunden ins Babylon, mit Mischa eine Sprache finden, die außer uns niemand spricht. Ich laufe durch die Straßen und denke: Mit Ljoscha zum Schartasch, wenigstens einmal, jetzt, wo das Wasser langsam eine Temperatur erreicht hat, da man seine Zehenspitzen hineintauchen möchte...

Ein Insekt – Ljoscha hat es zuerst entdeckt – versucht, sich an Land zu retten. Hilf ihm, bittet mein Freund. Weil ich mit dem Stöckchen nicht heranreiche, beginne ich, Wasser zu schöpfen und das Insekt damit zu bespritzen. Ljoscha sieht mich entgeistert an. Wenn wir es nicht retten können, müssen wir es töten. Sonst quält es sich bloß, sage ich. Während wir hoffen, ein Tropfen möge das Tier versenken, schwillt in uns diese unheimliche Lust an, ein Leben auszulöschen. Wir lachen uns, weil wir unser Ziel fortwährend verfehlen, halbtot, steigern uns in dieses Lachen dermaßen hinein, dass wir selbst kaum mehr Luft bekommen.

Die Sonne schiebt sich ganz langsam zwischen die Birken. Ein junges Paar trottet, von den steinernen Zelten kommend, vorüber, sammelt eine Handvoll Steine ein, verschwindet. Komisch, sage ich. Mit dir kann ich schweigen. Neben Mitja habe ich meinen Mund gar nicht halten können. Mitja, fragt Ljoscha. Wer ist das?

Am elften Juni dann ist es so weit. Auf allen Kanälen wird darüber berichtet, dass ein föderales Verbot der Propaganda von Homosexualität verabschiedet wurde. Zum Schutze der Kinder. Damit sie sich kein schlechtes Beispiel nehmen, nicht auf die schiefe Bahn geraten, sich nicht einrichten in ihrem Elend. Ein kuhäugiges Muttchen schlägt besorgt ihre Hände über dem Kopf zusammen. Wimmernd erzählt sie vom Fall ihres Sohnes. Es sei nicht gerecht, dass die ganze Familie unter seinem Irrtum leide. Seine Verlobte schließe sich zu Hause ein, weigere sich, mit jemandem zu sprechen. Ein Moderator vom Typ Jauch lenkt ein: Wie hatte es dazu kommen können? Sie möchte ihren Sohn zurück, fordert das Muttchen. Und schlägt beschämt ihre bonbonfarbenen Lider nieder. Mischa dreht ihr mitten im Satz den Ton ab.

Man müsste ihnen schon die Augen ausstechen, brummt Rustam. Man müsste den Kindern die Ohren abschneiden, die Münder verkleben, die Beine brechen, man müsste ihnen die Arme absäbeln, das sei die einzig sichere Methode, die süßen Kleinen vor den Übeln der Welt zu bewahren. Tolik sinkt von der Sessellehne auf meinen Schoß nieder. Ljoscha verlässt stumm den Raum. Die Tür fällt ins Schloss. Seine Tasche hat er vergessen.

Ich liege auf dem Bett, rauche, lese ein wenig. Bekomme eine Nachricht von Mischa, dem die Decke auf den Kopf fällt: Ich muss diese verdammte Arbeit schreiben, um mich für einen Master in Berlin bewerben zu können. Gleichzeitig soll ich Geld verdienen. Übersetzungen muss ich einholen. Und beglaubigen lassen. Mischa schickt mir ein Emoticon mit runterhängenden Mundwinkeln und einer Träne im Auge. Ich schreibe: Gib bloß nicht auf, bevor du überhaupt angefangen hast. Und heul nicht rum wie ein kleines Mädchen.

Ein Klassensatz Klausuren wartet irgendwo in einer der drei Schubladen meines Sideboards auf mich, aber irgendwie kann ich mich nicht darauf besinnen, warum ich diese Klausuren korrigieren sollte. Arkadi hat – warum sollte ich mir die Mühe machen, seine Arbeit durchzusehen? – ohnehin die Höchstpunktzahl erreicht. Nikita hat vom Totenkopfmädchen abgeschrieben. Durchfallen wird sowieso niemand, jedenfalls niemand, der kein Stipendium erhält und für sein Studium hinblättert.

Wir laufen die Wajnera entlang. Eine der Gottesanbeterinnen – zum ersten Mal sehe ich ihr Gesicht, runzelig wie Krepppapier – nimmt Plastikbecher und Pappe und humpelt, in dreckige Lumpen gehüllt, davon. Würde mich nicht wundern, wenn ihre Füße verstümmelt sind. Wir ducken uns vor den Lautsprechern. Dann betreten wir, die Treppe rauf, die Galerie. Wir laufen von Bild zu Bild. Bei einem verweilen wir ein wenig länger, ein anderes wird nur ganz flüchtig von unseren Blicken gestreift. Zwei ältere Damen, Faltenrock und Fönfrisur, stehen vor einem schwarzen Quadrat. Und regen sich über die moderne Kunst auf. Ljoscha flüstert mir zu: Ich begreife nicht, warum die Menschen immer alles verstehen wollen. Schön finden wollen oder verstehen. Gefällt es dir, frage ich. Ja, sagt Ljoscha. Ich liebe Schwarz.

Wieder auf der Wajnera rennt ein Kind in einen Taubenschwarm. Es lacht und klatscht mit den Händen. Sein Gesicht ist verzerrt. Elektrisiert von dem Glück, etwas Schlechtes zu tun, durchlebt es seinen ersten Rausch. Vielleicht entdeckt es gerade, dass es Wesen auf dieser Welt gibt, über die es mehr Macht besitzt, als über das kleine Brüderlein, das, die eine Hand am Kinderwagen, brav bei der Mama steht und erschrocken hinüberschaut. Ljoscha zückt sein Smartphone. Auf dem Bild sieht man ein tanzendes Kind, das ein Kleid aus Federn und Schnäbeln trägt, ein Kleid, das bemüht ist, davonzufliegen.

Einmal noch muss ich ins Theater, sage ich. Ich habe plötzlich solch einen Hunger auf Kultur. Oder ein schlechtes Gewissen? Ljoscha nimmt sich ein Stück meiner Pizza, die mit grünem Käse belegt ist und ein Reaktorunglück in der Küche vermuten lässt. Ich hatte schreiben wollen, sage ich. Und? Ich schüttle den Kopf. Ljoscha sagt: Vielleicht musstest du, um schreiben zu können, erst etwas erleben. Ich kaue, um Zeit zu gewinnen, unsicher, ob ich zustimmen soll. Warum hast du denn nicht geschrieben? Ich weiß nicht, sage ich. Vielleicht habe ich mich nicht getraut. Ich habe keinen Anfang gefunden. Und ohne Anfang kann ich nicht schreiben.

Alle sind da. Alle sind gekommen, um Friedrich und mich zu verabschieden: Die Fräulein vom österreichischen Konsulat, die sich um einen Wiener Dialekt bemühen, Studentinnen der höheren Semester, die Dame mit dem Blaufuchs, ihre kleine Freundin, das Totenkopfmädchen, Arkadi, mein Primus, ein scheues, sanftes Wesen an seiner Seite, Friedrichs Freunde vom Eishockeyclub, Männer mit breiten Rücken und groben Gesichtern, die ich nie zuvor gesehen habe, denen ich, wenn ich ihnen auf der Straße begegnete, vorsichtshalber ausweichen würde, mittendrin, nicht etwa abgesondert, die

Jungs, die sich im letzten Jahr bei mir angesammelt haben: Mischa, mein sanfter Riese, Ljoscha, mein Bruder im Geiste, der stille Schurik, Borja, der widerspenstige Rustam, Tolik, den ich liebe, ganz flüchtig, zwischen Frühstück und Hausflur. Mein verehrter Mateusz. Nastja und Kostja sind da. Sina. Alle sind da. Nur Goscha fehlt, der aufsässige Hüne. Seine durchdringende Lache. Und Mitja, der Ministerpräsident, dem ich gern ein besserer Freund gewesen wäre.

Friedrich hält eine Rede, in der Art, wie Reden hierzulande gehalten werden. Die Gespräche währenddessen setzen aus. All unsere Freunde lauschen ehrerbietig. Dann richtet Friedrich das Wort an mich. Und ich? Sage, ich habe dem allen nichts hinzuzufügen. Wir stoßen auf ein Jahr an, von dem wir – wenigstens in diesem einen Moment – überzeugt sind, dass es wundervoll war.

Morgens sitzen wir in der Küche, halbleere Flaschen, Salatschüsseln, an denen Kraut und Mayonnaise klebt, aufgerissene Chipstüten liegen auf der Arbeitsfläche und zwischen den Herdplatten Erdnussschalen, der Fußboden ist gewürzt mit Thymian und Majoran. Das Bier, lauwarm und über Nacht schal geworden, gieße ich in den Abfluss. Unangenehm steigt mir der Geruch von Essig in die Nase. Irgendwo hier muss noch ein offenes Gläschen mit Gewürzgurken stehen.

Friedrich kontrolliert, ob er nichts vergessen hat. Streicht durch, woran er gedacht hat. Wir haben uns immer gut verstanden, sagt er. Wir sind bestens miteinander ausgekommen. Ich verstehe nicht, worauf er hinauswill. Friedrich sagt: Wir hätten es nicht besser treffen können. Und flüchtet sich ins Steierische. Ich gieße kochendes Wasser in unsere Tassen.

Als das Taxi um die Ecke biegt und außer Sichtweite gerät, denke ich: So ist das nun einmal. Jemand steigt in ein Auto und verschwindet aus deinem Leben. Erst geht man ein Stück des Weges gemeinsam, dann trennt man sich wieder. Die Worte, die man nicht rechtzeitig gefunden hat, schickt man in keiner E-Mail hinterher. Es bleibt daher nur zu hoffen, dass der andere eine Ahnung von den Dingen hat, die man zu sagen versäumte.

Drei Jungs sitzen am Stadtteichufer. Weil die Kamera das andere Ufer abschneidet, sitzen die Jungs am Meer: Ich möchte, dass sie auf ein Meer blicken können, während sie über etwas so Alltägliches wie die gestrige Matheklausur reden. Es ist eines der wenigen Fotos, die ich während meines Aufenthalts in Jekaterinburg gemacht habe. Und das einzige, das ich mag.

Es ist mitten in der Nacht. Ich sitze im Dunkeln vor dem Rechner, in Friedrichs Zimmer, an dem endlosen Schreibtisch, der sich die ganze Breite der Wand entlangzieht. Und hole mir einen runter. Ich gieße Wodka in mein Glas. Und fülle mit Saft auf. Auf Mamba ruft ein Typ, der in seinem Profil sogar ein Bild zeigt, meine Seite auf. Ich schicke ihm freimütig einen Smiley. Und dann, nach einem kurzen Chat, meine Adresse. Der Typ schreibt, dass er sich auf den Weg macht und in einer halben Stunde da ist. Ich denke: Scheiße. Der meint es ernst. Ich notiere seine Nummer auf einem Zettelchen, das ich oben aufs Regal lege. Sollen die den wenigstens kriegen, wenn mir was passiert. Mein Vermieter wird meine Leiche in zwei Wochen finden. Welche Farbe hat mein Körper wohl bis dahin angenommen? Ich nehme einen großen Schluck. Und ziehe mir ein Shirt an, in dem ich mich geiler finde als in der abgetragenen Trainingsjacke. Ich style mir die Haare, dann bringe ich sie, ganz behutsam, in Unordnung. Als sei ich gerade erst aufgestanden. Manchmal, wenn ich geil bin und getrunken habe, möchte ich sterben. Es befällt mich dann diese kolossale Einsamkeit, die keinen Erfolg gelten lässt, die Freundschaften, blind vor Verzweiflung, ausradiert, Liebschaften zu Lustobjekten degradiert, Telefonnummern und Adressbücher verschlingt, diese Einsamkeit, die Fenster öffnet und Rasierklingen bewegt. Ich sage mir dann, ich hänge nicht besonders an diesem Leben. Wenn dieser Typ mir den Kopf einschlägt, soll es so sein. Alles, wonach ich mich sehne, ist ein fester, warmer Körper, der nicht fragt und nicht bittet, sondern sich einlässt auf meine Berührung, sich hingibt, einlädt und nachgibt.

Der Typ klingelt mich an. Ich fahre runter, öffne ihm die Tür. Wir stehen im Fahrstuhl. Unsere Blicke weichen einander aus. Wir setzen uns in die Küche, trinken einen Tee. Der Typ redet, wohl aus Verlegenheit, munter drauflos. Er gefällt mir mehr, als ich mir vorzustellen gewagt hatte. Er ist groß, einigermaßen gut gebaut. Auf dem Kopf hat er nicht mehr viele Haare, dafür sind die Handrücken bedeckt. Er stellt fest, dass ich einen Akzent habe. Fragt, woher ich komme. Ich sage: Aus dem Baltikum. Und er erzählt mir davon, wie er in Lettland seinen Wehrdienst absolviert hat. Er verschwindet im Bad. Und als er wiederkommt, sitze ich bereits auf meinem Bett, auf der Kante. Mein Glied steht senkrecht. Ich lasse es gegen den Oberschenkel klatschen. Der Typ sinkt auf die Knie. Und umschließt meinen Schwanz mit seinen Lippen.

Ljoscha schüttelt sich vor Lachen, als Kapitolina Petrowna, ein wirres, doch ungemein verschlagenes Weib von neunzig Jahren, von den Toten aufersteht, nur um Rosa Nikolajewna, eine aufgetakelte Frühpensionärin im Chanelkostüm, in Grund und Boden zu schimpfen. Es gibt Stücke, sage ich, die belegen die Verwandtschaft von Lachen und Schreien. Wir verlassen den kleinen Zuschauersaal, laufen, an Lenin und Mona Lisa vorbei, Richtung Ausgang. Im Vorübergehen berührt Ljoschas Hand den riesigen Globus, streift Afrika, den Nahen Osten. Ich frage: Wohin soll es gehen? Was meinst du, fragt Ljoscha. Möchtest du in einem Land leben, das dich für krank erklärt? Wenn ich in Deutschland jemanden küsse, ist das meine Privatsache. In Russland ist mein Kuss ein Politikum.

Ljoscha führt mich in einen Park, ein Herrenhaus steht auf einer Anhöhe, Schmetterlinge sitzen auf dem Flieder. Wo soll ich denn hin, fragt er. Ich spreche keine Sprache. Ich habe keinerlei Rücklagen. Ich liebe den Borschtsch meiner Babuschka, die verschwenderische Schönheit der Wälder, den Südural im Besonderen, im Frühling und Herbst, Berge aus Malachit und Granit, Pflanzen, die ohne Namen auskommen. Ich mag die Arglosigkeit der Menschen, zugewandte Gesichter, in die man blickt, wenn man nach dem nächsten Supermarkt fragt oder sich nach dem Zugang zum See erkundigt, die Bereitschaft, ein paar Meter miteinander zu gehen. Und Theater. In Deutschland würde ich zu Hause vor dem Rechner sitzen. Ins Theater würde ich nur noch gehen, um mir die Kostüme anzuschauen.

Ein letztes Mal ins Chance, dorthin, wo vor neun Monaten alles begonnen hat. Ljoscha ist schon rein zu Schurik, ich stehe an der Tür und schnorre mir eine Zigarette. Als ich meine Jacke an der Garderobe abgebe, klopft mir jemand auf die Schulter, ein Gast aus einer Vergangenheit, die noch jung ist. Ich bin froh, ihn zu sehen. Könnte ich das beleidigte Kind in mir – warum hast du dich nicht gemeldet? – doch bloß wegschicken, die Wut, die sich aufgestaut hat, hinunterschlucken, die Zurückweisung, die ich erfahren habe, von mir weisen. Und ihn umarmen. Ich sage: Hallo. Und: Wenn du nicht mit mir tanzt, hau ich dir eine runter.

Wir laufen, ich voran, den engen, dunklen Gang entlang, der zur Tanzfläche führt. Auf dem Weg dorthin geht der Ministerpräsident verloren. In der Tür stoße ich auf Schurik. Und will ihn umarmen. Nicht hier! Das bringt Unglück, lächelt mein blasser Freund. Und zieht mich sanft über die Türschwelle. Hast du Mitja gesehen, frage ich ihn. Schau mal, dort, antwortet Schurik. Und deutet auf eine Gruppe von Jungs, die an der Bar herumstehen. Wo? Dort, wiederholt Schurik. Und hat nur Augen für Goscha, der auf einen Typen einredet, der ihm kaum bis zur Schulter reicht, ausgewaschene Jeans, strähniges Haar.

Hier sind wir, damals noch zu viert, an meinem Geburtstag gewesen: Das erste Mal in einem russischen Schwulenclub. Aufgeputscht von dem absurden Glück, endlich tun zu können, was sie taten, haben sich Goscha und Schurik federleicht über die Tanzfläche bewegt, zwei aufgedrehte Kinder, Zuckerwatte im Magen, die in der engen Kurve einer Achterbahn die Arme in die Luft reißen. Mitja und ich haben mit unseren lahmen Körpern nicht gleich etwas anzufangen gewusst.

Er hat versprochen, mit mir zu tanzen, sage ich. Mitja und Goscha stehen am anderen Ende des Hufeisens. Hat er dich gegrüßt, frage ich. Goscha ist an mir vorbeigelaufen, als würde er mich nicht kennen. Wie lange noch wird es mich interessieren, wie es Mitja geht oder wo er sich befindet, ob er es nach Berlin geschafft hat mit den vier, fünf Vokabeln, die er sich, zunächst in kyrillischer Umschrift, eingeprägt hat, ob dieser Mann, den niemand hier kennt, ihn geheiratet hat oder ihn hat fallen lassen? Was schaust du so betrübt, mischt Schurik sich in meine Gedanken ein.

Der Barmann zündet den Absinth an. Und fängt die Gase unter einem Cognacglas auf. Mein stiller Gefährte reicht mir einen Strohhalm: Nimm. Er atmet ein, was ich ihm übrig gelassen habe. Dann hält er mir seinen Longdrink hin. Nimm einen Schluck, sagt Schurik. Und: Vergiss.

Ani Lorak dröhnt aus den Boxen. Njuscha, Polina Gagarina. Und immer wieder die Pugatschowa, die russische Madonna, der die einen homophobe Ansichten unterstellen, wohingegen die anderen argumentieren, alle ihre Männer – das könne man überall nachlesen – seien ausgewiesene Sodomisten gewesen. Egal, bei den ersten Takten wippen die Köpfe.

Tolik taucht auf, ein Käppi über dem raspelkurzen Haar, in einem Shirt, das seine Muskeln nachzeichnet. Und Mischa, im Kapuzenpulli. Tolik küsse ich auf den Mund. Als ich ihn wieder freigebe, ringt er gekünstelt nach Luft. Du bist aber gut drauf, lacht er. Ich lege ihm meinen Arm um den Nacken. Da kommt Ljoscha mit einem Tablett, auf dem fünf Kurze stehen. Worauf stoßen wir an, fragt Tolik. Darauf, dass wir tanzen, wenn wir uns mal zufällig auf der Straße begegnen, im

Transitbereich eines Flughafens oder auf dem Bürgersteig. Oder an der Garderobe, ergänze ich.

Die abgehalfterte Schönheit hat ihren obszönen Monolog beendet. Das Publikum flippt aus. Die Scheinwerfer zerstreuen sich. Und die Musik, mit einem fetten Bass unterlegt, setzt wieder ein. Ljoscha sitzt an der Bar, auf dem Schoß eines Jungen, der vielleicht das ganz große Glück bedeutet. Mischa hebt Schurik auf die Bühne. Tolik und ich zwängen uns durch die Menge hindurch, die sich, vom Beat verführt, allmählich in Bewegung setzt. Wir tanzen. In einem Raum, der größer ist als die paar Quadratmeter, die man unseren Schritten zugesteht. Wir tanzen in einem Raum, der – so scheint es zumindest – ohne Zeit auskommt. Ich habe gelernt zu tanzen. Ich habe gelernt, einen Schritt vor den anderen zu setzen. Wie ich diesen Schuhen wieder beibringen soll, innezuhalten, ist mir ein Rätsel.

Alles hier ist mit dem Lineal gezogen. Es gibt, in beiden Richtungen, Fahrradwege. Von den Balkonen ragen Geranien. Nirgends Wäscheleinen. Niemand hier käme auf die Idee, Einkaufstüten, mit tiefgefrorenen Pelmeni gefüllt, winters an die Klinke zu hängen. Eine alte Frau mit Lockenwicklern im Haar erscheint in einem Fenster. Ein Mann im Rollstuhl überholt mich. Mein Koffer gleitet fast lautlos hinter mir her. Ich brauche nicht auf den Gehweg zu schauen. Schlaglöcher sucht man vergebens.

Vielleicht hätte ich, um mich ganz allmählich wieder umzustellen, einen Umweg durch Neukölln oder Kreuzberg machen sollen? Ich ignoriere mein Postfach. Und lasse mir von Frau Chotiwari den Schlüssel geben. Ich schließe die

Tür auf, stelle den Koffer beiseite, zünde mir eine Zigarette an. Und lege mich erst einmal ins Bett.

Die Fenster sind aufgerissen, die Vorhänge zugezogen. Ich liege nackt auf der Matratze, die Haut klebt am Laken. Ich strecke die Hand nach einem zusammengeschrumpften Stück Pizza aus, beiße hinein und lege den trockenen Rand auf die Pappe. Ich schaue auf die Uhr. Und weiß: Das stimmt nicht. Ich liege in meinem alten Zimmer. In mein altes Leben bin ich nicht zurückgekehrt. Ich habe nicht zurückgefunden. Auf dem Anrufbeantworter eine Nachricht von Stefan: Sind am Wannsee. Ich zwinge mich, aufzustehen. Dabei stoße ich die angefangene Bierflasche um. Die Flüssigkeit sickert in den Teppich. Ich lege ein getragenes T-Shirt darüber, gehe zum Schreibtisch. Und klappe den Rechner auf. Auf dem Bildschirm erscheint eine Nachricht: Warum meldest du dich nicht?

Ein Hinterhof in Sankt Petersburg. Eine Gruppe von Jugendlichen unterhält sich, ein Gewusel wie auf dem Jahrmarkt, lautstark. Die Jugendlichen, Mädchen wie Jungen, schimpfen und lachen. Sie haben sich um einen Jungen versammelt. Sie umtanzen ihn wie junge Hunde ein aus dem Nest gefallenes Vöglein. Einer zieht ihm an den Haaren. Einer hält die Kamera drauf. Einer erpresst, dem Jungen immer wieder Ohrfeigen verpassend, ein Geständnis. Sag: Ich mach's für Geld. Für ein paar lausige Rubel besorg ich's jedem. Sag: Ich bin eine kleine, dreckige Schwuchtel. Sag: Ich mache sowas nie wieder. Dann lenkt der Peiniger ein und macht plötzlich einen auf Kumpel: Du willst doch, dass aus dir mal was Anständiges wird. Einer der umstehenden Jungs spricht eine Anwohnerin an, dann zwingt er den Jungen, der Frau ins Gesicht zu gucken: Dieser Junge hier ist eine Schwuchtel. Die Frau spuckt dem Jungen, der keine fünfzehn ist, angewidert vor die Füße. Dann geht sie fort. Ein älteres Ehepaar läuft vorüber. Hört auf mit dem Quatsch, ruft der Mann. Geht nach Hause! Eines der Mädchen tritt dem Gefangenen gegen das Schienbein. Der Junge will weglaufen, wird aber auf die Bank niedergedrückt: Versprich, dass du so was nie wieder machst. Ein anderer Junge, selbst keine fünfzehn, taucht plötzlich hinter dem Opfer auf. Und übergießt ihn mit einer gelblichen Flüssigkeit. Die Jugendlichen grölen, lachen, klatschen in die Hände. Dem Jungen stehen Tränen in den Augen.

Ich lese die Kommentare zu dem Video, einmal, dann noch einmal, weil ich es kaum glauben kann. Die Zeilen verschwimmen, aber ich lese weiter. Dann spüre ich, wie es mir hochkommt. Ich renne ins Bad, reiße die Kloschüssel auf und übergebe mich. Die Hälfte geht daneben, landet auf meinem Hemd, auf der Jeans, auf dem Fliesenboden. Der beißende Geruch von Erbrochenem steigt mir in die Nase. Ich bleibe, über die Kloschüssel gebeugt, noch einige Minuten sitzen, weil ich befürchten muss, umzufallen, so schwer ist mein Kopf. Ich putze mir die Zähne. Dann gehe ich zum Kühlschrank und – nichts als Joghurt und Rosenkohl – schließlich zum Spätkauf. An der Kreuzung kommen mir zwei Hip-Hopper entgegen. Was glotzt ihr so blöd, schnauze ich die beiden an.

Ich lese: Auf der russischen Facebook-Variante haben sich in den letzten Wochen und Monaten Gruppen gegründet, die öffentlich zur Gewalt gegen Homosexuelle aufrufen und ungeniert Jagd auf Schwule machen. In jeder größeren Stadt findet sich ein Ableger.

Meistens schicken die Banden einen Lockvogel vor, der jung und attraktiv ist und es angeblich unbedingt mal mit einem Mann ausprobieren möchte. Der lädt zu sich nach Hause ein, wenn die Eltern auf Arbeit sind. Oder schlägt ein ruhiges Örtchen am Stadtrand vor. Manchmal können die Rowdys es gar nicht abwarten und lauern ihrem Opfer schon auf offener Straße auf. Sie fallen im Rudel ein. Sie beschimpfen den Unglücklichen, der auf sie reingefallen ist, schlagen ihn, treten zu. Sie erpressen ein Bekenntnis zur Pädophilie: Manchmal zwingen sie ihr Opfer, sich einen Dildo einzuführen. Manchmal verwenden sie statt des Dildos auch eine Bierflasche. Abschließend soll der goldene Regen seine heilende Wirkung entfalten und den Gepeinigten von seiner Pädophilie kurieren. Das Ganze wird von fleißigen Helfern dokumentiert und über die sozialen Netzwerke verbreitet. Verwandte, Bekannte, Mitschüler oder Arbeitgeber können sich dann selbst ein Bild davon machen.

Seid gegrüßt, meine kleinen Lieblingsextremisten. Mit diesen Worten lädt Maxim Marsinkewitsch, von seinen Anhängern Tesak – Beil, Jagdmesser, Stutzsäbel – genannt, zu einer lustigen Pädophilenjagd ein. Das Ganze nennt sich Safari: Der Schwule spielt das verwundete Tier, das von rechtschaffenen Nazis in der Wildnis städtischer Hinterhöfe in die Enge getrieben wird. Ich schaue mich um auf der Seite, die mit über zweihunderttausend Mitgliedern die populärste ihrer Art ist: Tesak gibt sich als tatkräftiger Nazionkel. Sogar ein Notfalltelefon ist installiert. Dort können sich besorgte Bürger melden. Dann kümmern sich Tesak und seine Freunde um das Problem.

Ich möchte die Seite schließen, aber verfehle das kleine X in der rechten, oberen Ecke. Ich sollte längst schlafen. Ich möchte die Augen schließen, aber jemand hat mir Streichhölzer zwischen die Lider gesteckt. In der Mitgliederliste von Tesaks Gruppe entdecke ich Rustam. Wieder kommt es mir hoch. Ich halte mir die Hand vor den Mund. Und klicke mich durch seine Bildergalerie. Ein kleines Mädchen, Kulleraugen, Wimpern aus schwarzem Samt, sitzt auf Rustams Schultern und lächelt zuckersüß in die Kamera. Hat er uns die ganze Zeit bloß ausspioniert? Wie geht es dir, schreibe ich. Und – weil ich mich nicht beherrschen kann – etwas später: Gehst du auch ab und zu auf Safari?

Die Sonne brennt gnadenlos. Ist es in Berlin jemals so heiß gewesen? Ich schließe die Tür auf, die Einkäufe stelle ich neben dem Wäschekorb ab, auf einen Karton, den ich noch nicht wieder ausgeräumt habe. Der Abwasch fängt an zu riechen. Ich knüpfe mir das Hemd auf und steige aus den Hosen. Ich setze mich an den Schreibtisch, aber was ich hier wollte, habe ich vergessen. Dann klingelt das Telefon. Ich halte mir die Ohren zu. Ich bin nicht da, sage ich. Und dann lauter: Ich bin noch nicht wieder zurück.

Nastja postet Dollarscheine. Bares gegen Träume, die flüssig sind oder glitzern. Buntes Spielgeld, das man in Schmuck umsetzt. Oder versäuft. Die Freunde auf Facebook liken fleißig. Sie sieht gelöst aus, sagt Mischa. Und dass ihr die neue Haarfarbe steht. Sie hat es geschafft.

Anderthalb von uns haben es geschafft. Kostja arbeitet jetzt für die Brasilianer in Moskau. Er verlässt, wenn der Botschafter außer Haus ist, das abgedunkelte Vorzimmer und setzt sich im Büro des Abgesandten auf den Chefsessel. Und dreht dort seine Runden, dreht sich schneller und schneller und hält inne, kurz bevor er an seinem Lachen erstickt. Er sitzt, wenn der Chef den eigenen Sessel besetzt, in einer fensterlosen Abstellkammer und füllt Anträge aus, leistet Unterschriften, drückt Stempel auf. Er legt Abkommen vor und nimmt Telefonate entgegen und gießt, wenn die mitgebrachte Sekretärin verhindert ist, Kaffee ein, der ganz anders schmeckt als der handelsübliche.

Das hast du dir doch ausgedacht, lache ich. Mischas Gesicht, aus groben Pixeln zusammengesetzt, nimmt einen ernsten Ausdruck an. Sei nicht traurig, sage ich. Du hast es auch bald geschafft. Mischa, weil das Bild stehen bleibt, hat den Mund offen. Ich möchte ihm den Kiefer hochschieben, damit er sich nicht an den Pixeln verschluckt. Bist du wieder da? Hörst du mich? Hörst du mich, frage ich. Was hast du gesagt? Ich habe gesagt, dass ich das Stipendium nicht erhalten habe. Ich habe mich auf das Wohlwollen meiner Fürsprecher verlassen. Ich war hypnotisiert von dem guten Wort, das man für mich eingelegt hat. Zeugnisse, Noten, Gutachten. Jetzt weiß ich: auch nur Papier. Du schreibst jetzt, unterbreche ich ihn, ganz in Ruhe deine Arbeit zu Ende. Du absolvierst deine Abschlussprüfungen. Und im Frühjahr schreibst du dich für ein reguläres Studium in Deutschland ein. Bis dahin dürftest du die achttausend Euro zusammenhaben.

Dummkopf, schreibt Rustam. Man muss sich doch auf dem Laufenden halten. Kann ich dir nur raten, dir und deinen

Freunden, die es vorziehen, den Kopf in den Sand zu stecken. Das Mädchen auf dem Bild ist übrigens meine Nichte Naima.

Ich weiß nicht, was ich schreiben soll. Und schließe das Fenster. Habe ich wirklich geglaubt, ein Spitzel hätte sich in unseren Kreis passiver Aktivisten eingeschlichen, ein Spion in einer Gruppe unfreiwilliger Propagandisten?

Drei Uhr nachts. Ich liege, in Boxershorts und ausgeblichenem Tank-Top, auf dem Laken. Und höre Lana Del Rey in Endlosschleife. Diese morbide, unendlich versexte Stimme breitet sich ganz langsam, wie ein Gift, in mir aus, ich singe mit, ohne die Noten anzupeilen, Liebeslieder an den Tod...

Vom Schreibtisch her blinkt es. Jemand hat mir eine Nachricht geschrieben. Dann klingelt es. Ich habe, sagt Mischa, und stockt erst einmal, wechselt in seine Sprache – ich kann mich gar nicht daran erinnern, ob wir jemals, wenn wir unter uns waren, Russisch gesprochen haben. Du hast was, frage ich, eine Einladung bekommen? Zur Musterung, sagt Mischa. Die wissen, dass ich bald mein Studium abschließe. Nun soll ich dem Vaterland, das mich hasst, dienen. Mischa entschuldigt sich dreimal. Er weiß, es ist spät, aber er habe gesehen, dass ich online bin. Ob ich auch nicht schon geschlafen habe?

Wenn die mich einziehen, gehe ich in die Niederlande. Dann bleibt mir nichts anderes übrig, als mich auf die dortigen Gesetze zu verlassen. Und wieder auf Menschen, die mit Worten, von denen das Wohl von Menschen abhängt, umgehen, als seien sie etwas bis in alle Unendlichkeit Dehnbares. Langsam, bitte ich. Mischa wiederholt: Wenn die mich einziehen, gehe ich in die Niederlande. Oder ich tauche unter.

Ich mache mich aus dem Staub. Unsinn, rufe ich dazwischen. Die finden dich. Am Flughafen, zwei Minuten, nachdem du eingecheckt hast, sitzt du im Streifenwagen. Mach bloß keine Dummheiten, beschwöre ich Mischa, der einen Vollbart aus Pixeln trägt, ein waschechter Jungbär. Mischa nimmt einen großen Schluck: Weißt du, irgendwie gefällt mir die Vorstellung, auf der Flucht zu sein, sogar, weg von diesem Land, für das man sich schämen muss, verraten und preisgegeben. Du weißt nicht, wovon du sprichst, sage ich. Arbeitssperre, keine Freizügigkeit, Lebensmittelkarten – hast du davon schon einmal gehört? Mischa überlegt einen Moment. Lebensmittelkarten, sagt er, gab es im Krieg. Und freizügig ist eine Frau, deren Rock die Knie nicht bedeckt. Flüchtling, das hat etwas Leichtes, das erinnert an den Flug eines Schmetterlings, die errötenden Wangen eines Jünglings, kurz nachdem ihm sein Liebling etwas Unanständiges ins Ohr geflüstert hat. Irrtum, sage ich. Die nächsten Verwandten eines Flüchtlings sind Fremdling, Eindringling, Schädling. Glaub bloß nicht, dass man dich mit offenen Armen empfängt. Irrtum, fragt Mischa mit schläfriger Stimme, kommt das von Turm? Eher von Tumor, sage ich. Und beiße mir auf die Zunge.

Eine mutige Tunte näht sich aus Protest gegen die Gesetze in Russland und das Leid, das sie verursachen, den Mund zu. Die Tunte sticht zu, ohne mit der Wimper zu zucken. Als nähe sie einen Knopf an eine Bluse. Dort, wo die Nadel die Haut durchsticht, tritt Blut hervor, sieben stecknadelgroße Tropfen. Auf der Seite solcher Menschen möchte ich stehen. Zu schade, dass sich die Bürgerwehren, die sich vielerorts in der letzten Zeit gegründet haben, dieses Video nicht anschauen werden. Dass sie nicht überlaufen werden, mit einem hämischen Blick auf ihre feigen Komplizen. Und dieser großen Tunte huldigen.

Hast du geweint? Nein, nur etwas ins Auge bekommen. Geht es dir gut, frage ich. Normal, sagt Ljoscha. Wie soll es mir gehen? Und nach einer kleinen Pause: Du hast mir auf einer eurer Partys von eurem Gesetz erzählt. Die Idee von der Würde des Menschen, weißt du noch, ich fand, das hat etwas Fantastisches. Als schütze, indem er die kleinen Ungerechtigkeiten abwehre, ein Schild den Menschen und fange Schläge, Schmährufe, Sanktionen ab. Als könnte der Mensch einfach darüber hinwegsehen, wenn man ihm die Bezüge streicht, die Arbeitserlaubnis entzieht. Das unfertige, in keine Form zu gießende Innere bleibt unberührt, während das Äußere, ohnehin brüchig, Stunde um Stunde von uns abblättert, um sich ganz allmählich aufzulösen. Daran glaube ich nicht. Wahrscheinlich ist es genau umgekehrt: Würde funktioniert nicht als Konjunktiv. Sie ist es, die vielleicht als Erstes in Mitleidenschaft gezogen wird. Sie ist das Tier in uns, das sich nach einem Fußtritt auf dem Boden windet, Blut spuckt, verendet. Dessen Würde ist unantastbar, der in Würde lebt.

Tolik stupst mich auf Facebook an. Was ist, hast du schon was gefunden? Ein Sommercamp und eine Abendschule, schreibe ich. Die wollen mich als Ersatz für jemanden, der kurzfristig abgesprungen ist. Toll, schreibt Tolik. Ich setze einen Smiley. Besondere Lust habe ich weder auf das eine noch das andere.

Ich schaue morgens in den Spiegel und finde mich nicht. Es dauert immer länger, bis ich den gefunden habe, der ich sein will. Manchmal, wenn meine Geduld nicht mehr ausreicht, schaue ich weg. Dann gehe ich ohne Kopf durch die Straßen, lasse mich von Bussen anhupen und bremse Fahrradfahrer aus. Manchmal male ich mir ein Gesicht, das meinem Gesicht einigermaßen ähnlich sieht, aber ohne all die Hautunreinheiten, die Augenringe, Furchen und Schneisen, die ein Gesicht zu dem machen, was es ist.

Ich erschlage, noch bevor sie ihren Appetit an mir gestillt hat, eine Mücke auf meinem Oberarm. Zwei Männer, ganz in Nacht gehüllt, treiben es zwischen den Rosenhecken. Ich sitze zu Füßen der halbverwitterten Jungfrau auf der Wiese und ziehe genüsslich an einem Joint. Am Ende des Kieswegs schwirren Schatten umher. Plötzlich steht – kein knickender Ast hat ihn angekündigt – ein Mann vor mir. Und fummelt an seinem Reißverschluss herum. Er nimmt meine Hand und führt sie an seinen Schritt. Als ich sie ihm entziehe und mich aufrichten will, spuckt er mir ins Gesicht. Dann legt er demonstrativ langsam den Rückwärtsgang ein, verschwindet in der Dunkelheit, die seiner Fantasie Zuhause ist.

Das Telefon, wenn es sich meldet, röchelt leise im Schuhschrank. Schrillt der Wecker, ersticke ich ihn unter dem Kopfkissen. Morgens will es mir nicht gelingen, aufzustehen. Und abends liege ich wach, ohne an etwas Bestimmtes zu denken. Kennst du das? Die Leere sucht sich ihren Raum. Ich habe heute noch keinen einzigen Gedanken gedacht, schreibt Mischa.

Das geht vorüber, behaupte ich. Ich sitze an meinem Schreibtisch. Und starre seit fünf Minuten aus dem Fenster.

Der Fernsehturm ist ein Streichholz, das ich auf dem Zeige-
finger balanciere. Ich habe noch eine halbe Flasche Grande
Réserve. Mach ein wenig Platz. Räum deine Lehrbücher und
Notizen beiseite. Ich möchte mich zu dir setzen.

Am Kudamm marschieren Schwule und Lesben auf. Und solche, die keinen Unterschied zwischen den Geschlechtern und
Orientierungen machen. Keine Wolke steht am Himmel. Die
Sonne brennt. Und doch finden sich keine feurigen Samba-
tänzerinnen, die ihre Hüften gefährlich kreisen lassen. Keine
Diven stöckeln in schicken Kleidern über den Asphalt. Nie-
mand lässt sich, einen Ring durch die Nase gezogen, an der
Leine führen. Gekommen sind Menschen in Zivil, denen es
ein Anliegen ist, zu sagen, was sich andernorts nicht mehr
sagen lässt. Überall steht: Enough is enough! Das ist das
Motto der Parade. Zuerst frage ich mich: Wovon reden die?
Schon hab ich mich eingereiht, füge – jemand hält mir eine
Liste hin – eine Unterschrift hinzu. Die olympischen Ringe
wurden auf einem Plakat durch Handschellen ersetzt. Ein
Sprechchor hebt an: Put in my ass! Put in my ass! Wladimir
Putin, mit freiem Oberkörper, badet in einem Meer aus
Regenbogenfahnen. Auf einem Pferd, den Blick in die sibiri-
sche Weite gerichtet, durchquert er einen reißenden Fluss.
In Muskelshirt und Trainingshose präsentiert er sich, in der
Hocke, mit diesem Ausdruck auf dem Gesicht, den manche
haben, bevor sich, wie in Zeitlupe, ein Reißverschluss öffnet,
ein Leckerbissen für abgehalfterte Kerle in Lack und Leder.
Oder: Wladimir Putin, zusammen mit seinem Ministerprä-
sidenten, geschminkt wie eine Matrjoschka.

Pappen, an Besenstielen befestigt, ragen in die Luft, Transparente, Plakate. Hassverbrechen und Gewalt werden angeprangert, ein Ende der Schwulenhatz wird gefordert. Gewarnt wird vor einem Anstieg der Selbstmordrate jugendlicher Homosexueller. Die Demonstranten appellieren an die Sponsoren von Sotschi, sich für die Menschenrechte einzusetzen. Oder fordern Strippenzieher und Sportler gleich ganz zum Boykott auf. Vor der russischen Botschaft in der Straße Unter den Linden endet der Umzug. Von den Verantwortlichen lässt sich niemand blicken. Die Vorhänge bleiben zugezogen. Spontan setzt ein Pfeifkonzert ein. Einer der Redner spottet: Die Mitarbeiter gönnen sich wohl einen Betriebsausflug.

Die Luft steht. Das Pfeifen in meinem Kopf schwillt nicht ab. Der Schweiß läuft mir in Strömen hinunter. Die Stimme des Moderators kann mich nicht locken: Alles schon einmal gehört. Alles schon einmal gesehen, mit eigenen Augen. Und den Augen meiner Freunde. Ich möchte mich entfernen, mich nach einem schattigen Plätzchen umschauen. Da betritt die unerschrockene Tunte die Bühne. Ich mache einen eiligen Schritt zur Seite und trete einer Lesbe auf den Fuß. Die schaut mich mit warmen, wohlmeinenden Augen an, als würde sie mir ungefragt Absolution erteilen. Ich murmele trotzdem: Tschuldigung. Ich fühle mich klein. Und hässlich. Ich bin dem Strom gefolgt, ohne ein Plakat zu tragen. Dabei habe ich doch etwas zu sagen. Ich ducke mich unter den Transparenten hindurch. Dabei sollten sie mit meinem Namen unterschrieben sein. Ich laufe, am Brandenburger Tor vorbei, über den Platz des 18. März Richtung Tiergarten. Ich rufe – scheiß auf das Geld – Ljoscha an. Der antwortet nicht. Dann Mischa. Der meldet sich nach ewigem Tuten erst auf Russisch und fragt dann, in Erwartung einer Katastrophe, in einer Tonlage, die seiner Stimme nicht guttut: Bist du es? Ist was passiert? Ich werde ein Buch schreiben, sage ich. Und Mischa: Ich kann dich nicht verstehen. Um mich herum hupen die Autos. Eine Gruppe Spanier fährt auf einem Bier-Bike vorüber. Ich werde ein Buch schreiben, brülle ich. Ein Buch? Ja, ein Buch.

NACHRUF

EIN NACHWORT DES AUTORS

Das Land, das ich lieben gelernt habe, existiert nicht mehr. Dabei ist es nicht von der Weltkarte verschwunden, im Gegenteil, es ist nicht zu übersehen. Westwärts hat es sich ausgebreitet. Die Krim und den Donbas hat es geschluckt. Darüber hinaus beansprucht es Territorien für sich, in denen die Kampfhandlungen nicht zum Erliegen kommen. Russland stellt den Mittelpunkt der Erde dar, zumindest auf den Karten, die im eigenen Land gedruckt werden. Verboten sind Darstellungen, welche die territoriale Einheit Russland verzerren – auf eine Weise, versteht sich, die der Ansicht der politischen Führung widerspricht.

Eine ganze Reihe von Gesetzen ist in den letzten Jahren und Monaten erlassen worden. Viele davon sind als antidemokratisch zu verstehen, schränken sie doch die Freiheit und den Handlungsspielraum des Individuums erheblich ein. Betroffen in besonderem Maße sind die Rede- und Versammlungsfreiheit. Unproblematisch ist es für den Kreml, politische Opponenten auf legalem Weg handlungsunfähig zu machen. Menschen, Prominente ebenso wie Privatpersonen, die sich gegen den Überfall Russlands auf die Ukraine positionieren. Grundrechte wurden eingeschränkt, Menschenrechtsverletzungen werden gebilligt. Als Reaktion darauf haben viele internationale Unternehmen im vergangenen

Jahrzehnt ihre Arbeit in Russland eingestellt. Bekanntermaßen wurden Sanktionen verhängt. Besitztümer im Ausland wurden gepfändet, Gelder eingefroren, kremlnahe Oligarchen mit Einreiseverboten in die EU belegt. Die Bundesrepublik hat infolge des russischen Angriffskrieges ihre Generalkonsulate in Jekaterinburg, Kaliningrad und Nowosibirsk geschlossen. Diskriminierende Gesetze werden in Russland weiterhin in erschreckender Regelmäßigkeit verabschiedet. Dieser Prozess folgt der immergleichen Inszenierung: Den Lesungen folgt eine Abstimmung. Wie albern es aussieht, dass einige dieser Gesetze nahezu einstimmig beschlossen werden, wird kaum mehr kommentiert. Nicht von den Abgeordneten, die keinerlei Scham besitzen, nicht vom Volk, das akzeptiert hat, dass es belogen wird. Noch existieren in Russland Gesetze, die den Menschen immerhin gewisse Rechte zugestehen. Zumindest auf dem Papier. In einem Land, in dem einige Wenige – Politiker, Freunde des Regimes, Oligarchen – über dem Gesetz stehen, kann sich die Mehrheit der Bevölkerung nicht darauf verlassen, dass Rechte, die per Gesetz garantiert werden, tatsächlich zugestanden werden.

Mein Roman *Wir Propagandisten* basiert auf Erfahrungen, die ich während eines einjährigen Aufenthalts als Stipendiat des DAAD in Jekaterinburg machen durfte. Mir war bewusst, dass ich das Land in einer Zeit des Umbruchs erlebte, und so hielt ich meine Eindrücke in Form eines literarischen Tagebuchs fest. Die Entscheidung, daraus ein Buch zu machen, fiel jedoch erst später, als kurz nach meiner Wiederkehr aus Russland in Berlin und auch in anderen europäischen Metropolen Menschen vor allem aus der queeren

Community auf die Straße gingen, um gegen ein neues Gesetz zu demonstrieren.

Am 11. Juni 2012 verabschiedete die Duma einstimmig mit 436 Ja-Stimmen bei nur einer Enthaltung in zweiter und dritter Lesung ein Verbot der Propaganda nicht-traditioneller sexueller Beziehungen gegenüber Minderjährigen. Dieses galt schon seit 2006 in ähnlicher Form in verschiedenen Regionen des Landes, wurde nun aber auf föderale Ebene übertragen. Was steckt dahinter? Die Chiffre «nicht-traditionelle Beziehungen» bezieht sich im russischen Sprachgebrauch auf Beziehungen zwischen Menschen, die dem gesamten Spektrum sexueller Minderheiten angehören. Das Gesetz verbietet Minderjährigen gegenüber positive oder wertfreie Äußerungen in Hinblick auf alles, was LGBTIQ betrifft. Damit drohen Menschen, die sich in der Öffentlichkeit, auch etwa über das Internet, positiv oder neutral zum Thema äußern, Geldstrafen und sogar Haft, sofern die jeweilige Plattform ohne den Warnhinweis 18 + von Minderjährigen zur Kenntnis genommen werden kann.

Zurück in Deutschland, kam ich mir ziemlich nutzlos vor. Meine Freunde in Russland wurden in ihren Rechten beschnitten. Im Internet wurde zur Jagd auf sie aufgerufen. Ich hatte mein Studium beendet, erste Arbeitserfahrungen gesammelt und wusste doch nicht viel mit mir anzufangen. Daher ging ich kurzerhand auf den Vorschlag meines damaligen Verlegers Joachim Bartholomae ein, aus meinem auf Alltagsbeobachtungen basierenden Essay einen Roman zu machen. Ich hatte die Befürchtung, die im Buch erzählte Geschichte könnte als Fiktion abgetan werden. Zu unreflektiert schien mir der Umgang mit Russland in der deutschen Öffentlichkeit. Mein Anspruch war es, das Russland, das ich kennengelernt habe, in all seiner Vielfalt, aber auch Widersprüchlichkeit zu zeigen. Daher nahm ich mir vor, mich möglichst genau an das Erlebte zu halten. Während ich in der Gestaltung der Figuren aus Respekt vor den echten Personen vom realen Vorbild abwich, bemühte ich mich in der Beschreibung von alltäglichen Erlebnissen um größtmögliche Exaktheit.

Vielleicht weil ich zuvor keinen Roman geschrieben hatte, konnte ich mir zunächst nicht vorstellen, einen zu schreiben. Erst während des Schreibens gewann ich die nötige Zuversicht – und auch wenn ich in meinen späteren Büchern andere Wege eingeschlagen habe, bleibt *Wir Propagandisten* für mich ein besonderes Buch. Es ist das Buch, das ich genau an diesem Punkt in meinem Leben habe schreiben wollen, in der Art, wie sie meinem bald dreißigjährigen Ich entsprach. Die Romanform hat es mir erlaubt, über die rein faktische Ebene hinaus ein Bild der Öffentlichkeit zu entwerfen, in der ich gelebt habe. Der deutsche Gast, obwohl doch zunächst recht ungelenk, bewegt sich durch die ihm fremde Stadt. Zusammen mit den Leser:innen des Buches lernt er Jekaterinburg kennen. Gebrochen wird die limitierte Perspektive des namenlosen Erzählers durch die Stimmen seiner Freunde und Bekanntschaften, Kolleginnen am Lehrstuhl, Ärzt:innen ...

Während mein Buch mit der Verabschiedung des Homopropaganda-Gesetzes endet, brach in Russland, ausgelöst durch die Kriminalisierung sexueller Minderheiten staatlicherseits, eine Zeit der zunehmenden Diskriminierung von LGBTIQ an. Was ist seitdem passiert? Wie haben sich die

Gesetze auf den Alltag von queeren Menschen ausgewirkt? Wie ist es den Menschen ergangen, die ich während meines Russlandjahres kennengelernt habe?

Es ist kein Zufall, dass dieses unsägliche Gesetz ausgerechnet zu einer Zeit verabschiedet wurde, als Putin massiv an Rückhalt verlor, bedingt durch eine schleppende Wirtschaft, die anhaltenden prekären Lebensbedingungen großer Teile der Bevölkerung insbesondere in dezentral gelegenen Regionen sowie eine ganze Reihe von Skandalen, etwa die Enthüllung von Kriegsverbrechen im zweiten Tschetschenienkrieg. Zudem tauchten auf der politischen Bildfläche ernstzunehmende Opponenten auf. Gerade für jüngere Menschen, welche die zunehmende Abschottung Russlands nicht guthießen, stellten oppositionelle Politiker wie Alexej Nawalny eine echte Alternative dar. Nawalny wurde Putin gefährlich, weil es ihm trotz der Dominanz staatlich geführter Medien gelang, in relativ kurzer Zeit eine große Anhängerschaft zu sammeln.

Für das Homopropaganda-Gesetz konnte Putin mit einer breiten Zustimmung seitens der Mehrheitsgesellschaft rechnen. Die Beschneidung von Rechten sexueller Minderheiten, angeblich zum Schutze der minderjährigen Bevölkerung vor Einflussnahme oder – wie in den Gesetzesentwürfen einzelner Regionen explizit benannt ist – vor Pädophilie, fügt sich hervorragend ein in eine Politik der Abgrenzung vom Westen. Sie ergänzt die allseits beschworene Besinnung auf vermeintlich familiäre Werte und klassische – um nicht zu sagen: archaische – Rollenbilder und gilt den Anhängern dieses Weltbildes als Beweis für die moralische Überlegenheit Russlands gegenüber dem Westen, der seine Kinder vor ‹schwulen

Übeltätern und lesbischen Emanzen› nicht schützt, sondern sie, ganz im Gegenteil, einer ‹Gehirnwäsche› unterzieht. Weitverbreitet ist in Russland die Annahme, man könne sich, etwa wenn man Händchen haltende Männer bei einem Spaziergang antrifft, anstecken und selbst an Homosexualität ‹erkranken›.

Abzusehen war, dass dieses Gesetz der Kriminalisierung von Homosexuellen Vorschub leistet. Psychologisch lässt sich dies einfach erklären: Ein Mensch, der die Vielzahl der Gesetze als nachvollziehbar akzeptiert und sein Handeln im Alltag nach ihnen richtet, mag sich denken: Auch dieses Gesetz wird seine Berechtigung haben. Wenn die da oben extra ein Verbot aussprechen, hat das gewiss Hand und Fuß. Zudem deutet sich, nicht gerade subtil, im Namen des Gesetzes eine quasikriminelle Handlung an. Propaganda – wenn überhaupt, so aus dem Kontext Krieg bekannt – ist Mittel zu einem schlechten Zweck. Obwohl das Gesetz Gewalt (sexuellen Minderheiten gegenüber) nicht legitimiert, musste davon ausgegangen werden, dass sich homophobe Menschen dazu ermächtigt fühlen, Selbstjustiz zu üben. Verschiedene unabhängige Medien gehen mit Blick auf das vergangene Jahrzehnt von einem starken Anstieg homophob motivierter Straftaten aus.

In meinem Roman beschreibe ich das Aufkommen von Gruppen wie «Okkupaj pedofiljaj», die, organisiert über die sozialen Netzwerke, zur Jagd auf Schwule aufgerufen haben. Unter falschen Vorwänden wurden Schwule, darunter auch Minderjährige, zu Treffen überredet, um von ihren Peinigern vor laufender Kamera erniedrigt, misshandelt oder verprügelt zu werden. Die dabei entstandenen Aufnahmen wurden zum Teil ins Internet gestellt oder Angehörigen und/oder Bekannten vorgeführt. Schnell bildeten sich nach dem Vorbild von «Okkupaj pedofiljaj» in fast allen größeren Städten Splittergruppen. Allerdings ist nicht belegt, dass alle diese Ableger auch aktiv geworden sind. Der Initiator der Bewegung, der bekannte Rechtsextremist Maxim Martsinkevich, wurde 2018 wegen Raubs und Rowdytums (!) zu einer mehrjährigen Gefängnisstrafe verurteilt und 2020 tot in seiner Zelle aufgefunden. Weil das russische Recht homophob motivierte Gewalt nicht als Hassverbrechen gegen LGBTIQ-Personen definiert und keine entsprechende Kategorisierung im Strafgesetzbuch existiert, fehlt für die Bezifferung von Straftaten, denen eine homophobe Motivation zugrunde liegt, jegliche Grundlage. Allein, daraus ist nicht abzuleiten, dass es sie nicht gäbe.

Auf internationaler Ebene lässt sich das Homopropaganda-Gesetz als ein Test verstehen, zeigte es Putin doch ganz deutlich, wie weit er gehen konnte. Bilder von gedemütigten, entblößten Männern wurden auch in den deutschen Mainstream-Nachrichten gezeigt. Unter dem Slogan «Enough is Enough» fanden sich am 31.08.2013 in Berlin tausende Menschen zusammen, um vor der russischen Botschaft gegen die schwulenfeindlichen Gesetze in Russland zu demonstrieren. Die Community und ihre Freund:innen gingen auf die Straße. Landesweit wurde auf den CSDs die Lage in Russland als eines der dominanteren Themen aufgegriffen. Weltstars solidarisierten sich mit den queeren Menschen in Russland. Berühmt ist das Foto von Tilda Swinton mit Regenbogenflagge, im Hintergrund die Basilius-Kathedrale mit ihren bunten Zwiebeltürmen. Vereinzelt übten Sportler:innen mit kleineren Aktionen während der Olympischen Winterspiele 2014 in Sotschi Protest. Deutsche Spitzenpolitiker:innen meldeten sich kaum zu Wort. Merkel konzentrierte sich auf das, was sie stets am besten tat: schweigen. Die Bundesregierung erinnerte an die Menschenrechtskonvention. Die Kanzlerin ließ über ihren Sprecher verlautbaren, sie gebe die Hoffnung nicht auf, der russische Staat lenke ein und mache seine Entscheidungen bezüglich des Homopropaganda-Gesetzes rückgängig.

Die Parlamentarische Versammlung des Europarats schließlich urteilte im Oktober 2013, das erlassene Gesetz verstoße gegen die Versammlungs- und Meinungsäußerungsfreiheit. Auch der UN-Menschenrechtsausschuss kam zu ähnlichen Ergebnissen. Im Juni 2017 wertete der Europäische Gerichtshof für Menschenrechte das Gesetz als Verstoß gegen die Menschenrechtskonvention, ein Urteil, das im November des darauffolgenden Jahres noch einmal bestätigt wurde. Merkels Hoffnung wurde dennoch enttäuscht. Das allerdings führte nicht dazu, dass sie einlenkte und abwich von einer Politik eines falsch verstandenen Appeasements.

Bemüht man sich nachzuvollziehen, wie es dazu kommen konnte, dass Russland von einer kränkelnden Demokratie mit krimineller Elite immer weiter Richtung Diktatur abdriften konnte, begegnen einem immer wieder dieselben Argumentationsmuster. Heute heißt es aus Wagenknecht-Schwarzer-Kreisen: Man hätte Putin nicht außen vor lassen dürfen. Man hätte ihn nicht in die Enge treiben dürfen. Man hätte die Sicherheitsbedenken Russlands ernstnehmen müssen, pflichtet Krone-Schmalz bei. Die NATO vor der Haustür, da kann einem vor Schreck schon einmal ein Tropfen Pipi ins Höschen entweichen. Vor zehn Jahren hieß es in Hinblick auf Russland: Man dürfe sich nicht in die Angelegenheiten eines souveränen Staates einmischen. Man dürfe nicht das gute Verhältnis zu seinem allerwichtigsten Wirtschaftspartner aufs Spiel setzen, zumal Abertausende von Arbeitskräften davon betroffen seien und das Gesetz, bei aller Liebe, ja zahlenmäßig bloß eine ganz, ganz kleine Gruppe beträfe. Skurril, nicht wahr? Mich verblüfft diese Ignoranz. Es wäre die Pflicht der deutschen Führung gewesen, zu intervenieren, aus Verantwortungsgefühl nicht allein den queeren Menschen in Russland gegenüber, sondern allen Menschen, die in dem Staat leben, der einen der wichtigsten Handelspartner Deutschlands darstellte. Für die Demokratie kann es keinen besseren Gradmesser als den Umgang eines Staates mit seinen Minderheiten geben. Dass das russische Parlament nicht bei ihnen haltmachen würde, war abzusehen.

Das Perfide an dem Homopropaganda-Gesetz ist, dass es genau jene besonders hart trifft, die angeblich durch das Gesetz geschützt werden sollten, also Kinder und Jugendliche. Solchen, die sich als queer identifizieren oder die sich hinsichtlich ihrer sexuellen Orientierung nicht im Klaren sind, fehlen Anlaufstellen. Denn die Regierung hat mit dem Gesetz nicht nur den Medienschaffenden, sondern auch Pädagog:innen und Psycholog:innen einen Maulkorb verpasst. Wenn sich ein schwuler Schüler seiner Lehrerin anvertraut, darf diese ihn nicht bei seiner Identitätsfindung unterstützen. Beweist sie Courage und ermutigt den Schüler, zu sich zu stehen und auf seine innere Stimme zu hören, so riskiert sie ihren Job. In einem Land, in dem es an einem funktionierenden Sozialwesen mangelt, kann sich dies kaum jemand leisten.

Verschiedene Menschenrechtsorganisationen, die sich jahrelang für queere Projekte eingesetzt haben und diese auch finanziell unterstützt haben, wurden von der russischen Regierung als ausländische Agenten eingestuft. Queere Vereinigungen wurden auf Basis des Homopropaganda-Gesetzes zu Geldstrafen verurteilt. Weggefallene Förderungen, Anwaltskosten, auferlegte Strafen, all dies hat den Kampf für die Rechte von LGBTIQ-Personen zusehends geschwächt. Das queere Filmfestival «Bok o bok» (dt. Seite an Seite), in dessen Rahmen seit 2008, zunächst in Sankt Petersburg, ab 2009 auch in anderen Städten, Filme mit queerer Thematik gezeigt wurden, stellte seine Vorführungen im Jahr 2020 ein. Dem vorangegangen waren massive Bedrohungen, Bombenalarm im Jahr 2016 sowie Übergriffe auf Besucher:innen des Festivals. Gesperrt wurde die Seite www.gay.ru, ein queeres Infoportal, das mit über 180 Millionen Aufrufen wohl die größte Reichweite unter russischsprachigen Menschen genießt. Mittlerweile erfolgt, verbunden mit der Aufforderung, das Alter zu bestätigen, eine Weiterleitung auf www.xgayru.info. Als herben Rückschlag für die queere Community lässt sich auch das Verbot des Projekts «Deti 404» (dt. «Kinder 404») im Jahr 2015 beklagen: In dieser öffentlich zugänglichen Gruppe der russischen Facebook-Variante VKontakte postete die Aktivistin Lena Klimowa Briefe und Mails russischsprachiger Jugendlicher. Der Name des Portals, gewählt in Anlehnung an die bekannte Fehlermeldung für ungültige URLs, ist als Zuschreibung von außen zu verstehen. Durch ihr Portal gab Klimowa Jugendlichen, die sich als LGBTIQ identifizierten, die Möglichkeit, über eigene Erfahrungen zu berichten, Erlebnisse zu teilen, die Mut machen und Hoffnung schenken. Gleichzeitig ließ sich aus vielen Briefen und Mails eine tiefe Verzweiflung herauslesen. Berichte alltäglicher Diskriminierung, Pöbeleien in der Schule, Ablehnung durch die Familien, Gedanken, die sich um Selbstmord drehen – durch den Austausch mit jungen Menschen, die ähnlich fühlen und ähnliche Erfahrungen machen mussten, konnten Jugendliche lernen, dass sie nicht allein sind, nicht defizitär, nicht krank oder abartig in ihrem Begehren.

Alarmierend sieht die Situation auch in Hinblick auf die mangelnde sexuelle Aufklärung von jungen Menschen in Russland aus. In meinem Roman schildere ich den Besuch eines HIV-Testzentrums für ausländische Bürger. Die Plakate im Vorraum der Blutabnahme richteten sich explizit und in ziemlich aggressivem Ton an Gastarbeiter:innen, eine Gruppe, die in Russland strukturell auf verschiedenen Ebenen Diskriminierung erfährt. Statt mich aufzuklären, erfasste die medizinische Angestellte, die mit der Blutabnahme befasst war, Daten zu meinem Risikoverhalten. Zu welchem Zweck, wurde mir nicht mitgeteilt. Mehrere Freunde berichteten mir, dass es sexuelle Aufklärung in ihrer Schulzeit nicht gegeben habe. Dass es um das Wissen über sexuell übertragbare Infektionen, Möglichkeiten der Ansteckung und der Therapie in Russland im Allgemeinen nicht gut bestellt ist, belegen die weitverbreitete Stigmatisierung wie auch die traurig hohe Zahl von HIV-Infektionen. Konnte seit Aufkommen der Pandemie bis 2017 das HI-Virus in Russland bei etwa einer Million Menschen nachgewiesen werden, erreichte diese Zahl bereits vier Jahre später die Anderthalb-Millionen-Marke. In seinem Bericht für das Jahr 2021 beziffert das Zentrale wissenschaftliche Forschungsinstitut für Epidemiologie, einst gegründet auf Veranlassung des russischen Ministeriums für Gesundheit und der Russischen Akademie der

Medizinwissenschaften, die Zahl der HIV-Infizierten mit 1.137.596 Personen. Zu bedenken gilt, dass Zahlen, die in Russland erhoben und verbreitet werden, mit einer gewissen Vorsicht zu genießen sind. Zudem ist die Zahl von Infizierten, deren Status nicht bekannt bist, nur zu schätzen. Fest steht jedoch: Während die Zahl der Infizierten in Deutschland und ähnlich entwickelten Ländern kontinuierlich abnimmt, steigt sie in Russland ungebremst. Experten sprechen in Hinblick auf HIV und AIDS in Russland von einer Epidemie, zumal sich HIV lange nicht mehr nur auf die bekannten Risiko-gruppen beschränkt. Sind in Deutschland etwa fünfmal so viele Männer wie Frauen mit dem HI-Virus infiziert, geht man in Russland von einem Verhältnis von 60 % Männern zu 40 % Frauen aus.

Die miserable, auf Angst und Stigma setzende Präventions-arbeit, aber eben auch das Homopropaganda-Gesetz haben diesen Trend zu verantworten. Denn indem queeren Organi-sationen die finanziellen Mittel entzogen werden, wird ihnen die Grundlage für ihre Aufklärungsarbeit genommen. Hinzu kommt die anti-queere Propaganda von Seiten des Staates, die Heterosexuelle in Bezug auf STI in Sicherheit wiegt und LGBTIQ-Personen an den Pranger stellt. So wurden 2013 im russischen staatlichen Fernsehen auf dem ersten Kanal im Zusammenhang mit dem Bestreben der französischen Regie-rung, die Ehe für gleichgeschlechtliche Paare einzuführen, verschiedene Falschmeldungen verbreitet. Es hieß u. a., 40 Prozent der in Regenbogenfamilien aufgewachsenen Men-schen hätten sexuell übertragbare Krankheiten. Obwohl die queere Community in Sachen HIV-Prävention deutlich bes-sere Arbeit leistet, fehlt insbesondere jungen Queers, bedingt durch die staatliche Diskriminierung und die in der Gesellschaft weitverbreitete Homophobie, oft der Zugang zu einer guten medizinischen Versorgung und psychologischen Betreuung. Queere Initiativen, obwohl oft an der Grenze der Legalität agierend, sind bemüht, dem durch außerordentliches Engagement bestmöglich entgegenzuwirken. Die Plattform comingoutspb.com, finanziert durch Spenden und internationale Stiftungen und unterstützt von einem Netzwerk von Ehrenamtlichen, bietet bereits seit 2008 für LGBTIQ kostenlos Rechtshilfe und psychologische Beratung an, organisiert, mittlerweile über Telegram oder Zoom, Vernetzungstreffen für verschiedene Gruppen des queeren Spektrums, zum Teil mit spezifischem Schwerpunkt, zum Beispiel für Eltern frisch geouteter Jugendlicher, für Regenbogenfamilien, trans* Personen. Ein weiteres Beispiel: Der Betreiber des Jekaterinburger FAME Clubs, ehemals das in meinem Buch beschriebene Babylon, bietet seinen Besucher:innen die Möglichkeit, vor Ort einen HIV-Schnelltest zu machen.

Schneller als erwartet musste die queere Community in Russland den nächsten herben Rückschlag erleiden: Im Frühjahr 2017 berichteten unabhängige Medien darüber, dass in der zur Russischen Föderation gehörenden Autonomen Republik Tschetschenien schwule und bisexuelle Männer verschleppt werden. Dies geschah nicht etwa auf Initiative angeblich besorgter Bürger, sondern auf Veranlassung regionaler Autoritäten. Bald wurde bekannt, dass Mitarbeiter tschetschenischer Sicherheitsbehörden Männer, die sie für bisexuell oder schwul hielten, nicht «nur» widerrechtlich verhafteten. Opfer, die den Terror überlebt haben, berichteten von Erniedrigung, Folter,

Erpressung. Reporterinnen der *Nowaja Gazeta* machten Hinrichtungen publik und informierten über Haftbedingungen in Gefängnissen, die mit denen in Arbeits- und Konzentrationslagern vergleichbar sind.

Dem tschetschenischen Präsidenten Ramsan Kadyrow, der von Menschenrechtsorganisationen aufgrund bestialischer Vergehen im Zweiten Tschetschenienkrieg als Kriegsverbrecher eingestuft wird, wurden seitens des russischen Staates hohe Ehrungen zuteil. Putin selbst zeichnete Kadyrow bereits 2004 als Helden der Russischen Föderation aus. Kadyrow, der die Scharia über die Verfassung stellt und ganz unverhohlen Ehrenmorde billigt, bestritt zunächst die an ihn herangetragenen Vorwürfe. In Tschetschenien könne es keine Übergriffe auf Schwule geben, weil es solche Menschen in seiner Republik nicht gäbe. Als sich die Beweise und Zeugenberichte mehrten, schob er die verfügten Verbrechen den Familien der Opfer zu, die nicht dulden würden, dass ihre Angehörigen durch ihr unsittliches Verhalten Schande über sie bringen würden.

Zumindest in der westlichen Welt sorgten die Menschenrechtsverletzungen in Russland für Empörung. Erneut kam es in den europäischen Metropolen zu Demonstrationen, v. a. organisiert von Menschenrechtsaktivist:innen und Angehörigen der queeren Community. Merkel gab während einer gemeinsamen Pressekonferenz in Sotschi bekannt, sie habe Putin gebeten, Betroffenen die ihnen zustehenden Minderheitenrechte zu garantieren. Laut *Tagesspiegel* verwies die damalige Kanzlerin neben den Homosexuellen ausgerechnet auf die Zeugen Jehovas, die, im April 2017 vom Obersten Gericht Russlands als extremistisch eingestuft, ihrerseits pikanterweise gleichgeschlechtliche Lebensentwürfe strikt als sündhaft verurteilen. Als Reaktion auf Merkels Kritik passierte natürlich: nichts. Bis heute sind die Verantwortlichen nicht zur Rechenschaft gezogen worden. Weiterhin gelten Menschen als vermisst. In den meisten Fällen, wie auch im Fall des beliebten russischen Popsängers tschetschenischer Herkunft Zelimchan Bakajew, deuten die Indizien auf Mord hin. In seinem Dokumentarfilm *Welcome to Chechnya* begleitet der amerikanische Reporter und Filmemacher David France einige Opfer der homofeindlichen Verfolgung auf ihrer Flucht aus Tschetschenien. Mitarbeiter:innen des Bundesamts für Migration und Flüchtlinge, die über die Asylanträge von Hilfesuchenden aus Tschetschenien entscheiden, sollten verpflichtet werden, diesen Film anzusehen.

Im Dezember 2022 bestätigte Putin die Verschärfung des Homopropaganda-Gesetzes. Beschlossen wurde eine Erweiterung des Verbots: Nunmehr ist es strafbar, sich positiv oder neutral zu LGBTIQ-relevanten Themen zu äußern, unabhängig vom Alter des Publikums. Ferner wurden die Strafen für die Verbreitung derartiger Informationen unter Minderjährigen erhöht. Juristische Personen müssen mit Geldstrafen von bis zu fünf Millionen Rubeln (etwa 50.000 Euro) rechnen. Daher verwundert es nicht, dass Buchhändler wie LitRes, der größte russische Anbieter für E-Books und Hörbücher, der etwa zwei Drittel des nationalen Marktes abdeckt, Bücher, die unter die im Gesetz aufgelisteten Kriterien fallen könnten, unmittelbar aus ihrem Sortiment genommen haben. Dies betrifft Klassiker der Weltliteratur von Thomas Mann, Oscar Wilde und Virginia Woolf ebenso wie zeitgenössische Werke russischsprachiger Autor:innen.

Der Jugendbuch-Verlag Popcorn Books, 2018 gegründet, war das erste Opfer des verschärften Gesetzes – wenig überraschend, hatte er doch von Anfang an Bücher aus dem Segment LGBTIQ herausgebracht, die für Furore sorgten. Ein prominentes Beispiel ist der 2021 erschienene Roman *Sommer im Pionierhalstuch*. Darin erzählt das Autorinnenduo Elena Malisova und Katerina Silvanova die 1986 spielende Geschichte einer nicht ausgelebten Liebe zwischen zwei Jugendlichen, einem Pionier und einem Komsomolzen. Der Roman war im ersten Halbjahr 2022 das zweiterfolgreichste Buch auf dem russischen Markt. Bis zum Oktober 2022 verkaufte der Verlag allein von der Printversion über eine Viertelmillion Exemplare. Ebenso bei Popcorn Books veröffentlichte Mikita Franko sein Debüt, das in Deutschland 2022 unter dem Titel *Die Lüge* erschien. Darin geht es um einen Jungen, der in Russland bei einem Männerpaar aufwächst und gezwungen ist, schon in jungen Jahren zu lernen, was es bedeutet, ein Doppelleben zu führen. Für besonders gelungen halte ich zudem den Roman *Steppe* der Autorin Oksana Vasjakina, die, ausgehend von einer gemeinsamen LKW-Fahrt von Vater und Tochter durch die russische Steppe, von lesbischem Begehren erzählt, dem Aufwachsen mit einem Kleinkriminellen als Vater, von AIDS und einer Landschaft, die den Erfindern der russischen Weite Modell gestanden hat. All diese Bücher werden, wie dies bei Bückware immer der Fall war, in Zukunft nur noch unter dem Ladentisch zu erwerben sein, eingepackt in Plastik oder Papier. In Russland Bücher zu queeren Themen zu veröffentlichen und auf traditionellem Weg zu verkaufen, ist momentan zumindest nicht möglich. Jüngst gegründet wurde der Online-

Verlag Freedom Letters, der Anti-Kriegs-Literatur herausgibt und regimekritischen Stimmen Gehör verschafft. In aller Munde ist Sergej Davydov, dessen Roman als erster – queerer – Titel der Reihe erschien. Der Autor wurde bereits mehrfach für seine Theaterstücke ausgezeichnet. In *Springfield* widmet er sich der heutigen Generation um die dreißig, die sich behaupten muss in einer russischen Realität, die alles Lebendige abseits des Mainstreams negiert.

Im Kampf um die traditionellen Werte wurde im Juli 2023 von den Abgeordneten der Duma ein weiteres Gesetz einstimmig beschlossen, das Geschlechtsangleichungen verhindern soll, indem es medizinischem Personal jegliche Eingriffe verbietet, die im Rahmen einer Transition vorzunehmen sind, insbesondere geschlechtsangleichende Operationen, ebenso die chirurgische Eingriffe begleitende Hormontherapie. Ehen, in denen ein Ehepartner im Zuge einer Transition personenbezogene Daten wie Name oder Geschlecht hat ändern lassen, sollen annulliert werden. Generell schließt das neue Gesetz, das von Kremlkriegern und Konservativen als moralischer Sieg über den verkommenen Westen gefeiert wird, künftig die Änderung jeglicher personenbezogener Daten von trans* Personen aus. Die Abgeordneten – über 360 Personen waren als Co-Autoren mit dem Gesetzesentwurf befasst – begründen die Notwendigkeit des Verbots mit der Gefährdung des Kindeswohls. In Wirklichkeit steckt dahinter dieselbe absurde Angst, die Abgeordnete wie Jelena Misulina und Witali Milonow schon zum Homopropaganda-Gesetz inspiriert hat: Sieht ein Kind, und sei es nur aus dem Augenwinkel, eine transidente Person, wünscht es sich von Väterchen Frost zum kommenden Neujahrsfest ganz sicher eine geschlechtsangleichende Operation.

Selbstverständlich gibt es in Russland trotz alledem noch immer Menschen, die Haltung zeigen. Doch sind es spätestens seit Beginn des Krieges gegen die Ukraine kaum noch die Belange der sexuellen Minderheiten, die die Kremlgegner:innen umtreiben. Ohnehin sind die Möglichkeiten, Kritik öffentlich zu äußern, momentan mehr als limitiert. Denn nicht erst das Wort, bereits die Absicht wird geahndet. Im heutigen Russland ist es keine Seltenheit, dass Menschen verurteilt werden, nur weil der Staat ihnen regimekritisches Handeln zutraut. Fast täglich informieren die unabhängigen Medien aus dem Exil über Menschen, die im Eilverfahren zu soundsoviel Jahren Haft oder gar Straflager verurteilt wurden. Nicht nur die extrem hohen Strafmaße, auch die sich immer und immer wiederholenden Vorwürfe klingen wie Zitate aus alten Zeiten: Diskreditierung der Armee, Vorbereitung eines Staatsstreichs, fast möchte man hinzufügen: Beleidigung des Zaren.

Seit Beginn des russischen Angriffskrieges im Februar 2022 haben mehr als 1.200.000 Menschen Russland verlassen, Regimekritiker:innnen, Politiker:innen der Opposition, Wissenschaftler:innen, Menschen, die überdurchschnittlich gut ausgebildet sind, zudem junge Männer jeglicher sexueller Orientierung, die einer Rekrutierung zuvorkommen wollten. Zehntausende Schwangere flohen allein nach Argentinien, weil ihre Kinder dort per Geburt die Staatsbürgerschaft erhalten. Viele Größen des Showbusiness haben ihrer Heimat den Rücken gekehrt, etwa die russische Primadonna Alla Pugatschowa, die von Mitja in meinem Roman zu Unrecht als homophob gebrandmarkt wird. Auch Schriftsteller:innen äußerten sich kritisch gegenüber dem Putin-Regime. Zwei der international bekanntesten – Ljudmila Ulitzkaja, die seit Jahren für den Literaturnobelpreis im Gespräch ist, und Vladimir Sorokin, der mit Büchern wie *Zuckerkreml* beißende Satiren auf Putin und Seinesgleichen verfasst hat – leben mittlerweile in Berlin. In den russischen Medien werden sie als Verräter bezeichnet, als vom Westen gekaufte, undankbare, moralisch degenerierte Heuchler. Viele Abtrünnige wurden in Abwesenheit als ausländische Agenten eingestuft. Das betraf zunächst Unternehmen, seit 2020 aber auch Privatpersonen, deren Tätigkeit vom russischen Staat als politisch begriffen wird und denen vorgeworfen wird, vom Ausland unterstützt und beeinflusst zu werden. Ein weiteres prominentes Beispiel ist die Sängerin Zemfira, die bereits die Besetzung der Krim in aller Öffentlichkeit kritisierte. Von Denunzierungen lässt sich die Musikerin, der seit Jahren eine Beziehung zur renommierten Schauspielerin Renata Litwinowa nachgesagt wird, nicht einschüchtern. Veröffentlichungen und Konzerte kündigt sie mit dem Vermerk an: «Material, produziert und verbreitet von der ausländischen Agentin Zemfira Talgatowna Ramasanowa.»

Von einer lebendigen queeren Szene kann mittlerweile selbst in den Großstädten keine Rede mehr sein. Noch sind nicht alle Clubs geschlossen. Noch gibt es Schlupfwinkel, über Netzwerke der Community oder privat organisierte Treffs, Cafés, die unter Eingeweihten als *queerfriendly* bekannt sind. Queere Sichtbarkeit im russischen Stadtbild gibt es jedoch nicht. Alles, was sich im weitesten Sinne als Aktivismus verstehen ließe, hat sich in den virtuellen Raum verlagert.

Gerade in den sozialen Medien gibt es eine Reihe vor allem jüngerer Menschen, die Videos zu LGBTIQ-relevanten Themen hochladen, Einblicke in ihren Alltag und ihr Liebesleben geben und damit ein ziemlich großes Publikum ansprechen. Zenja Swetski, Dima Ermuzewich und Andrej Petrow etwa wären hier zu nennen. Besondere Aufmerksamkeit erregte der Fall zweier Studierender der Kasaner Universität. Gela Gogischwili und Haoyan Xu, georgischer bzw. chinesischer Herkunft, dokumentieren auf ihrem YouTube-Kanal ihr gemeinsames Leben als schwules Paar. Am 5. April 2023 wurde Haoyan Xu festgenommen. Bereits am nächsten Tag wurde er auf Grundlage des Homopropaganda-Gesetzes verurteilt. Nach Aussagen der Blogger begründete die Staatsanwaltschaft ihr Urteil damit, dass trotz Jugendgefährdungs-Disclaimer davon auszugehen sei, dass sich unter den Zuschauern und Zuschauerinnen des Kanals auch Minderjährige befänden. Nach einem mehrtägigen Aufenthalt in Abschiebehaft wurde Xu des Landes verwiesen. Über die genauen Umstände von Verhaftung, Verurteilung, Ausweisung und deren Folgen berichten die Blogger auf ihrem Kanal. Besondere Reichweite genießt ferner mit mehr als 200.000 Abonnenten der Journalist und Aktivist Karèn Shainyan, der auf seinem YouTube-Kanal «Straight talk with gay people» international bekannte Menschen interviewt, die sich als LGBTIQ identifizieren, u. a. Michael Cunningham, Billy Porter und Cynthia Nixon. Shainyan, der Russland zu Beginn des Angriffskrieges auf die Ukraine verlassen hat, bezieht mutig Stellung auch zu anderen Themen, über die in Russland in der Öffentlichkeit nicht berichtet werden kann. Seit 2022 als ausländischer Agent verleumdet, wurde er im Juli 2023 ins Register von Organisationen und Einzelpersonen aufgenommen, denen man extremistische Tätigkeit oder Terrorismus vorwirft.

Auch von den Menschen, die mir für die in meinem Roman gezeichneten Figuren als Vorlage dienten, haben die meisten ihre Heimat mittlerweile verlassen. Zuallererst «Mischa». Er, so wie noch sechs andere meiner Freund:innen und Bekannten, sind schon vor Jahren zum Studium nach Deutschland aufgebrochen. Einer hat als russischer Hochschulabsolvent direkt Arbeit in Deutschland gefunden. Eine Freundin, im Roman «Nastja» genannt, ist nach Kanada ausgewandert, ein Kollege zurück in das Land seiner Geburt gegangen. Verschiedene Freunde haben im letzten Jahr, nach dem Angriff Russlands auf die Ukraine, ihre Heimat verlassen. «Tolik» ging mit seiner Firma nach Armenien. Ein anderer Freund wurde mit seinem langjährigen Lebensgefährten von seinem Arbeitgeber nach Aserbaidschan versetzt, musste aber nach Ablauf seines Visums nach Russland zurückkehren. «Ljoscha» ist der einzige, von dem ich weiß, dass er in Jekaterinburg geblieben ist. Zwar beschäftigen ihn seit Jahren Gedanken an Emigration, doch hat er sich eine Existenz als Selbstständiger aufgebaut, die ihn bis jetzt am Auswandern hindert. Auch fühlt er sich älteren Familienmitgliedern gegenüber verpflichtet. Wohin der Wind meinen Ministerpräsidenten getragen hat, weiß ich nicht. Ich hoffe, es geht ihm gut, wo er ist, und ich hoffe, es ist jemand an seiner Seite, der ihn besser versteht als der namenlose Protagonist meines Buches.

Michail Komarov, Mitarbeiter von Quarteera e. V., deutschlandweit der größte Verein russischsprachiger LGBTIQ-Personen und ihrer Freunde, berichtet, dass von den zweieinhalbtausend queeren Personen aus Russland, die im Jahr 2022 in

Deutschland einen Asylantrag auf Basis von Verfolgung aufgrund sexueller Orientierung und Geschlechtsidentität gestellt haben, lediglich 55 (!) einen positiven Bescheid erhalten haben. Die hohe Quote von Ablehnungen liegt zum einen an behördlichen Zuständigkeiten gemäß des Dublin-Verfahrens, zum anderen ist sie darin begründet, dass es laut deutschem Asylrecht nicht ausreicht, als homosexuelles Paar bei der Wohnungssuche benachteiligt, von den Nachbarn verhöhnt oder von Kollegen schikaniert zu werden. Es reicht auch nicht aus anzugeben, dass man aus einem Land stammt, in welchem man als Mann in der Öffentlichkeit nicht sagen darf: Ich liebe Männer. Nein, Antragsteller:innen müssen glaubhaft versichern können, dass sie wiederholt körperlicher Gewalt ausgesetzt sind, mit Tod oder Gefängnis bedroht werden – nicht etwa weil sie etwas Schlechtes getan oder einem anderen Menschen einen Schaden zugefügt haben, sondern aus dem lächerlichsten aller Gründe: Weil sie sind, wer sie sind.

Russische Bekannte, die von Heimatbesuchen nach Berlin zurückkehren, versichern mir: Daheim ist alles beim Alten. Sie erzählen, die Menschen gehen ihrer Arbeit nach. Die Jungs zocken am PC. Die Mädchen spazieren durchs Kaufhaus. Die Nachbarskatze hat geworfen. Der dritte Mann der Tante hat sich nachts beim Versuch, besoffen durchs Fenster zu steigen, unglücklich hingelegt. Ich wiederhole für mich: Es ist alles beim Alten. Und ertappe mich beim Gedanken: Nichts hat sich getan.

Weit, weit weg ist der Krieg, wenn keine Bomben einschlagen. Weit weg ist der Krieg, wo Dächer nicht einstürzen und Frauen nicht an ihrem Schrei ersticken, wo Kinder nicht in

Särgen transportiert werden. Ignoranz beschämt mich, aber wer nicht sehen will, sieht auch nicht. Dass das junge Mädchen im dritten Stock jeden Tag ein wenig mehr in Erwägung zieht, aus dem Fenster zu springen, weil die Mitschüler:innen es als Mannweib verspotten. Oder dass sich der Bruder hasst, weil er es nicht schafft, das Schauspiel zu beenden, das er sein ganzes Leben schon aufführt, seinen Nächsten zuliebe, die von Sünde und Schande sprechen, wenn über den Bildschirm, und sei es für drei Sekunden, eine Dragqueen flimmert.

Ich kann es nicht verhehlen: Ich möchte meine Zeit in Russland nicht missen. Ich habe wundervolle Menschen kennengelernt. Aufrichtige Menschen, loyal, empathisch. Für sie allein lohnt es sich, um die halbe Welt zu reisen. Ich habe das Glück, dass ich Russland zu einer Zeit bereist habe, als dies gerade noch möglich war. Die viel beschworene russische Gastfreundlichkeit durfte ich genießen. Ich kann bestätigen: Sie ist kein Mythos. Es gibt sie, Menschen, die einem Fremden ihr letztes Hemd geben würden, Frauen, die sich nach einem kurzen Gespräch verschenken, Männer, bereit, sich zu vergessen. Von Seele will ich nicht sprechen, aber menschliche Wärme habe ich gespürt.

Bei der Wieder-Lektüre des Romans, den ich vor zehn Jahren geschrieben habe, schlug sie mir entgegen, als sanfter Hauch, ein Kitzeln im Nacken. Schmerzlich ist es für mich, wenn ich mir wieder einmal bewusst mache, wie sich vieles, das heute Realität ist, bereits damals abgezeichnet hat: Abzusehen war, dass das Homopropaganda-Gesetz nur der Anfang einer langen Reihe von Schikanen sein würde. Ein Anschlag auf die Würde des Menschen, die Demontage eines Ich, das anders denkt, fühlt, begehrt. Es hätte schön sein können, denke ich oft. Und rede mir ein: Ich hätte mein Glück noch gefunden. Die Jungs, die ich kennenlernen durfte und denen ich – für mich beinahe unerwartet – durch die Lektüre von *Wir Propagandisten* wiederbegegnet bin, bestärken mich in diesem Glauben. Das Wiedersehen mit ihnen, obgleich sich mindestens siebzig Prozent davon – und somit mehr als bei herkömmlichen Treffen – in meinem Kopf abspielt, ist bewegend, ebenso das Wiedererkunden der Stadt. Wege, die ich fast täglich gegangen bin, Orte, die ich im Schutze der Dunkelheit aufgesucht habe, sie steigen aus meiner Erinnerung auf – und doch ist der Blick auf sie verändert.

Man sagt, Russland habe außergewöhnliche Menschen hervorgebracht, große Künstler, herausragende Komponisten, Schriftstellerinnen, taumelnd zwischen Wahn und Genie. Ich bin nicht sicher, wie viel einem die Muttererde mitgibt. Was bitte schön ist Russlands Anteil an Tschechows Dramen? Was ist Russlands Verdienst an Tschaikowskis Symphonien, an Kandinskys Kompositionen? Manche behaupten: Umso größer das Leid, desto schillernder die Verse. Achmatowa hat ausführlich gelitten. Für mich haben ihre Gedichte nichts an Strahlkraft verloren. Zwetajewa hat die Welt in Stücke gehauen und sich an einer Scherbe, vom Grund ihres Bewusstseins gehoben, tödlich verwundet. Ich weiß nicht, ob es das alles wirklich braucht, um etwas Großes zu schaffen. Nein. Eigentlich möchte ich glauben, dass es sie nicht braucht, die Bluthunde in der Duma, die hässlichen Fratzen in der Straßenbahn, die Verachtung der einen für die anderen, den alltäglichen Spießrutenlauf.

Putin hat die Apokalypse eingeleitet. Russland unter Putin ist kein Land, das eine Zukunft hat. Ob Russland ohne Putin eine Zukunft hat? Fraglich. Schmerzlich ist uns aus der deutschen Geschichte vertraut, dass ein Neuanfang trotz bester Absichten ordentlich schiefgehen kann. Hierarchien müssten zerschlagen werden. Die gesamte politische Riege müsste ausgetauscht werden. Die Verbrecher, die im Parlament sitzen, müssten zur Rechenschaft gezogen werden. Sie sind es, die in Russland – und mehr noch: in der Ukraine – das Leid von Millionen von Menschen gebilligt haben. Sie sind verantwortlich für Plünderung und Verschleppung. Sie haben Folter, Vergewaltigung und Mord zu verantworten. Sie haben das eigene Volk in Ketten gelegt. Sie haben Hass gesät. Das russische Volk ist vergiftet. Vom aufrechten Gang keine Spur. Unmündig sind die Menschen, die ihre eigene Stimme nicht hören. Die nicht aufstehen, um das Recht ihrer Nachbarn zu verteidigen, sondern draufschlagen, ermutigt durch Paragrafen. Jene, die das Land in den letzten Jahren verlassen haben, werden, wenn sie denn wiederkommen, ein Land vorfinden, das nicht zum Lieben taugt.

Berlin, August 2023

EIN TOR ZUM MEER

KHALED ALESMAEL
EIN TOR ZUM MEER

Aus dem Arabischen von
Christine Battermann

208 Seiten, gebunden mit
Schutzumschlag und Lesebändchen

ISBN 978-3-86300-342-5
€ 22,00

Es beginnt mit einem Geständnis. Dem aus Syrien nach Schweden geflüchteten Journalisten und Autor Khaled Alesmael wird ein anonymer Brief zugespielt. Das Schreiben ist auf Arabisch verfasst und stammt von einem schwulen Mann aus Damaskus. Er erzählt von einem Vorfall in Syrien: einem Autounfall, der auf tragische Weise mit der Homosexualität des Absenders zusammenhängt – und der mit einem Todesfall endet. Für Alesmael ist der Bericht wie ein Weckruf. Er nimmt ihn zum Anlass, die Schicksale schwuler Männer aus der arabischen Welt, die ihm im Laufe der Jahre erzählt wurden, zu sammeln, aufzuarbeiten und mit der Welt zu teilen – und damit denjenigen eine Stimme zu geben, die sonst keine haben.

Lars Werner
**ZWISCHEN DEN DÖRFERN
AUF HUNDERT**

248 Seiten, gebunden mit
Schutzumschlag und Lesebändchen

ISBN 978-3-86300-354-8
€ 24,00

Dresden, Sommer 2006. Während Deutschland im Zuge der Fuß-
ball-WM eine neue Arglosigkeit im Umgang mit nationalen Symbo-
len entwickelt, sind Benny, seine beste Freundin Maren und ihre
Clique auf »Anti-Schland«-Kurs. Weil sie wissen, wohin Patrio-
tismus führen kann. Und weil sie Punks sind. Bei Pogo-Partys im
Jugendzentrum Rosaluchs, Straßenschlachten mit der Polizei und
Kollisionen mit Neonazi-Banden erleben sie das Erwachsenwerden
im Schleudergang. Bennys Alltag ist ein Taumel zwischen Gefahren
und Glücksmomenten. Hinzu kommen die unvermeidlichen Wir-
rungen der Pubertät: Eskalationen im Elternhaus, Planlosigkeit in
Sachen Zukunft, Verselbstständigung der Hormone. Und dann ist
da noch dieser komische Kuss mit seinem Kumpel Arne, der Benny
deutlich mehr beschäftigt als ihm lieb ist.

GRÖNLAND

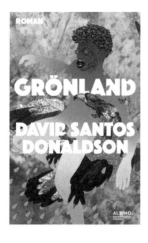

David Santos Donaldson
GRÖNLAND

Aus dem Englischen von
Joachim Bartholomae

416 Seiten, gebunden mit
Schutzumschlag und Lesebändchen

ISBN 978-3-86300-353-1
€ 28,00

Der junge Autor Kip Starling hat sich mit einer Pistole und einem Langzeitvorrat Mineralwasser im Keller seines Hauses in Brooklyn verbarrikadiert, um ungestört zu arbeiten. In nur drei Wochen soll Kip seinen ersten Roman abliefern – ein ambitioniertes Werk über das Schicksal des jungen Ägypters Mohammed el Adl, der von 1917 bis 1922 der Liebhaber der britischen Schriftstellerlegende E. M. Forster war. Mohammed erscheint Kip gleichzeitig rätselhaft und seltsam vertraut. Sie sind beide schwarz und queer, sie führen beide prägende Beziehungen zu weißen Männern, sie sind jeder auf seine Weise mit Vorurteilen, Rassismus und Homophobie konfrontiert. Während Kip sich wie im Rausch in die Arbeit stürzt, beginnen die Grenzen zwischen Fiktion und Wirklichkeit, Literatur und Leben, Gestern und Heute zu verschwimmen.